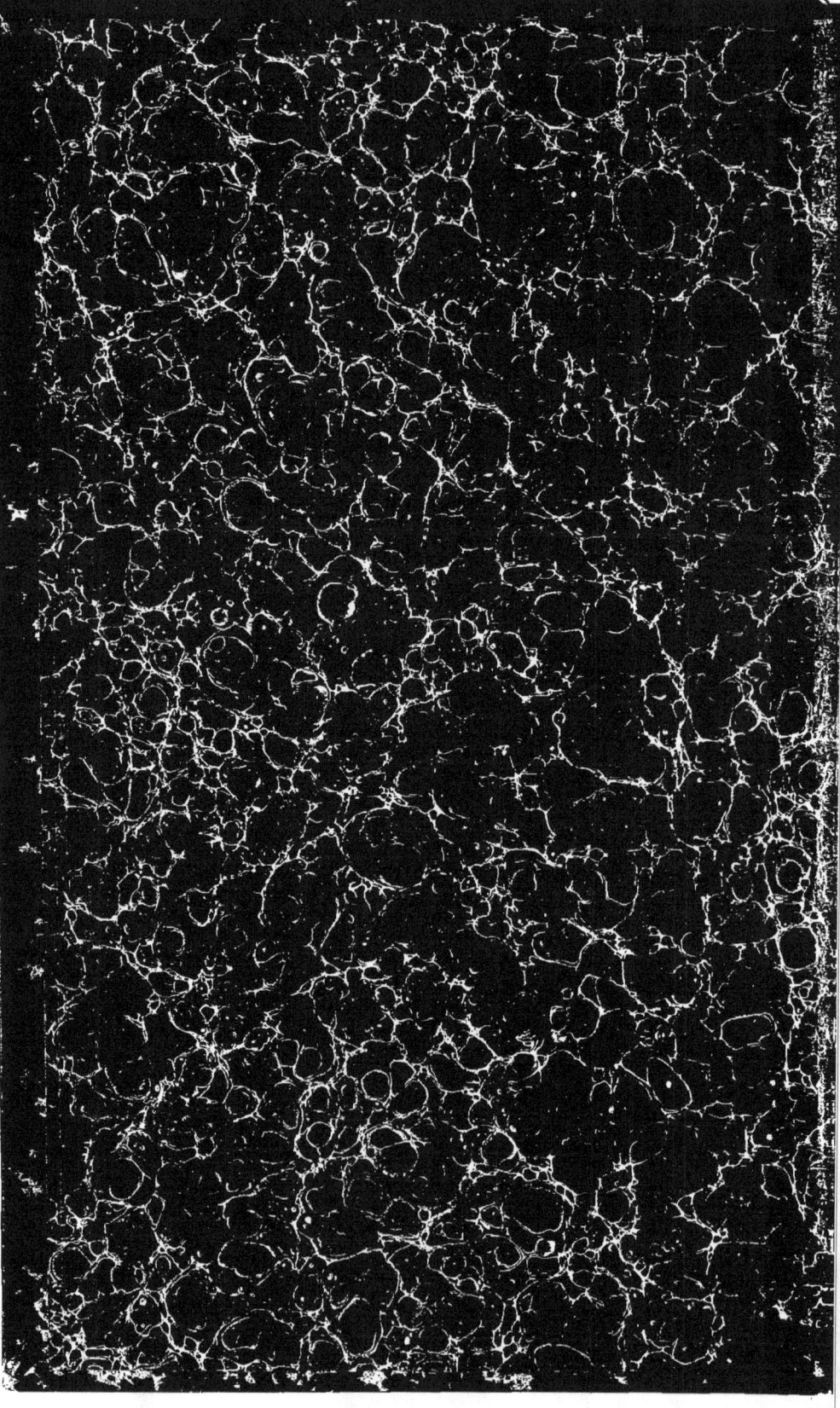

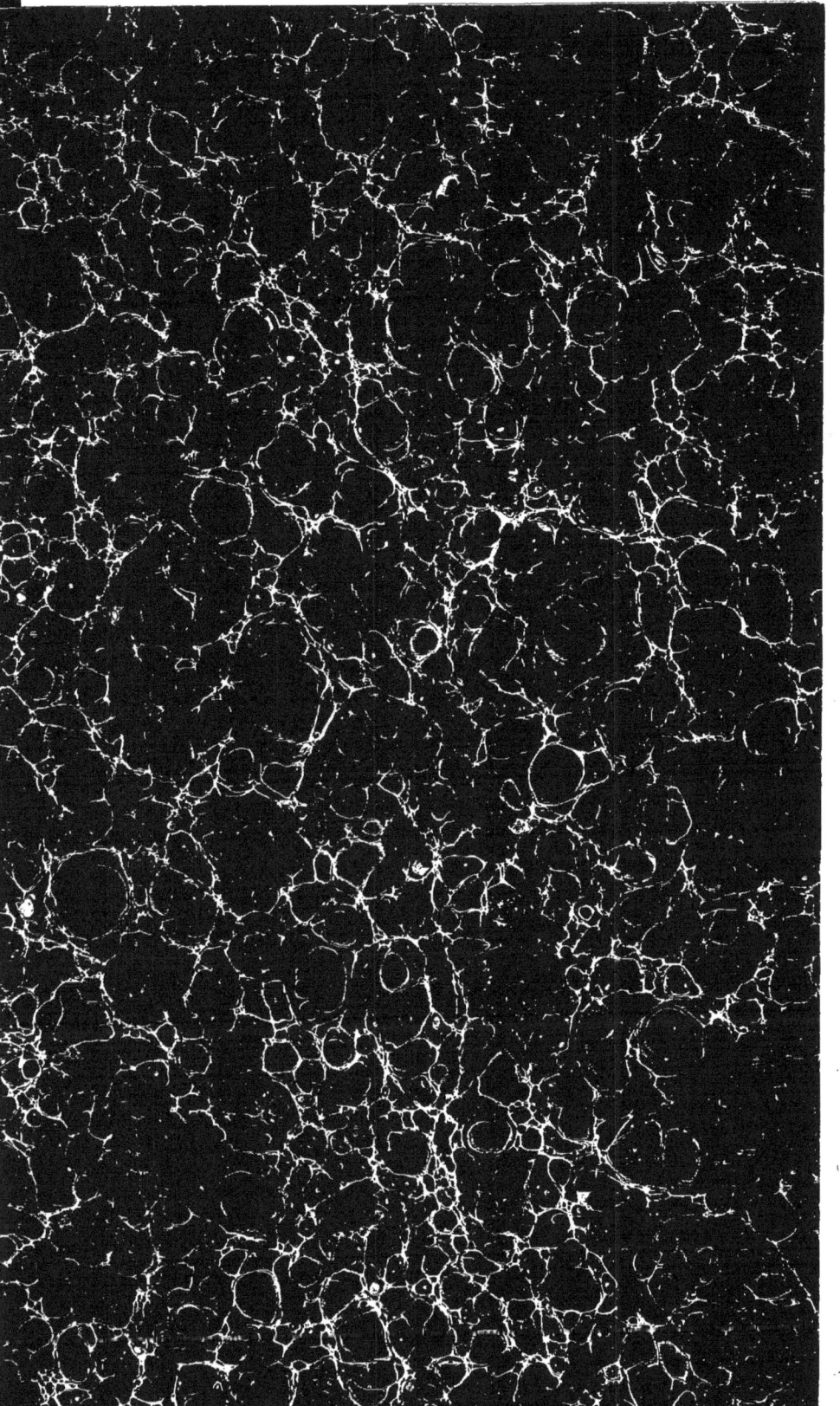

27
36160

LE PÈRE BOUHOURS

DOMINIQVE BOVHOVRS   1628-1702

UN JÉSUITE HOMME DE LETTRES

AU DIX-SEPTIÈME SIÈCLE

LE PÈRE BOUHOURS

PAR

GEORGE DONCIEUX

DOCTEUR ÈS LETTRES

> « Un bel esprit pense toujours noblement; il
> « produit avec facilité des choses claires,
> « agréables et naturelles; il les fait voir dans
> « leur plus beau jour et il les pare de tous les
> « ornements qui leur conviennent; il entre dans
> « le goût des autres, et retranche de ses pensées
> « ce qui est inutile ou ce qui peut déplaire. »
> LA ROCHEFOUCAULD, *Réflexions diverses.*

PARIS

LIBRAIRIE HACHETTE ET Cie

79, BOULEVARD SAINT-GERMAIN, 79

1886

Tous droits réservés.

A

M. L. CROUSLÉ

PROFESSEUR D'ÉLOQUENCE FRANÇAISE A LA FACULTÉ

DES LETTRES DE PARIS

Hommage de gratitude et de respect.
G. D.

INTRODUCTION

Quand on s'arrête à considérer quelque tableau d'histoire, la vue est d'abord frappée par un petit nombre de personnages groupés au premier plan et en pleine lumière; au second coup d'œil il en apparaît d'autres, à demi voilés d'ombre, masqués à demi par les figures principales, mais qui ne laissent pas d'être nécessaires à l'harmonie de la composition. Quelque chose de semblable a lieu dans l'histoire littéraire. Après s'être attachée à l'élite des génies puissants, il advient que l'attention de la critique se rabat sur le peuple des talents secondaires. On a dépensé pour ceux-là une certaine somme d'esprit, de pénétration, de recherche; on a varié à l'infini les points de vue, particularisé les menus faits, amoncelé les documents; un jour vient que tout est dit, du moins tout ce qui vaut la peine qu'on le dise. La critique alors cherche ailleurs où se prendre, elle tente de moindres sommets, et les petits classiques deviennent, comme les autres, objet d'étude. Etude stérile, si elle dégénère en un étalage de curiosités vaines et en réhabilitation de médiocrités méprisées ; étude profitable, pourvu qu'on la mène avec prudence, car elle aide à pénétrer dans l'intime esprit d'une société et d'une époque, mieux que ne ferait souvent l'œuvre de ces génies supérieurs qui dominent leur temps et ne lui obéissent pas.

Entre les petits classiques du grand siècle le Père Bouhours a sa place marquée. Trop lu de nos aïeux, trop négligé des modernes, ses meilleurs livres sont de ceux-là qu'on ne feuillette plus guère que le long des quais, et que maint lettré connaît seulement par le titre, tout au plus par quelque citation enchâssée dans l'ouvrage d'un chercheur délicat. En revanche, si l'auteur est peu connu, son nom est quasi célèbre et comme passé dans la circulation littéraire. Le poète des *Contemplations*, d'ailleurs ami des nomenclatures hétéroclites, le loge plusieurs fois dans ses alexandrins comme un représentant du vieux goût classique, entre l'abbé Batteux et le Père Rapin (1). Et le plus exact des romanciers de ce temps nous montre quelque part deux bourgeois ridicules qui, possédés de manies bizarres, compulsent des traités de grammaire et d'esthétique, et citent par deux fois Bouhours (2). Je n'insiste pas trop sur ces mentions inattendues. Ce qui est plus sérieux, c'est que des écrivains modernes qui ont exploré avec quelque soin la littérature du siècle de Louis XIV, il n'en est pas un qui n'ait rencontré en chemin et salué cet illustre oublié.

(1) Victor Hugo, *les Contemplations*, t. I, liv. I, 7 ; ibid., 26.
(2) Gustave Flaubert, *Bouvard et Pécuchet* (1879), pp. 184, 187.

Cousin, dans *Madame de Sablé* (1), en dit un mot à propos des jeunes de Longueville, qui furent ses élèves. M. Ed. Fournier, dans la *Comédie de Jean de La Bruyère*, le range avec honneur entre les familiers du grand moraliste. Son portrait, ébauché par Walckenaer dans ses *Mémoires sur la marquise de Sévigné*, est repris, achevé par M. H. Rigault avec une justesse charmante en son *Histoire de la querelle des Anciens et des Modernes*. M. Nisard daigne lui consacrer un chapitre entier de son *Histoire de la littérature française*, vif et élégant comme à l'ordinaire, qu'on souhaiterait seulement plus exact. Enfin le parfait connaisseur de toute littérature, Sainte-Beuve, l'aperçoit à mainte reprise dans les *Lundis*, dans le *Port-Royal*, et sans s'arrêter, à main levée, en crayonne vivement quelque trait. Pour faire court, je ne sache pas d'auteur secondaire sur qui l'on ait prononcé plus de demi-mots et plus écrit de demi-pages.

Cela n'est pas surprenant, pour peu que l'on songe au crédit universel dont Bouhours jouissait auprès de la société lettrée de son siècle. Gazettes, Mémoires, Correspondances ne laissent là-dessus aucun doute. Bussy-Rabutin lui dit : « Vous êtes le plus délicat et le plus juste critique qui soit », et déclare qu'il écrit mieux depuis qu'il lit ses ouvrages. Racine à son tour : « Vous êtes un des plus excellents maîtres de la langue », et il lui soumet ses tragédies. Bossuet, Lamoignon le consultent. La marquise de Sévigné le trouve le plus spirituel du monde. La Bruyère dit « écrire comme Bouhours », tout

---

(1) 1re édition (1854), chap. v.

de même que Boileau avait dit « écrire mieux qu'Ablancourt ni Patru ». Bien venu des Précieuses les plus réputées, il est aussi le familier de Boileau et de La Fontaine. Les jésuites l'appellent *arbiter linguæ, pater et leporum* (1). Enfin à Port-Royal on a sans cesse aux lèvres « le fameux Père Bouhours », et, tout en affectant le dédain ou l'ironie, les plus habiles du parti le lisent, le craignent et en profitent.

Cet ensemble de témoignages, quand il faudrait quelque peu rabattre des complaisances amicales et des hyperboles courtoises, nous assure d'abord que le personnage n'est point insignifiant. Veut-on pousser plus loin, et, mis en goût par les éloges des contemporains, juger par soi-même? La moindre lecture de Bouhours nous a bientôt révélé un esprit souverainement délicat, ingénieux et fin, un artiste en fait de style, et qui, entre Pascal et La Bruyère, de concert avec Bussy, Fléchier et Pellisson (2), rendit d'éminents services à la prose française.

Si l'œuvre de Bouhours ne peut passer inaperçue aux yeux du critique littéraire, pour l'observateur des mœurs l'homme a aussi son importance. Ce cousin par l'esprit des Bussy et des Pellisson se trouve en effet, dans la condition pratique de la vie, un frère de Bourdaloue et de La Chaise, un religieux profès de la Société de Jésus. De quoi il n'a point à se plaindre ; car si, de son vivant, le crédit de l'ordre ne contribua pas peu à faire valoir ses talents, aujourd'hui encore sa qualité de jésuite le sert

(1) Du Cerceau, *Carmina*.
(2) Sainte-Beuve.

en quelque façon auprès de la postérité. Il est certain que ses écrits gagnent à ce qu'on ne perde pas de vue le *Societatis Jesu* de la signature : où son bel esprit tout seul nous toucherait modérément, ce bel esprit revêtu de formes ecclésiastiques, ce mélange de sacré et de profane, d'aménité mondaine et de discipline religieuse, lui compose je ne sais quelle physionomie à part singulièrement attrayante.

Physionomie d'ailleurs peu compliquée, et dont le sourire aimable se laisse déchiffrer d'abord. Ce serait peine perdue de chercher dans le caractère de Bouhours la trace de ces desseins profonds, de ces manœuvres savantes dont le nom de la Société de Jésus éveille immédiatement l'idée. Bouhours n'a rien du politique ; il est trop foncièrement bel esprit, trop occupé de bien dire et de spéculations ingénieuses pour être applicable à l'action : et, de fait, on ne voit pas qu'il ait jamais dans sa compagnie occupé de poste notable ni manié aucune affaire. C'est un de ces « virtuoses » dont les habiles emploient à propos le style ou l'éloquence ; un de ces mérites qui servent bien plus dans un ordre à la décoration extérieure qu'au fonctionnement de la machine, et qui, très apparents aux yeux du monde, n'y sont en réalité que pièces accessoires.

Bouhours serait donc à peine nommé dans une histoire politique de son ordre ; mais dans l'histoire littéraire, si riche et curieuse, des jésuites de France, une large place lui appartient de droit, et le rang d'un chef de groupe. Si l'on voulait en effet distribuer leurs écrivains par catégories et spécifier dans chacune quelques hommes d'un talent supérieur, Labbe, Sirmond et Petau marcheraient en tête des érudits ; Vavasseur, de La Rue, Commire, Sanadon représenteraient le corps nombreux des latinistes ; Buffier serait cité comme philosophe, Daniel comme historien ; Porée et Le Jay offriraient le modèle accompli du professeur ; Bourdaloue, éclipsant toutes ces moindres gloires, passerait pour l'orateur par excellence ; mais quand on arriverait à ce groupe varié et flottant, voisin des humanistes et toutefois différent, qu'on peut appeler celui des « jésuites hommes de lettres », il le faudrait résumer et personnifier dans Bouhours.

Le Moyne et Rapin réclameront peut-être ; mais que ces deux intéressants personnages, dont le dernier fut récemment mis en lumière (1), soutiennent mal la comparaison avec Bouhours, on n'a nulle peine à s'en convaincre. Le Moyne, d'une imagination touffue et déréglée, d'un goût suranné et bizarre, était de ces génies fous qui ne laissent rien après eux, un bruyant aventurier de la littérature. Rapin, écrivain estimable, rédacteur de mémoires fort piquant et curieusement informé, n'en reste pas moins sur toute chose un humaniste enclin aux amplifications de classe, aux odes latines, et qui fait grand état du poème didactique où il a célébré l'art des jardins en homme qui sait par cœur ses *Géorgiques*. Bouhours au contraire, bien plus émancipé du collège, né et doué pour écrire en français, s'a-

---

(1) *De Renato Rapino*, 1881 (thèse de doctorat, soutenue par M. Dejob devant la Faculté des lettres de Paris).

dressant, quoi qu'il écrive, aux gens du monde, fut vraiment le premier et le plus considérable homme de lettres des jésuites ; cela au moment même que le pur homme de lettres leur était d'une nécessité absolue.

C'est au reste un des signes caractéristiques de la Société que cette faculté d' « accommodation » par où elle sut constamment se mettre d'accord avec les mœurs et les temps. L'on n'a pas assez observé combien l'enseignement des jésuites maintenu, mais non pas immobilisé, dans les mailles souples de leur *Ratio studiorum*, se modifia, s'élargit progressivement dans le cours des deux derniers siècles (1). De même pour le développement de leur littérature : parmi cette longue suite d'écrivains qu'ils ont produits, peu ou point de grands initiateurs, de génies spontanés ; mais une merveilleuse et générale aptitude à prendre, pour ainsi dire, le fil d'un siècle, à diriger ses facultés dans le sens de l'esprit régnant, à réussir aux choses quand c'est le temps d'y réussir.

Sous Louis XIII, lorsque l'autorité des Estienne et des Scaliger est encore en vigueur, que l'érudition triomphe dans son austérité rude, ils excellent par l'étendue et la force du savoir, et leurs grands hommes s'appellent Sirmond ou Petau. Au commencement du XVIIIe siècle, où l'universelle curiosité scientifique s'allie avec le besoin du piquant et du spirituel, ils produiront des polygraphes savants et diserts, des esprits variés, hardis, brillants, tels que Buffier, Bougeant ou Tournemine. Dans l'inter-

(1) Voir *les Jésuites instituteurs de la jeunesse française*, par le P. Ch. Daniel, 1880.

valle, à l'apogée du siècle de Louis XIV, tandis que tout s'applique à la perfection de la pensée et de la langue françaises, il est vrai que la littérature des jésuites est d'abord en défaut; Port-Royal les devance, les surprend et les accable; mais enfin ils regagnent le temps perdu ; ils s'arment d'une parole puissante, ils s'arment d'une plume habile : et Bourdaloue, ce prince des prédicateurs, Bouhours, c'est-à-dire un polémiste, un critique, un grammairien d'une correction exquise, paraissent en même temps.

Je me suis proposé d'étudier Bouhours à ce triple point de vue, non sans une recherche diligente de tout ce qui se rapporte à la vie de l'homme. L'homme certes n'est point de ceux-là de qui tout détail importe, et sa vie manque d'événements extraordinaires. Mais est-ce témérité de croire que même ce train d'habitudes uniformes, cet amas de petits faits qui coûtent tant à recueillir, à condenser, à vivifier ont aussi leur intérêt, nulle chose n'étant superflue, qui dans un auteur nous montre un homme? Dans le doute même, une considération m'aurait décidé : c'est que cette biographie, peut-être minutieuse, de Bouhours ne nous renseigne pas seulement sur un individu; elle éclaire d'un jour assez vif un coin de la société du XVIIe siècle, elle laisse entrevoir ce que fut cette espèce aujourd'hui éteinte : les Religieux hommes de lettres et hommes du monde.

PREMIÈRE PARTIE

L'HOMME ET L'ENTOURAGE

PREMIÈRE PARTIE

L'HOMME ET L'ENTOURAGE

CHAPITRE PREMIER.

Naissance, famille et éducation de Bouhours. Il entre chez les jésuites. — Régence d'humanités au Collège-de-Clermont, à Paris. Maladie. — Études de théologie à Bourges. — Régence de rhétorique aux Jésuites de Tours. — Résidence à Rouen et profession. Rapports de Bouhours avec la maison de Longueville. Il est précepteur des deux fils du duc; affection particulière pour le cadet. — Bouhours missionnaire à Dunkerque. — Retour définitif à Paris. Éducation du marquis de Seignelay.

Dominique Bouhours naquit à Paris, quelques mois avant la mort de Malherbe, le 15 mai 1628 (1). De ses

---

(1) Archives romaines S. J. — La date exacte de la naissance ainsi que plusieurs détails biographiques qu'on trouvera par la suite m'ont été communiqués par le regretté P. Lauras, qui, pendant un séjour à Rome, les avait extraits des archives du Gesù. Un dépouillement spécial des *rapports triennaux*, adressés de toutes les provinces de la Compagnie au Père général, aurait permis de suivre pas à pas la vie religieuse de Bouhours, ainsi que le P. Lauras l'a pu faire pour Bourdaloue (*Bourdaloue, sa Vie et ses Œuvres*, en tête du t. I) : le malheur est que ces archives, entièrement désorganisées par suite des évènements de 1870, ne sont maintenant accessibles à aucun Père de la Compagnie. Il a donc fallu se contenter des indications beaucoup moins précises et moins complètes que j'ai pu récolter ailleurs.

Quant aux registres de l'état civil de Paris, on pouvait espérer d'y retrouver l'acte de naissance de Bouhours, peut-être quelque pièce intéressante concernant sa famille, si les incendies de 1871 n'avaient tari pour jamais cette précieuse source d'informations parents l'on sait peu de chose, hormis qu'ils étaient de bonne bourgeoisie parisienne et qu'ils eurent aussi une fille, laquelle mariée plus tard à un M. Romet, maître des eaux et forêts (1), accompagnait son frère dans le monde et comme lui entretenait un commerce réglé avec Mlle de Scudéry (2). Aussi bien, bourgeois du Marais ou de la Cité, gens de loi ou gens de négoce, ils avaient le moyen et le souci de donner à leur fils une éducation distinguée, puisqu'ils le mirent à ce Collège-de-Clermont qui, rendu aux jésuites en 1614, agrandi en 1628, soutenu des faveurs royales, était dès lors en grande estime auprès de la haute bourgeoisie, du parlement et de la noblesse.

Le célèbre P. Sirmond y remplissait alors les fonctions

---

biographiques. Au reste, les pièces paroissiales et les épitaphiers que j'ai été à même de compulser ne m'ont pas fourni trace d'un Bouhours quelconque, bien que ce nom (ou du moins des variantes de ce nom : Bouhourt, Bohourd, etc.) ne soit pas extrêmement rare dans la population parisienne. On sait que ce sobriquet de *Behourt* (car telle est la forme type) est un mot de langue d'oïl, désignant une espèce de canne avec laquelle les gens du peuple s'escrimaient par manière de jeu.

Il reste un mot à dire des sources biographiques de cette étude. Elles sont très généralement indiquées en note : quand il m'arrive de négliger ce soin, c'est pour des faits facilement vérifiables et tirés surtout d'une des trois nécrologies de Bouhours : *Journal des Savants*, juillet ; *Mémoires de Trévoux*, août ; *Mercure historique et politique* (de la Haye), octobre 1702.

(1) On trouve ce renseignement dans une note du t. IV des *Causes célèbres recueillies par* M*** (Paris, 1734), à propos d'une demoiselle de Lannoy (plus tard dame de Liancourt), que le même Romet, devenu veuf, épousa en secondes noces. On apprend, par l'époque de ce mariage-ci, que la sœur de Bouhours était morte avant 1690.

(2) Voyez à l'Appendice (*Correspondance, B*) une lettre de Bouhours à Mlle de Scudéry ; et, dans l'ouvrage de MM. Rathery et Boutron, *Mlle de Scudéry, sa vie et sa correspondance*, une lettre de Le Laboureur à la même.

de recteur, le P. Petau enseignait la théologie, le P. Cossart, latiniste du premier rang, la rhétorique. Quant aux condisciples de Bouhours, on en pourrait citer plus d'un qui devait s'illustrer dans les lettres. Sans parler de Saint-Evremond ni de Bussy-Rabutin, qui appartiennent à une génération antérieure, Bouhours put entrevoir aux Jésuites Chapelle et Molière, vers 1641, comme ils y faisaient leurs humanités ; il y coudoya certainement le futur victorin, Santeul, et peut-être que les rapports familiers qu'ils eurent dans la suite n'étaient qu'une camaraderie continuée. On sait que le P. Cossart fut le professeur de rhétorique de Santeul ; il y a donc apparence que Bouhours, à peu près du même âge, reçut les mêmes leçons : c'est là tout ce que l'on peut conjecturer de ses professeurs.

Ses classes terminées, le jeune Dominique passa du Collège-de-Clermont à cette maison de Saint-François-Xavier (11 septembre 1644) (1) où les jésuites de la région de Paris formaient leurs novices. Il avait seize ans, ou peu davantage, et répondait parfaitement à l'idée qu'on se peut faire du bon élève : esprit ouvert, appliqué et qui promettait pour les lettres ; fort adonné du reste aux pratiques pieuses, de façon qu'au sortir des bancs, sans illumination subite ni intervalle de dissipation mondaine, l'écolier se trouva naturellement enrôlé parmi ses maîtres.

Après les deux ans de noviciat réglementaires, suivis au Collège-de-Clermont d'une année de *scolasticat* de

---

(1) Arch. du Gesù. — Date communiquée par le P. Lauras.

philosophie, ses supérieurs, selon l'usage de la Compagnie, l'appliquèrent sans tarder à l'enseignement. Il débuta, dans ce même Collège-de-Clermont qui l'avait vu élève, par les classes de grammaire, et déjà régentait avec succès les humanités, quand de terribles maux de tête, qui le devaient tourmenter jusqu'à la fin de sa vie et ne lui laisser guère que des éclairs de santé, interrompirent sa quatrième année de régence. Comme il lui fallait une occupation bénigne et récréante, on s'avisa de l'envoyer à Bourges étudier en théologie. La théologie lui réussit, ou le changement d'air; car il acheva son cours sans nouvel accident, et cela lui faisait dire plus tard en bon religieux, « qu'il regardait comme une insigne grâce de Dieu que pendant ses quatre années de théologie, il n'eût pas été attaqué de ses maux de tête, qui lui auraient fait quitter une étude si nécessaire pour le reste de sa vie et à laquelle on ne revient jamais bien si on a manqué de la faire en son temps. » Bouhours, la tête assurément la moins théologique du monde, eût fait bien meilleur marché de son renom de bel esprit que de son autorité de docteur : il se piqua toujours d'exceller aux sciences divines; et ses années de Bourges, terminées avec honneur par la soutenance de deux actes publics, devaient compter entre ses plus beaux souvenirs de jeunesse.

Il rentra aussitôt dans la vie enseignante, à Tours cette fois, et comme régent de rhétorique. C'est là, nous dit-on, que son mérite se dessine et que sa réputation commence par de certaines pièces latines « d'un goût nouveau », apparemment quelques-uns de ces divertissements académiques où les jésuites ont toujours triomphé. Mais en même temps qu'il s'ingénie dans sa classe à latiniser élégamment, il s'applique en son particulier — autre nouveauté, et plus originale — à l'étude de la langue française ; il se passionne pour Vaugelas, il lit et relit Voiture, alors dans la fraîcheur de leur gloire et qui deviennent ses deux oracles. Ainsi le grammairien poli, le critique délicat, l'adroit ouvrier de style se formaient dans le professeur, en attendant de l'absorber tout à fait.

C'est à Rouen que nous retrouvons Bouhours en 1660 (1). Mais il est probable que son arrivée en cette ville datait de plus loin, et qu'il y avait passé déjà, dans la maison du Noviciat, la troisième année de *probation* qui précède régulièrement les grands vœux. Bouhours prononça les siens le 30 avril 1662 (2). Dans l'intervalle, quoique le document qui témoigne de sa résidence au collège de Rouen ne lui assigne aucunes fonctions particulières, il est certain d'ailleurs que ses supérieurs lui en avaient commis, ainsi qu'on va voir, de considérables.

Depuis le dénouement de cette tragi-comédie de la Fronde, où des hasards puissants l'avaient jeté sans qu'il fût de taille à s'y créer un rôle, le duc de Longueville vivait retiré avec sa famille en son gouvernement de Normandie. Ce prince, avec des dehors brillants, léger de caractère, borné de mérite, dans le fond fort bon

---

(1) Catalogue imprimé des PP. de France, l'an 1660. Communiqué par le P. Sommervogel.
(2) Date communiquée par le P. Lauras.

homme, avait suivi l'exemple de la duchesse et se reposait de ses turbulences dans la dévotion finale; mais comme s'il avait fallu que les deux époux fissent mauvais ménage dans leur pénitence même, au lieu que Mme de Longueville, gouvernée par Singlin, se rendait l'une des plus saintes gloires de Port-Royal, le duc au rebours s'était donné aux jésuites entièrement. Il leur confia ses deux fils, Charles, comte de Dunois, et Paris, comte de Saint-Pol (1); et c'est justement Bouhours qui fut choisi pour leur précepteur.

Ce nom de précepteur appliqué à un jésuite prend d'ordinaire une signification particulière qu'il importe de préciser. On trouve, en effet, peu d'exemples de jésuites instituteurs vivant dans le monde et placés (comme cela se disait alors) dans la domesticité d'un grand (2). Mais dans les collèges mêmes de la Compagnie, comme certains pensionnaires de qualité avaient une chambre, des valets à eux et par là échappaient à la règle commune, il arrivait qu'on leur assignât un précepteur ou *préfet* spécial, à la fois répétiteur, surveillant, représentant de la famille, et de qui l'autorité se faisait constamment sentir, aidée et tempérée

---

(1) C'est à tort que Victor Cousin (*Madame de Sablé*, 1re éd., chap. v, et App. II, x) prétend que Bouhours fut spécialement le précepteur de l'aîné des fils de Longueville. L'*Eloge historique* dit formellement le contraire; et l'on verra assez par la suite des faits que le cadet surtout reçut les soins du jésuite.
(2) On peut cependant citer en ce genre les PP. Alleaume et du Rozel, qui furent chargés de l'éducation du petit-fils du grand Condé, vers 1685. Ils logeaient à l'hôtel de Condé et suivaient leur élève en ses déplacements (voy. dans les *Œuvres de La Bruyère*, édition des *Grands Ecrivains de la France*, t. II, p. 479, une lettre du P. du Rozel citée en note).

par une amitié quasi paternelle. Tel était l'usage (1).

Bouhours, qui présida en cette manière à plusieurs éducations, en usait probablement de même avec les jeunes de Longueville, pendant que ceux-ci faisaient leurs basses classes au collège de Rouen, l'un des plus florissants de la Compagnie (2). Mais soit qu'on doive ainsi l'entendre, soit que Bouhours ait effectivement vécu sous le toit des Longueville, nul doute qu'il entretint avec cette maison de constants et intimes rapports. De croire à une arrière-pensée des jésuites, et qu'ils se fussent ménagé là un observatoire commode pour épier les mouvements jansénistes, l'hypothèse serait hasardée ; et je m'assure au contraire qu'il n'y eut là dessein ni matière d'espionnage. Il est vrai seulement que la position d'un précepteur jésuite chez les Longueville était assez délicate ; il lui fallait rendre des devoirs à la duchesse, tout en contrariant autour d'elle les effets de son zèle pour Port-Royal ; il lui fallait vivre dans une place à moitié occupée par l'ennemi, et toutefois ne pas faire d'éclat, ne pas troubler la paix, ne se départir point d'une contenance discrète et respectueuse. Tout cela demandait bien de l'esprit et du tact. Bouhours n'en manquait pas, et se conduisit de telle sorte que

(1) C'est en ce sens que Rapin fut le « précepteur » du jeune Alph. Mancini, neveu de Mazarin, puis de Chrétien de Lamoignon. — M. Alexis Pierron, au chap. 1 de *Voltaire et ses maîtres* (1866), est à ma connaissance celui qui a le mieux exposé cette intéressante coutume pédagogique. Michelet (à la fin de *Richelieu et la Fronde* : note sur l'*Education des Jésuites*) l'a bien vue ; mais ce grand et fantasque historien, que le nom seul de jésuite met hors de sens, y gâte tout d'imaginations salissantes.

(2) Ou peut-être à Paris, au Collège-de-Clermont ? Ce ne sont ici que des conjectures.

18 LE PÈRE BOUHOURS.

Mme de Longueville, tout jésuite qu'il était, « ne put lui refuser son estime » (1).

De son côté le duc l'avait pris en affection singulière ; il lui donnait part en tous ses secrets, le consultait dans ses perplexités théologiques, demandait et recevait par son entremise les lumières de la Compagnie (2). Et pour suprême témoignage de confiance, lorsqu'il sentit sa fin prochaine, il le voulut près de lui dans sa campagne de la Heuse (3), où il s'était retiré pour mourir. Le vieux seigneur rendit l'âme entre ses bras d'une façon dévote et touchante ; et Bouhours lui-même prit soin de consigner le détail de cette mort en une petite relation simplement et purement écrite : ce fut le premier essai de sa plume (4).

A cette époque, ni l'un ni l'autre des fils de Longueville n'était plus sous l'autorité de Bouhours. L'aîné, mal venu de corps et d'esprit, moitié lubie, moitié contraint par sa famille, était entré au noviciat des jésuites. Il en sortit, reparut tout à coup dans le monde, avec la manie persistante de jouer au prestolet et « une démangeaison de donner des absolutions à tous venants » (5);

(1) *Eloge hist. du P. Bouhours.*
(2) Voy. dans les *Mémoires du P. Rapin* (publiés par L. Aubineau, 1865), t. III, p. 123, une longue lettre du P. Ferrier au P. Bouhours (1663). — Il y avait eu une conférence arrangée entre le jésuite Ferrier et quelques docteurs du parti de la Grâce efficace, conférence qui, selon l'ordinaire issue de ces sortes de choses, n'avait abouti à rien. La duchesse de mander là-dessus à son mari que la doctrine de ces messieurs est inattaquable, que les jésuites n'ont pu les trouver en défaut. Le duc, étonné, pria Bouhours de s'éclaircir auprès du P. Ferrier, qui rétablit les faits.
(3) Près Rouen.
(4) *Relation de la mort d'Henri II, duc de Longueville,* 1663.
(5) *Mémoires du P. Rapin,* t. III, p. 572.

s'enfuit à Rome par une nouvelle escapade, y parvint sur les instances du roi et de Condé à prendre les ordres ; finalement mourut fol et enfermé. L'autre, le comte de Saint-Pol, étudia quelque temps sous un médiocre et futile personnage, l'abbé d'Ailly, puis s'en vint à Paris, dès qu'il fut en âge, faire ce qu'on appelait son *académie*. Brillante et tumultueuse et éphémère destinée, qui touche de si près à celle de Bouhours, qu'on ne saurait s'en taire entièrement.

Il arrive en effet que dans la durée de leur carrière les hommes voués à l'enseignement discernent un élève, non pas le meilleur souvent, ni le plus sage, mais qui les attire et les attache par un certain charme original, dont ils soignent l'âme avec plus de tendresse, qu'ils accompagnent dans la vie d'une sympathie obscurément fidèle. Si Bouhours fit l'expérience de ce sentiment-là, s'il eut, lui aussi, son élève de prédilection, ce fut le comte de Saint-Pol, et point un autre.

Tel était pourtant ce jeune homme, qu'on ne vit jamais plus belles qualités alliées à de plus éclatants désordres. Fier et concentré comme La Rochefoucauld (il lui ressemblait, et pour cause), violent à la manière des Condé, il avait parmi plusieurs dons séduisants des sécheresses d'âme et des fougues de complexion capables de désoler une mère. Par son âpre impatience de se voir substitué aux droits et aux titres de son frère aîné, il fit saigner longtemps le cœur de Mme de Longueville ; et son genre de vie était encore à celle-ci une source intarissable de peines. Une fois à Paris, jeune, spirituel, d'une jolie mine, avec je ne sais quoi de brusque et de hardi qui plaît aux femmes, il s'était jeté dans le plaisir à corps perdu. Puis, après l'hiver donné aux galanteries, il s'allait secouer au printemps sur les champs de bataille, en Franche-Comté, ou en Flandre, ou à Candie, et s'en revenait avec des blessures, des faits d'armes et de la gloire. Au milieu de cette vie orageuse, le jeune homme ne perdit point de vue son ancien précepteur, et la confiance qu'il lui gardait éclata dans une conjoncture singulière, par où ces deux existences faillirent se lier plus étroitement l'une à l'autre.

Le trône de Pologne (1672), où trois ans plus tôt le duc d'Enghien avait pensé s'asseoir, vaquant derechef par la déposition projetée de l'imbécile Michel Korybuth, la faction française, fidèle au sang des Bourbons, porta ses vues sur Paris de Longueville. Des négociations s'ouvrirent, accueillies avec joie par la duchesse sa mère, qui était en grand souci de le fixer par quelque établissement digne de lui. C'est alors que le duc manda Bouhours, le mit dans la confidence, lui fit promettre de l'accompagner en son futur royaume de Pologne. Toute chose enfin était prête, quand on apprit la campagne de Hollande et que Louis XIV avait passé le Rhin.

On sait l'un des épisodes sanglants de ce fameux passage : une poignée de Hollandais réfugiés derrière une palissade et qui demandent quartier : la bravade insensée de Longueville courant sus avec des cris de mort ; en réponse, une décharge à bout portant, qui le tue. Cependant l'envoyé de la confédération polonaise traversait l'Allemagne à grandes journées ; il arrive au camp français, il demande son roi : on lui montre gisant dans une grange, à côté de Condé blessé, un cadavre raidi sous un manteau... Cette catastrophe qui changeait le sort d'un peuple, elle nous intéresse ici par un contre-coup obscur : il s'en fallut sans doute de cette mousquetade que Bouhours ne fût confesseur de roi.

La mort du duc fut reçue à l'armée, à la cour, dans Paris, avec un émoi extraordinaire. Que dire des sanglots déchirants de Mme de Longueville, des pleurs silencieux de La Rochefoucauld, éternisés par une plume incomparable (1)? Mais à l'écho que trouvèrent partout ces grandes douleurs, au désespoir de ses compagnons d'armes, à tant de beaux yeux qui se mouillèrent, on connaît bien que cet adolescent, en dépit de tous ses défauts, avait *le charme*. Bouhours dut ressentir plus vivement que pas un l'amertume de telles funérailles. Un de ses dialogues sur *la Manière de bien penser* nous a conservé quelque chose de ses regrets : il y paye à la mémoire de son élève favori un tribut d'éloges (2); il le fait revivre en une peinture qui, moins flattée, serait peut-être plus touchante, mais où l'on discerne encore à travers l'apprêt du panégyrique une douloureuse effusion de cœur :

« Son humeur, dit-il, n'était pas moins charmante que sa figure, et je ne crois pas qu'on puisse se former l'idée d'un prince plus commode et plus aisé dans le

---

(1) Voy. les *Lettres de* Mme *de Sévigné* (publ. par M. Monmerqué, dans la collection des *Grands Ecrivains*), t. III, p. 108 et suiv.

(2) 2me Dialogue. — Dès 1671, Bouhours avait placé dans le 4e des *Entretiens d'Ariste et d'Eugène* un portrait du comte de Saint-Pol, où se retrouvent les principaux traits de celui-ci, en particulier la citation du Tasse qu'on va lire.

commerce de la vie... Il avait l'âme belle et généreuse, des sentiments héroïques, surtout une passion ardente pour la gloire... Il aimait la guerre avec passion, il était si intrépide qu'il ne sentait pas même d'émotion à la vue des plus grands périls... »

Et, après avoir vanté l'éclat de sa bravoure, il finit, d'un goût profane et charmant, par le comparer à ce Renaud du Tasse, terrible comme Mars, aimable et beau comme l'Amour. L'allusion fait sourire, quand on songe à la folle jeunesse du prince ; aussi la glisse-t-il sous le couvert de Philanthe, l'ami des choses galantes et qui ose volontiers :

« C'est par cette vaillance, dit Eudoxe, qu'il ressemblait au jeune héros de la *Jérusalem délivrée :*

Se l'miri fulminar, fra l'arme auvolto,
Marte lo stimi...

— Achevez, répliqua Philanthe :

Amor se scopre il volto.

Ce nom lui convient aussi bien que celui de Mars. — Du moins, dit Eudoxe, s'il n'était pas l'amour même, on ne pouvait le voir sans l'aimer, et je ne pense point à sa mort que je ne me souvienne de celle du jeune Marcellus, qui était si cher aux Romains... Nous avons pleuré le duc de Longueville, et nous avons plaint en même temps la France et la Pologne. »

Ainsi dialoguaient, quinze ans après la mort du jeune prince, Eudoxe et Philanthe, ornant chacun de la grâce ou de la mélancolie d'un souvenir classique les regrets de son vieux précepteur.

Revenons en arrière. Libre de l'éducation des Longueville, Bouhours était encore à cette période de la vie religieuse où l'on plie un sujet à tous les emplois, où l'on essaye ses aptitudes en tout sens, avant de le diriger dans sa voie définitive. Justement, Dunkerque racheté à l'Angleterre (1662), la cour demandait deux missionnaires à la Compagnie de Jésus, pour faire office d'aumôniers de la garnison et s'employer aussi à donner aux habitants des sentiments français. Bouhours fut choisi pour cette mission si honorable. On ne dit pas comment il y réussit, mais seulement qu'il occupait aux belles-lettres les loisirs de son séjour ; c'est là qu'il ramassa et commença d'arranger les matériaux de ses fameux *Entretiens d'Ariste et d'Eugène*, publiés des années plus tard. En effet le premier Entretien, sur *la Mer*, date nettement et agréablement le livre par ce bout de description pittoresque : « On voit d'un côté une citadelle fort bien bâtie, et de l'autre des dunes d'une figure fort bizarre, qui règnent le long de la côte et qui représentent dans la perspective quelque chose de semblable à de vieux palais tombés en ruine. » Et dans le cours de l'ouvrage, on croit démêler sous la fiction du dialogue un fond vague de réalité : les promenades à deux sur le sable uni de la plage, pleines de causeries variées, le spectacle des vaisseaux entrant dans le port, le divertissement des pêches nocturnes, et par-dessus tout, trompant l'ennui des heures vides et de la petite ville maussade, le décor éternellement changeant de la mer. Car Bouhours est sensible aux beautés de la grande charmeresse, il s'en émeut, il trouve à les dépeindre des touches inattendues, des couleurs étrangement vives pour le temps :

« Elle paraît toujours nouvelle, dit-il, parce qu'elle n'est jamais en un même état. Tantôt elle est tout à fait tranquille, et ses ondes sont si unies qu'on la prendrait pour une eau dormante ; tantôt elle est un peu émue comme la voilà maintenant. Il y a des heures qu'elle est étrangement agitée... Elle change de couleur presque à tous moments : après une grande agitation, elle est toute blanche d'écume ; quand le soleil se lève ou se couche, il semble qu'elle soit tout en feu. Tantôt elle paraît de couleur de pourpre, tantôt elle paraît verte ou bleue. Ces couleurs différentes se mêlent quelquefois ensemble, et ce mélange fait une peinture naturelle que l'art ne peut imiter... En un mot il y a tant de variété dans le même objet, que les yeux ne se lassent jamais de le voir et que l'esprit y trouve toujours de quoi admirer. »

Voilà de ces pages descriptives comme on les compte au dix-septième siècle. Cela, il est vrai, se donnerait malaisément pour du Théophile Gautier ; l'art nous en peut sembler rudimentaire et les nuances peu subtiles, accoutumés que nous sommes aux prestiges des palettes modernes. Encore est-ce plaisir d'y observer un souci commençant des aspects et des couleurs des choses, le sens plastique de la nature qui par endroits se fait jour, à peine dégagé de l'idée abstraite et de la phrase académique. C'est du reste la seule fois que la plume de Bouhours se soit émancipée au pittoresque. Cette rêverie où il s'abandonne en face de la mer, « cette petite rêverie —

comme il dit — la plus raisonnable du monde », a touché un jour son imagination, puis s'en est allée pour jamais : ne fallait-il pas la saisir au passage ?

Bouhours, à Dunkerque, faisait mieux que de rêver. Colbert ayant demandé aux jésuites quelques renseignements sur l'état de cette ville maritime, il le satisfit par un mémoire si judicieux, que le ministre souhaita incontinent un homme de ce mérite auprès de son fils aîné le marquis de Seignelay, pensionnaire au Collège-de-Clermont. Bouhours (probablement dans le courant de 1666) fut donc rappelé à Paris. Là prenait fin sa carrière ambulante ; il ne bougea désormais de la rue Saint-Jacques. Après avoir conduit Seignelay jusqu'à la fin de sa philosophie, il le remit, ses thèses passées, entre les mains d'Isarn, homme d'esprit et fort répandu dans la société précieuse, qui devait parfaire l'instruction du jeune marquis et l'accompagner dans ses voyages (1).

Ce n'est pas la dernière fois que Bouhours se mêla d'éducation, et il paraît bien que plusieurs écoliers des jésuites, notamment Trousset de Valincour, l'ami de Racine et son successeur à l'Académie, puis François de Lambert, le fils de la célèbre marquise (2), furent

---

(1) La dernière thèse de Seignelay fut soutenue le 28 juillet 1667. Dès le 4 avril de la même année, Mme Marie-Eléonore de Rohan (l'abbesse de Malnoue) écrivait à Colbert : « Le P. Bouhours, qui m'est venu voir aussi, m'a dit une chose qui m'a fait plaisir et dont je crois qu'il vous rendra compte : que M. de Seignelay, de lui-même, lui parle souvent de M. Isarn avec une estime très particulière. » (*Lettres de Colbert*, publiées par M. Clément, Appendice du t. VII.)

(2) La marquise de Lambert, dans ses *Avis d'une mère à son fils* : « Deux hommes célèbres ont consenti par amitié pour moi à prendre soin de votre éducation. » Et dès la première édition de cet

formés par ses soins. Mais ces fonctions, acceptées par complaisance et par surcroît, ne tenaient plus dans sa vie qu'une place secondaire; il courait désormais de plus aventureuses carrières, l'homme de collège avait décidément cédé la place à l'homme de lettres (1).

opuscule (1728) on lit en note : « Les PP. Cheminais et Bouhours. » M. de Lescure reproduit simplement ce renseignement dans la notice qu'il a mise en tête des *Œuvres morales de la M^{ise} de Lambert*, édit. Jouaust, 1881.

(1) M. Compayré, dans son *Histoire critique des doctrines de l'éducation en France* (1879), t. II, p. 181, donne quelques lignes à Bouhours, dont il oppose judicieusement les principes de style à ceux de Condillac. « Le P. Bouhours, dit-il, appartient à l'histoire de la pédagogie du xviie siècle. » Il y appartient sans doute, comme tous les jésuites lettrés du même temps, lesquels passaient nécessairement par la vie enseignante; mais point au même titre, par exemple, qu'un Jouvancy, plus tard un Le Jay ou un Porée. Bouhours professa peu; tous ses livres, il les fit pour le monde, non pour le collège : c'est proprement de l'histoire littéraire qu'il relève, bien plus que de l'histoire pédagogique.

CHAPITRE II

Bouhours, compagnon du P. Rapin : il se répand dans le monde.
— Son portrait. Esprit et urbanité. — Le *lundi* de Lamoignon.
— Le *samedi* de Sapho. — Intimité avec la marquise de Sablé.
Autres relations : le cercle de Mme de Sévigné, etc. — Le groupe
des poètes classiques. — L'épitaphe de Molière.

Bouhours arrivait à Paris précédé d'un simple renom de collège, mais qui ne laissait pas de donner à sa société de grandes espérances. On tenait là, en vérité, mieux qu'un humaniste. Cette aptitude éprouvée, cette vive passion qu'on lui savait pour la langue française, annonçaient proprement un émule de Vaugelas ou de Patru, un écrivain capable de faire honneur à la Compagnie et d'acclimater chez elle l'art d'écrire qui commençait à peine d'y être cultivé. Mais pour s'ériger, comme c'était son ambition, en arbitre du goût et en maître de la langue, c'était peu de s'enfoncer dans les livres et de savoir les choses par principes ; il fallait surtout s'affiner et se polir l'esprit au commerce des honnêtes gens, étudier d'après nature les nuances de l'usage, cueillir enfin certaines fleurs de diction qui n'éclosent guère que dans l'atmosphère des ruelles.

Bouhours se mit donc à ce régime, lequel n'avait rien

en ce temps-là que d'ordinaire et de licite pour un homme de sa robe, rien que d'aisé pour son humeur liante et gracieuse ; et, tournant son plaisir en obligation professionnelle, il s'embarqua à voir le monde. Déjà ses hantises chez les Longueville, chez Colbert, lui y donnaient d'assez larges ouvertures; son confrère Rapin, en le menant avec lui, dut faire le reste.

Rapin, Bouhours sont deux noms qui s'appellent l'un l'autre. Depuis leur rencontre au Collège-de-Clermont, ils s'étaient liés d'une amitié qui les fit à la lettre, vingt années durant, inséparables, encore qu'ils n'eussent point ensemble de grands rapports d'esprit ni de caractère, sauf un fond commun de bienveillance officieuse, de bonhomie, aussi de finesse. Tandis que Bouhours ne prisait en ses fréquentations que l'agrément de la causerie et le plaisir d'une franche amitié, de quoi satisfaire son bon cœur et son bel esprit, Rapin aimait en outre la société des grands pour ce qu'elle a de flatteur et de glorieux. C'était au demeurant une nature infiniment souple, qui ne fut rien avec puissance, mais qui, tout en le cédant sur chaque point à tel de ses confrères, offrait par la variété de ses aptitudes comme un abrégé vivant de son ordre (1). Cette grande quantité de vers latins par où il se crut poète en recousant du Virgile et de l'Horace, ses *Comparaisons* et ses *Réflexions*, qui sont, après tout, de bons ouvrages et lisibles encore à des rhétoriciens, quoique sans valeur originale, l'ont mis jusqu'à nos jours en haute réputation d'humaniste.

(1) Voy. la thèse de M. Dejob, *de Renato Rapino*, particulièrement la Conclusion.

Mais tenez que cet humaniste-là, curieux de nouvelles, frotté de politique, eut toujours son cabinet de travail grand ouvert sur le monde. Il se faufilait, il furetait, il ramassait de partout, pour ces curieux *Mémoires sur le Jansénisme* qui furent l'œuvre capitale de sa vie, des croquis, des confidences, des anecdotes ; il tâtait les choses par leurs dessous et leurs petits côtés, habile à y bien saisir cela, comme il arrive aux esprits déliés, mais sans grande élévation ni ampleur ; médisant volontiers, et de bonne foi ; merveilleux pour attraper les profils subalternes et pénétrer les menues intrigues, mais rapetissant à plaisir les grandes actions simples, mais ne voyant goutte, par exemple, dans l'âme profonde d'un Pascal ; au reste, bon religieux, galant homme, ami dévoué et tout répandu en complaisances. Par son manège insinuant, par ses anciennes fonctions de préfet des études au Collège-de-Clermont, par quelques éducations de jeunes gens de qualité, il connaissait comme personne la cour et la ville, y compris le beau monde janséniste, sur les frontières duquel il ne haïssait pas de pousser des pointes. Tel était le compagnon coutumier de Bouhours, et qui apparemment lui fraya le chemin.

Celui-ci une fois accueilli, pour plaire et prendre pied, n'avait qu'à laisser agir son naturel, étant peut-être le plus homme du monde et le plus homme d'esprit que les jésuites aient jamais possédé. Nous avons là-dessus de bons garants. « Le Père Bouhours était là ; l'esprit lui sort de tous côtés... » Qui parle ainsi ? Nulle autre que la divine marquise (1). Et Bussy applaudissant à

(1) *Correspondance de Roger de Rabutin*, t. IV, p. 371. — Nous

à cette vive peinture : « On ne saurait mieux représenter le Père Bouhours : le voilà, je le vois ! (1) » Nous-mêmes, ne nous semble-t-il pas l'entrevoir, et que par la vertu de ce mot de Mme de Sévigné un souffle de vie a passé dans les traits de la gravure? Ce visage carré, massif et rubicond, que l'expression du regard et le pli de la lèvre empêchent d'être vulgaire, le voilà qui s'anime et rayonne d'intelligence; la gaieté y reluit tempérée par une civilité scrupuleuse; et il y flotte un ambigu et fin sourire, dont on ne saurait dire s'il va s'aiguiser en épigramme ou s'épanouir en compliment, sourire significatif qui a passé de l'homme à son style, que vous retrouverez à chaque page de ses dialogues, qui effleure incessamment les lèvres d'Ariste comme d'Eugène, d'Eudoxe aussi bien que de Philanthe (2).

Il parle cependant; ses paroles s'insinuent d'un ton discret, choisies et spirituelles; et cet esprit « qui lui sort de tous côtés » n'a pas d'éclairs brusques, n'éclate pas en fusées; c'est un pétillement doux et continu, qui chatouille, qui pique selon la rencontre, ne blesse guère, jamais ne fatigue. Au demeurant, le caractère le plus facile et le plus accort; « un homme poli (dit l'abbé de Longuerue), ne condamnant personne et cherchant à excuser tout le monde » (3); par là maître des sympathies,

citons ici et ailleurs d'après l'édition de Lud. Lalanne (1858, 6 vol. in-18).

(1) *Correspondance de Rabutin*, t. IV, p. 379.
(2) Voy. les *Entretiens d'Ariste et d'Eugène* et *la Manière de bien penser*, où presque toujours les interlocuteurs questionnent, répliquent, interrompent « en riant » ou « en souriant ».
(3) Dans le *Longueruana*. — Sur cette accortise de Bouhours, les contemporains sont unanimes. Voyez son Eloge historique (dans les *Mémoires de Trévoux*); les *Lettres de La Rivière* (1751), t. II; etc.

comme il est sûr par son esprit de captiver l'attention.

Quant à la qualité de ses idées, au tour de sa conversation, n'appréhendez point de science fâcheuse, ni d'indigestes ressouvenirs de classe. Aussi bien, qui se nourrit comme lui et se délecte de Voiture doit avoir plus de penchant à la coquetterie qu'à la pédanterie. Du latin, même du grec, Bouhours en sait assurément ce qu'il faut, mais sans excès ni étalage. Pour « les belles langues », l'espagnol, l'italien, il n'a garde de les ignorer, capable de gloser pertinemment sur une *agudeza* de Balthazar Gracian, sur un *concetto* du cavalier Marin, ou bien de mettre en son lustre un beau vers du Tasse. Quoi encore ? il tourne une devise dans les règles ; il rime au besoin, pour faire comme tout le monde, mais heureusement fort peu, car il rime médiocrement. Enfin s'il est une chose où il appuie davantage et dont il se pique, c'est les délicatesses de la langue française, c'est les mystères du beau style. Voilà à peu près la mesure de son érudition : élégante, comme on voit, et point rude aux oreilles mondaines.

Ce composé d'esprit, d'enjouement, de bien dire, de manières polies et de culture délicate, ce je ne sais quoi qui distingue la belle époque de Louis XIV et qui fait transition des grâces pompeuses, empesées de l'hôtel Rambouillet au scintillement éblouissant des salons de la Régence, le XVIIe siècle l'a baptisé d'un heureux mot, dérobé au latin : l'urbanité. Cette urbanité, suivant la remarque de Sainte-Beuve, trois hommes la personnifient par excellence, trois noms que l'on associe volontiers : Bussy-Rabutin, Pellisson et Bouhours. Ce que Bussy est de prime-saut, avec une assurance dégagée qui sent son homme né, Pellisson l'est en bourgeois important et stylé aux cérémonies, Bouhours en homme d'église et d'école, qui a pris ses grades en l'art de plaire et se travaille à être sémillant. Il y a là, si on ose dire, comme une représentation de l'urbanité par les trois ordres : noblesse, tiers et clergé. Mais en fait d'urbanité ecclésiastique, Bouhours offre à nos yeux un type si accompli, qu'on ne verrait personne, si Fléchier n'existait point, pour lui disputer la place.

Lorsque Bouhours commença à se produire, il y avait deux cercles littéraires où les jésuites fréquentaient assidûment. C'était d'abord le *lundi* de Lamoignon, réunion fameuse instituée par le Premier Président pour l'instruction de son fils Chrétien ; parfait modèle de ces académies privées que le goût du temps multipliait à l'entour des Quarante (1). Que si l'on a pu caractériser certains genres de littérature au xviie siècle par les salons où ils naquirent et se développèrent de préférence ; si l'art épistolaire a des obligations à la marquise de Rambouillet ; si le Dialogue relève plutôt de Mlle de Scudéry ; les Portraits de Mlle de Montpensier ; les Maximes de Mme de Sablé ; les Caractères des princes de Condé (2) : il est aussi vrai de dire que la dissertation

---

(1) Par exemple la *mercuriale* de Ménage, l'académie de l'abbé d'Aubignac.

(2) Pour ce qui est des *Caractères*, cette vue, émise par M. Edouard Fournier (voy. sa *Comédie de Jean de La Bruyère*) paraît un peu hasardée : il est contestable que le génie de La Bruyère doive quelque chose à son entourage.

oratoire, la leçon ornée, ce que nous appelons aujourd'hui la « conférence », fit merveille à l'hôtel de Lamoignon.

Cet excellent magistrat, lui-même d'une érudition vaste, et qui dans les débats du Lundi payait de sa personne aussi bien qu'à la grand'chambre, avait assemblé là une élite de personnages savants et diserts (il n'y en eut jamais ensemble plus de vingt-six) (1), fort différents d'ailleurs de génie, de profession et de sentiments. L'on y voyait, en compagnie de son fils Carolus, le médecin Guy-Patin, l'ennemi pareillement irréconciliable des « loyolistes » et de l'émétique; quelques avocats, quelques magistrats au Parlement, comme le conseiller Lefebvre d'Ormesson; le docte Huet, le non moins docte Ménage; Pellisson, l'un des orateurs habituels qui célébrait un jour Homère, une autre fois disait « l'histoire de Torquato Tasso, le plus grand poète de son siècle »; Fleury, pas encore abbé, qui se donnait carrière sur Hérodote; Bossuet même, alors évêque de Condom, lequel traitait avec force « de l'éloquence divine, qui est la Bible ». Au reste, le Lundi était comme un terrain neutre où molinistes et jansénistes se mêlaient courtoisement; et, nonobstant Guy-Patin et ses rancunes atrabilaires, les jésuites s'y trouvaient représentés par quelques-uns de leurs meilleurs sujets. Rapin, qui avait la haute main dans l'assemblée comme précepteur du fils aîné de Lamoignon, y débitait, avant de les donner au libraire, ses élégants parallèles classiques. Ménestrier (2) dissertait

---

(1) Dejob, *de Renato Rapino.*
(2) C'était non seulement un prédicateur estimé, mais surtout un

sur l'éloquence de manière à forcer l'applaudissement de Patin lui-même. Quant à Bouhours, qui était peu l'homme des longues harangues, il égayait, j'imagine, les intermèdes de ses mots fins. Mais il trouvait là à qui parler et de chauds amis de Port-Royal tout prêts à lui faire rengaîner sa plaisanterie, comme cette fois qu'il s'échappa si malencontreusement à persifler la sublimité chrétienne de Pascal s'humiliant à des besognes de cordonnier : le bon Père avait compté sans un académicien plein de sel, Boileau le docteur, dit-on, qui le servit d'une prompte riposte : « Je ne sais pas, mon Père, si M. Pascal raccommodait des vieux souliers, mais tout le monde sait bien qu'il a porté à la société des bottes toutes neuves (1) ! » Bouhours ne dut rire qu'à moitié. Qu'y faire ? Ce sont là petites blessures, fréquentes dans le métier d'hommes d'esprit, et que l'amitié du Premier Président avait de quoi cicatriser sur l'heure.

De cette académie toute sérieuse et doctorale, les jésuites passaient volontiers au *samedi* de Sapho (2), ravis de goûter chez cette vieille fille, d'un cœur excellent, d'un mérite après tout peu vulgaire, la douceur des lettres relevée d'une pointe de mondanité permise.

---

très habile archéologue. Il a laissé de nombreux ouvrages sur l'art des devises, le blason, etc., et plusieurs essais historiques d'une certaine valeur.

(1) *Boileau aux prises avec les Jésuites*, 1706. — Cette rapsodie de misérables commérages, désavoués par Boileau, mérite peu de confiance. On en peut néanmoins tirer quelques anecdotes très acceptables, comme celle-ci, reproduite par Ch. Ancillon dans ses *Mémoires concernant les vies et les ouvrages de plusieurs modernes célèbres* (1709) et ensuite par Sainte-Beuve au t. VI des *Lundis*, art. sur Boileau.

(2) Madeleine de Scudéry.

L'on a tant écrit sur le Samedi (1) qu'il serait oiseux d'en recommencer l'histoire; il sied seulement d'observer que sa dernière période, la seule qui soit présentement en cause, a été jugée par la plupart des critiques avec trop de dédain ou trop de sévérité. Si le Samedi, de 1660 à 1670, entre peu à peu dans une phase moins brillante, il ne tombe pas pour cela dans ce discrédit et ce néant qu'on a supposés.

A la vérité, on s'aperçoit que le lien qui unissait ce petit monde s'est relâché sensiblement, que chacun en prend plus à son aise et tire de son côté. Où sont ces assemblées d'autrefois, et cette ponctualité, et cette discipline qui faisaient songer à une classe bien tenue? Où sont ces procès-verbaux authentiques, dressés par le secrétaire Pellisson? Et ces petites pièces en vers ou en prose, diligemment recueillies et classées, comme on ferait des documents d'archives? Il est vrai encore que les précieux de l'ancien temps, ceux qui virent le salon bleu d'Arthénice (2) et continuaient chez Sapho la tradition de l'hôtel Rambouillet, se font tous les jours plus

(1) Rœderer d'abord, qui a mis les lettrés en goût par son *Mémoire sur la Société polie;* puis principalement Victor Cousin dans *la Société française au* xvii* *siècle;* M. Livet dans l'Introduction au *Dictionnaire des Précieuses* de Somaize (éd. Jannet) et dans ses *Précieux et Précieuses;* MM. Rathery et Boutron dans *M*lle *de Scudéry, sa Vie et sa Correspondance;* M. l'abbé Fabre dans *la Jeunesse de Fléchier.* — Cousin, en étudiant avec l'autorité magistrale qu'on sait la première et la plus brillante période du samedi, laissait encore à dire sur les époques postérieures. C'est à quoi MM. Rathery et Boutron et M. l'abbé Fabre se sont employés utilement. Après eux, il faut considérer la matière comme décidément épuisée; maintenant que la manie réhabilitante a décoré les Précieuses de toutes les vertus et de tous les talents, il serait peut-être temps de les laisser en repos.

(2) La marquise de Rambouillet.

rares. Montausier, depuis ses gouvernements et ses charges à la cour, ne rend plus que des visites espacées; il y a beau temps que le second de Voiture, que le charmant Sarasin a rendu l'âme; le bonhomme Chapelain, décrépit et morose, penche vers sa fin; Conrart, cloué dans son fauteuil, attend que la goutte lui donne le coup de grâce; laissons Ménage, qui pèse lourd par le pédantisme et compte peu pour le bel esprit; que reste-t-il, en somme, de cette génération? Un seul à peu près, le favori de Sapho, Acanthe-Pellisson, qui trône encore, vrai roi du Samedi, dans tout le lustre de son talent et de sa gloire.

En revanche le Samedi répare ses pertes. De nouveaux sujets se sont rangés sous les lois de Mlle de Scudéry, cour plus bourgeoise, moins assidue, un peu flottante, mais qui n'est pas si inférieure et pour le nombre et pour l'esprit aux satellites de la période primitive. Parmi des gens de lettres plus obscurs, tels que M. Le Laboureur ou M. Clément — ce Clément qui fut en son vivant « le grand maître de la devise »! — voici le fringant Isarn, voici les frères Perrault, voici quelque temps le savant et âcre Furetière; du côté des femmes, voilà Mme des Houllières, qui, sans être une habituée du Samedi, échange des honnêtetés avec sa voisine du Marais; voilà surtout le sage et ingénieux trio des demoiselles Dupré, Descartes et de La Vigne (1), aimables personnes, et qui le seraient bien davantage si elles ne jouaient pas tant aux petits jeux de l'amour platonique, si elles se donnaient moins d'Iris et de Climène, si elles

(1) M. l'abbé Fabre (*La Jeunesse de Fléchier*, 1882) a très bien étudié et caractérisé ces charmantes Précieuses.

modéraient un peu cette grande dépense poétique de glaces, de chaînes, de cruautés et de soupirs. Mais ce qui dominait alors, ce semble, chez la vierge du Marais, c'étaient les beaux esprits ecclésiastiques, je n'entends pas ces abbés blondins et folâtres, à la Testu, grands coureurs de ruelles, et de toutes ruelles, mais bien des gens de mœurs séantes et qui prenaient leur habit au sérieux : Mascaron, Huet (1), Fléchier, une pépinière d'évêques illustres ; Rapin, Verjus, Commire, Bouhours, toute la gent lettrée du Collège-de-Clermont.

Ce monde-là, ceux du clergé en tête, ne faisait ni pis ni mieux que la première génération du Samedi. On madrigalisait à force, on se fondait en douceurs, on dépensait bien de l'ingéniosité en fadaises ; comme si Despréaux, comme si Molière, armés de bon sens et de génie, n'étaient pas déjà à la besogne, nettoyant la littérature de tout ce fard, tranchant dans le vif du méchant style précieux. Et toutefois de certains esprits ingénus et conciliants, Bouhours le premier, faisaient leur cour à Mlle de Scudéry, en même temps qu'ils rendaient hommage à Boileau, associaient dans leur admiration les précieuses jouées par Molière et la comédie qui les jouait. Prenant à la lettre la préface des *Précieuses ridicules,* ils se payaient d'une distinction subtile entre les fausses précieuses et les véritables, raillaient celles-là de très bon cœur, et ne se demandaient

---

(1) Il est juste d'observer que Daniel Huet ne prit les ordres qu'à l'âge de quarante-cinq ans, et n'occupa point le siège d'Avranches avant 1690. — Mascaron était évêque de Tulle dès 1671, et par conséquent éloigné de Paris. Fléchier fut préconisé seulement en 1685.

pas où commençait en pays précieux la province du ridicule, ni si Mlle de Scudéry et ses pareilles n'avaient pas en maint endroit passé la frontière. Moyennant quoi ils se livraient en toute sécurité aux enfantillages du Samedi.

Ce commerce d'inoffensives fadeurs, de compliments furieusement poussés, de petits présents puérils, Bouhours avec sa délicatesse y donna tout comme les autres. Voyez ses billets à Sapho : que d'encens, que de sucre ! Tout ce qui tombe de la plume de cette dixième muse lui semble inimitable et divin. Il s'extasie au moindre madrigal. Que la bonne demoiselle accommode en un *Discours sur la Gloire* quelques lieux communs académiques, il s'écrie d'admiration comme on ferait pour une oraison de Bossuet (1). Ce n'est pas tout : afin d'être dans le ton parfaitement, il faut bien un peu traduire en dialecte du pays de Tendre l'amitié qu'il a pour cette vieille personne, si laide, si ridée, si vertueuse : aussi bien, ne l'entendez-vous pas qui se met de moitié dans les soupirs de Furetière et se plaint doucement de « ce cœur aimable et impénétrable », duquel il faudrait dire *pungit et placet* ainsi que d'une rose entourée d'épines (2)?

Vienne le nouvel an : belle occasion de gentillesses galantes; foison de bouquets, de pierres gravées, d'objets

(1) Voy. à l'Appendice (*Correspondance*, B) les lettres de Bouhours à Mlle de Scudéry.
(2) Ce n'est qu'une hypothèse, mais qui a toute apparence. « Le P. B*** et moi, écrit Furetière à Mlle de Scudéry, nous ne vous parlons jamais de ce que vous ne voulez jamais entendre, etc... Mais dans le fond de l'âme nous sommes vos très humbles et très obéissants amants. » (*Mlle de Scudéry, sa Vie et sa Correspondance*, par MM. Rathery et Boutron). Qui est ce P. B***? Je ne vois, en cherchant bien parmi les familiers de Sapho, que Bouhours. A-t-on besoin de le dire? l'amant, en style précieux, c'est l'ami bel esprit.

« singuliers et propres à faire figure sur le bord de la cheminée » de Sapho. Bouhours y contribue pour sa part, et ne manque pas de joindre à son cadeau un billet tendrement respectueux : « J'ai bien de la confusion, Mademoiselle, de n'avoir que des fleurs, et encore des fleurs fausses, à vous offrir pour marque d'une amitié aussi solide et aussi véritable que la mienne. Ne jugez donc pas de moi, s'il vous plaît, par la nature de mon présent... (1). » C'était choisir, au contraire, à merveille. Des fleurs artificielles, n'est-ce pas le propre symbole de cette littérature flatteuse, légère et postiche, où la sève ne circule point, qui n'eut jamais le parfum de la vie, bonne tout juste à mettre sous globe comme un objet de curiosité? C'est cependant ces fleurs artificielles pour lesquelles Bouhours eut toujours un faible. Et s'il fallait dire, entre tant de sociétés où il avait accès, quel resta son quartier général, peut-être qu'il n'y aurait pas à chercher ailleurs que la ruelle de Madeleine de Scudéry.

Il nouait du reste, en dehors ou sur les confins de ce cercle roturier, maintes relations tout aristocratiques : la marquise de Sévigné (2) et la comtesse de La Fayette, amies elles-mêmes de Sapho, mais qui gardaient leurs distances; Mme de Rohan, la docte abbesse de Malnoue ; Mme de Bourdonné, chanoinnesse de Remiremont; la marquise d'Assérac; le marquis de Montpezat, les deux frères de La Feuillade, quantité de nobles dames et de

---

(1) Voy. à l'Appendice, *Correspondance*, A.
(2) Par suite Mme de Grignan. Parmi le très petit nombre de lettres qu'on a d'elle, il y en a une (date et adresse inconnues) où il est question de Bouhours (*Lettres de Mme de Sévigné*, t. X, p. 958).

gens de la cour, que je ne dénombre point de crainte de tomber dans le catalogue.

Il vaut mieux s'arrêter un instant à cette précieuse qualifiée et de haut ton, à cette amie célèbre de Port-Royal, dans le salon de qui l'on s'étonnerait de rencontrer les révérends Pères, si on ne savait au vrai le fond de son humeur et la portée de ses affections. Janséniste tiède et de jour en jour refroidie, précieuse obstinée et qui à soixante-dix ans ne haïssait pas les madrigaux, confite en un égoïsme délicat, friande de bon style et de bonne chère, aimant sur toute chose sa santé, ses aises, à coqueter et à caqueter, la marquise de Sablé trouvait fort bon que Nicole ou quelque autre des messieurs du parti se croisât dans son escalier avec des jésuites du caractère de Rapin et de Bouhours.

Ceux-ci donc la visitaient avec empressement, se récriaient sur ses petits plats, prenaient ses commissions, recueillaient au travers de tout cela quelque confidence intéressante qui lui échappait sur Pascal (1). Nous avons des preuves écrites de cette intimité, et de curieuses preuves. C'est un jour Rapin écrivant à la marquise, pour avoir la recette d'une salade de sa façon que les convives du Premier Président ont jugée inimitable. C'est une autre fois Bouhours qui, à propos d'un copiste dont elle a besoin et qu'il s'est chargé de lui procurer, lui mande galamment : « Si j'étais écrivain, j'aimerais mille fois mieux écrire sous vous que sous le plus grand

(1) Voy. Sainte-Beuve, *Histoire de Port-Royal*, t. V, p. 79. — Nous citons d'après la 3ᵉ édition, Hachette, 1867, 6 vol. in-18.

docteur de l'Université (1) ! » Secrets de cuisine, badinages gracieux, passe-temps de désœuvrée spirituelle, la marquise était encore plus occupée de ces choses que des intérêts de la Grâce ; et ce n'est pas merveille que les jésuites aient fait bon ménage avec un jansénisme aussi accommodant que le sien.

Cependant ces deux ou trois salons renommés étaient à Bouhours comme des centres, d'où il rayonnait peu à peu sur tout le monde écrivant. Il sollicitait quelque part l'honneur d'être présenté à Gilles Ménage. Il liait amitié avec Isarn, Perrault, Fléchier, Pellisson, dix autres clients du Samedi ; avec Bossuet, avec Patru, avec Despréaux, qu'il avait dû, je pense, rencontrer chez Lamoignon. Despréaux à son tour lui fit connaître Racine ; La Fontaine vint ensuite, entendez La Fontaine assagi, converti, et qui ne s'amusait plus aux *Contes*.

Ainsi cet ami des précieux, ce fidèle de Sapho, il avait aussi des attaches avec l'élite classique, il usait familièrement des grands poètes du grand siècle. Et le quatrième du groupe, et Molière, faut-il ici le compter ? On aimerait à se figurer le jésuite, au seuil du logis de Boileau, échangeant un salut avec le comédien, son ancien condisciple, et lui marquant la joie qu'il a goûtée à la lecture de sa dernière pièce. C'est là un de ces rêves où l'imagination se joue, mais que la nature ne réalise guère. Une chose certaine est que Molière avait son parti chez les jésuites, que plusieurs ne s'y

---

(1) Voy. à l'Appendice, *Correspondance, B*.

42 LE PÈRE BOUHOURS.

cachaient pas d'applaudir au Tartufe (1). Rapin disait : « Molière est des nôtres. » Et quand mourut le grand comique, deux jésuites payèrent tribut à son tombeau : Vavasseur lui fit une épitaphe en distiques latins; Bouhours, dans un petit poème français, imita Vavasseur (2). Il ne rimait pas de verve, et je doute que ses vers, dans leur médiocrité correcte, valussent la peine d'être cités, n'était le trait final qui est noble et relève tout. Voici donc comme il parle à Molière :

> Ornement du théâtre, incomparable acteur,
>   Charmant poète, illustre auteur,
>   C'est toi dont les plaisanteries
> Ont guéri des marquis l'esprit extravagant ;
>   C'est toi qui par tes momeries
> As réprimé l'orgueil du bourgeois arrogant.

(1) Voy. une curieuse monographie de M. l'abbé Davin, *la Mort de Molière*, dans *le Contemporain* de septembre 1877. M. l'abbé Davin perpétue jusque sous nos yeux ce phénomène d'un ecclésiastique moliériste : on ne saurait dire lequel l'emporte de son enthousiasme pour Molière, ou de son amour pour les jésuites.

On verra tout à l'heure, en deux petits vers, le jugement de Bouhours sur le *Tartufe*. Cela, aussi bien que l'insertion dans son *Recueil de vers choisis* d'un très libre couplet de Coulanges, intitulé *Portrait d'une dévote pleine de vanité*, montre clairement quelle était en ces matières sa largeur d'esprit : Tartufe, mâle ou femelle, lui semblait un légitime gibier de satire.

(2) La pièce de Vavasseur porte ce titre significatif : *Molerius, poeta comicus idemque comœdus, elatus nullo funere*. En la comparant avec l'épitaphe française, on remarque dans celle-ci un certain défaut de précision, quelques idées omises ou lâchement rendues, qui démontrent la priorité de Vavasseur, et que c'est Bouhours qui a travaillé de seconde main. Au surplus on peut juger de l'élégance de l'épigramme latine par les derniers vers que voici :

> *Gratia sed tanto quæ digna relata magistro?*
>   *Gens ingrata, tuis invide Galle bonis!*
> *Comœdo incultum qui te formaret egebas,*
>   *Comœdo ingratum qui reprehendat eges.*
> *Unum peccàsti, Moleri : ut cætera, per te*
>   *Debuit hoc vitium Gallia scire suum.*
>   (Epigr. IV, 26.)

Ta muse, en jouant l'hypocrite,
A redressé les faux dévots.
La précieuse à tes bons mots
A reconnu son faux mérite.
L'homme ennemi du genre humain,
Le campagnard qui tout admire
N'ont pas lu tes écrits en vain :
Tous deux s'y sont instruits en ne pensant qu'à rire.
Enfin tu réformas et la ville et la cour,
Mais quelle en fut la récompense ?
Les Français rougiront un jour
De leur peu de reconnaissance.
Il leur fallut un comédien
Qui mît à les polir sa gloire et son étude :
Mais, Molière, à ta gloire il ne manquerait rien,
Si, parmi les défauts que tu peignis si bien,
Tu les avais repris de leur ingratitude ! (1)

D'attribuer à Molière un zèle si efficace pour la réformation des mœurs, d'ériger son théâtre en école publique de vertu, il y a bien là quelque complaisance ou quelque naïveté ; et l'on peut soutenir qu'au pur sens chrétien Bourdaloue et Bossuet voyaient plus net et plus à fond.

---

(1) Les neuf derniers vers (*Tu réformas*, etc.) sont assez connus, grâce à Voltaire qui les cite dans sa notice sur Molière, ajoutant que de toutes les épitaphes composées à son sujet, c'est la seule digne d'être rapportée. A son tour Bayle, à l'art. POQUELIN de son Dictionnaire, fait mention de cette pièce comme des meilleurs vers de Bouhours.
C'est à tort que le P. Lauras (*Bourdaloue*, t. I, p. 56) paraît suspecter l'authenticité de l'épitaphe : il n'y a pas là-dessus de doute possible. Ménage, dès 1676, la rapporte tout au long dans le 2ᵉ tome de ses *Observations sur la langue française*, où il prend à partie le P. Bouhours ; un peu plus tard, l'érudit compilateur Baillet dans un de ses opuscules. Il n'eût tenu qu'à Bouhours de démentir ces deux auteurs si leur imputation se fût trouvée fausse. D'autre part, les contemporains font couramment allusion à l'essai poétique du jésuite comme à une chose notoire et incontestée. Enfin, quoi qu'on veuille dire, on ne saurait éluder les distiques originaux du P. Vavasseur, jésuite.

Toutefois aux rigueurs inflexibles d'un Bourdaloue, aux foudres injurieux d'un Bossuet, combien l'on est aise de pouvoir opposer ce panégyrique sans réserve dû à la plume d'un prêtre et d'un jésuite, de découvrir là dans l'unité d'une même foi, après la rude et blessante doctrine, un revers plus maniable d'humaine tolérance. Maintenant si l'on vient à se rappeler ces indignes funérailles, la populace stupide et Harlay le scandaleux archevêque conjurés contre le cercueil du comédien, enfin ce peu de terre chrétienne mendié pour sa dépouille, la chute de l'épitaphe semble d'une hardiesse généreuse et va droit au cœur. En vérité, il y a là mieux qu'un amusement de bel esprit. L'homme qui a écrit ces vers sur votre tombe, je ne sais s'il eut de votre vivant, Molière, la fortune de vous approcher, et s'il vous fut ami autrement que de loin; mais il est sûr que votre profond regard n'eût pas trouvé en lui de quoi composer le Tartufe.

CHAPITRE III

Début littéraire de Bouhours : la *Lettre à un Seigneur de la Cour*. Polémique avec Port-Royal, ses origines, ses suites. — Les *Entretiens d'Ariste et d'Eugène*; réussite du livre. — Barbier d'Aucour et les *Sentiments de Cléante*. — Les *Doutes* et les *Remarques sur la langue française*. Continuation de la guerre avec Port-Royal, brouille avec Ménage. — Bouhours historien et biographe; valeur de ses essais en ce genre. — Renommée de Bouhours : témoignages des contemporains. — Ses rapports avec les gens de lettres: services rendus; échange d'éloges; vanité d'auteur. — Quelle situation Bouhours occupe dans sa Compagnie; son autorité littéraire acceptée de la plupart, contestée par quelques-uns. Invectives du P. Maimbourg. — « Vie douce et glorieuse » de Bouhours. Esquisse du religieux mondain. — Invitations, promenades et villégiatures; Bouhours et ses hôtes à Auteuil, à Chantilly, etc. — Bouhours chez les Lamoignon. Bâville et *Polycrène*.

Bouhours, à l'âge de quarante ans (1668), n'avait rien publié que deux ou trois opuscules insignifiants et attendait l'occasion de débuter par un coup d'éclat, lorsque l'affaire du Nouveau Testament de Mons lui mit la plume, j'allais dire les armes à la main, et le jeta en pleine mêlée janséniste.

Il faut reprendre les choses d'un peu plus haut. Cette version célèbre de l'Ecriture sainte, ouvrage de Saci et de quelques autres solitaires de Port-Royal, imprimée en Hollande, répandue dans Paris avec beaucoup d'adresse et un merveilleux succès, dénoncée à grand bruit par les jésuites, condamnée par un arrêt du Conseil d'Etat, condamnée par un bref du Pape, avait été interdite dans le diocèse de Paris par deux ordonnances de l'archevêque Hardouin de Péréfixe.

Fort peu de prélats suivirent cet exemple, mais en première ligne l'archevêque d'Embrun, Messire George d'Aubusson de La Feuillade, le frère de ce La Feuillade si fameux par l'emportement de ses adulations. C'était lui-même un assez étrange personnage, bruyant et vain, haïssant les jansénistes avec ostentation ; l'âme d'un courtisan plus que d'un évêque ; au reste homme d'esprit, diplomate entendu, et qui s'autorisait d'un texte de saint Paul où les apôtres sont qualifiés d'ambassadeurs de Jésus-Christ, pour courir les ambassades temporelles et ne mettre de sa vie le pied dans son diocèse (1). A peine arrivé d'Espagne, où le ministre de Lyonne l'employait à des négociations politiques, M. d'Embrun *se fit de fête;* et pris d'alarmes inusitées pour le salut de ses ouailles, il fulmina de Paris même un mandement contre la traduction nouvelle, comme si cet intime diocèse d'Embrun, plus d'à moitié sauvage, où les gens n'entendaient que le patois, n'eût pas été le dernier coin de la terre accessible aux écrits de Port-Royal ! Ce zèle précipité sembla ridicule ; et dans certain pamphlet

---

(1) Saint-Simon, qui l'a connu (voy. ses *Mémoires*, an. 1697, II, 3), lui est favorable, sauf sur le fait de son avarice, qui était extrême. Il faut corriger par ce portrait de Saint-Simon le jugement un peu partial de Sainte-Beuve (*Port-Royal*, t. IV, p. 380), et qui se sent des sources jansénistes de l'auteur.

publié sur les entrefaites (1), un plaisant anonyme s'en égaya si fort, que la vanité froissée de M. d'Embrun entra incontinent en rage. Pendant que le duc son frère, avec une troupe d'archers, menait des perquisitions par toute la ville et rudoyait les libraires, lui-même rédigeait une requête au Roi, le suppliant de sévir exemplairement contre les hérétiques du Port-Royal, les libelles qu'il leur imputait sans preuves et leur damnable version de l'Ecriture sainte.

Ce factum arrogant, pompeux et vide, loin d'accabler les solitaires, leur offrait à point nommé l'occasion de se justifier auprès de Louis XIV. C'est ce qu'Antoine Arnauld se hâta de faire par une contre-requête habile, ferme à la fois et modérée, laquelle fit à la cour une impression extraordinaire. M. d'Embrun n'eut point les rieurs de son côté. Moqué de tous les courtisans, qui ne pouvaient souffrir ses grands airs, en proie aux sarcasmes sanglants de Condé, achevant, par les sourires mal réprimés du Roi, par le silence glacial du P. Annat, de perdre contenance, il passa le plus méchant quart d'heure qui se puisse imaginer (2).

Cependant les jésuites ne pouvaient rester les témoins désintéressés d'un duel où Port-Royal avait l'avantage. Peut-être par sympathie pour M. d'Embrun, certainement parce qu'ils se sentaient eux aussi touchés en

(1) *Dialogues satiriques entre deux paroissiens de Saint-Hilaire-du-Mont.* Ils n'étaient point d'une plume port-royaliste, mais d'un M. Girard, abbé de Verteuil, « un bel et libre esprit du pays latin », dit Sainte-Beuve.
(2) Il faut voir toute la scène dans la relation de Varet, citée par Sainte-Beuve au t. IV de son *Port-Royal*, p. 383. Cela est fait sans prétention, mais sur le vif, et cela peint aux yeux.

pleine poitrine des coups qu'on lui portait, ils dépêchèrent un des leurs au secours du prélat déconfit : une plume toute neuve, alerte, sémillante, propre aux fines railleries et au joli langage, telle enfin qu'il fallait pour contenter ce public d'élite, mais plus sensible à une page spirituellement tournée qu'à la solidité d'un argument théologique : c'était Bouhours.

On appréciera plus loin la valeur polémique de cette *Lettre à un Seigneur de la Cour* et de cette *Lettre aux Ecclésiastiques de Port-Royal*, par où il entra en campagne : il suffit pour le moment d'en constater la réussite, qui ne fut pas médiocre. Les molinistes exaltèrent ces pièces, le monde les lut, la secte s'en émut au point d'en donner coup sur coup trois ou quatre réfutations, où Nicole, où le grand Arnauld n'épargnaient l'encre non plus que l'invective (1). De ce moment la haine janséniste s'attacha à Bouhours, une de ces haines qui ne désarment jamais, ne vous lâchent ni mort ni vif. Une foule de pamphlets continuèrent à le noircir, des tomes outrageux s'entassèrent contre lui par la main d'Arnauld, puis de Quesnel; il demeura enfin pour le jansénisme, entre tous ceux de son ordre, l'ennemi particulièrement haï, celui que d'instinct on cherche dans la mêlée, pour tout dire, ce qu'était aux jésuites le grand Arnauld lui-même.

---

(1) *Lettre à Mgr d'Aubusson où l'on montre l'imposture insigne de son défenseur*, etc. — *Réfutation de la Lettre du P. Bouhours à un Seigneur de la cour.* — *Réponse à l'Auteur de la Lettre à un Seigneur de la cour.* — *Lettre de M. Brousse... sur les calomnies avancées contre lui dans la Lettre d'un jésuite* etc. — Ajoutez les chap. 16 et 17 du t. VIII de la *Morale pratique des Jésuites*, qui contiennent une réfutation abrégée de la *Lettre aux Ecclésiastiques de Port-Royal*.

Quant à l'issue du conflit, ainsi qu'il arrive immanquablement dans les démêlés théologiques, chacun tira à soi l'avantage. Les jésuites triomphèrent en paroles; M. d'Embrun eut pour se consoler l'évêché princier de Metz. Dans le fait, M. d'Embrun ni le champion de M. d'Embrun n'empêchèrent la paix de l'Eglise, qu'on négociait alors selon le vœu du pape Clément IX, d'être signée quelques mois plus tard (1669); ils n'empêchèrent pas davantage la Version de Mons, moyennant des corrections de détail proposées par Bossuet, de circuler librement dans la plupart des diocèses et d'être lue par tous les catholiques de France. Le plus clair résultat de l'intervention de Bouhours, et dont Port-Royal même ne put se dispenser de rendre témoignage, ce fut de montrer quel chemin, depuis les *Provinciales*, les jésuites avaient fait dans l'art d'écrire, qu'ils s'étaient décidément tirés de l'ornière scolastique et savaient maintenant comme personne la façon de parler au monde.

Bourdaloue, un an plus tard, se révélait dans la chaire, accomplissant dans son ordre pour la rénovation de la parole sacrée ce que Bouhours venait d'y faire pour la réforme du style. L'un et l'autre ne contribuèrent pas peu à ce regain de faveur publique dont les jésuites, si entamés des coups de Pascal, se félicitaient après la paix de l'Eglise (1); et ils balancèrent à eux deux les succès de Port-Royal, tellement que Boileau put affirmer chez Lamoignon « que les jésuites avaient défait les jansénistes en bataille rangée, le P. Bourdaloue

---

(1) Voyez les *Mémoires du P. Rapin*, t. III, p. 572: « A cette occasion, dit-il, des petits succès de la Société (1669)... »

par la prédication, le P. Bouhours par la plume » (1). Bouhours, vis-à-vis de Bourdaloue, l'homme de goût sur la même ligne que le grand orateur chrétien, voilà de ces symétries un peu hasardées, comme en fait le jugement des contemporains : la postérité vient, qui les dérange et remet chacun à sa vraie place.

Après ses deux Lettres, Bouhours était un écrivain connu ; moins de trois ans plus tard ses *Entretiens d'Ariste et d'Eugène* le rendirent célèbre. Cette demi-douzaine d'essais ou de « mélanges », reliés seulement par le fil ténu d'un dialogue où les interlocuteurs ne changent pas, ce livret bigarré, qui débute par des réflexions sur la *Mer*, finit par un exposé de l'art des *Devises* et nous promène dans l'intervalle de la *Langue française* au *Secret*, du *Bel Esprit* au *Je ne sais quoi*, se lit encore aujourd'hui avec un sensible plaisir. C'est là un écrit de même famille que les *Conversations* du chevalier de Méré qui précédèrent (1668), que les *Conversations* de Mlle de Scudéry qui suivirent (1680), que ces *Entretiens sur la pluralité des mondes* de Fontenelle, qui sont restés et pour le sérieux du fond et pour l'agrément de la forme le chef-d'œuvre du genre : et ce genre, à le bien définir, n'est point absolument le dialogue, c'en est comme une variété moins dramatique et plus nuancée, où l'auteur intervient discrètement, diversifiant çà et là d'un peu de narration ou de description les propos de ses personnages. Cette forme litté-

(1) *Mém. du P. Rapin*, ibid. — Reste à savoir si ce mot est bien fidèlement rapporté par Rapin : de Boileau, il ne laisse pas que de surprendre.

raire, démodée de nos jours — et c'est dommage —, mais florissante alors et que Bouhours s'appropriait dans sa vogue première (1), lui porta bonheur chaque fois qu'il s'en voulut servir (2). Aussi bien, rien ne flattait davantage le goût de ce public du xviie siècle, si passionnément épris de conversation docte et lettrée, et rien n'allait mieux au tempérament de l'écrivain : plus fin que robuste, plus capable de butiner délicatement d'idée en idée que de maîtriser un sujet avec force, n'avait-il pas dans cet artifice de composition le propre moyen de déguiser les faiblesses, de faire valoir les nuances ondoyantes et le poli brillanté de son esprit?

Les Entretiens d'Ariste et d'Eugène, magnifiquement imprimés par Cramoisy, étalés, colportés en tout lieu par les jésuites, eurent donc un débit prodigieux (3).

(1) Il y a lieu de distinguer entre les dialogues artificiels, directement inspirés de l'antiquité, — on trouve de ceux-là à toutes les époques de notre littérature — et ces autres dialogues, produit spontané d'un instinct littéraire qui se déclara vers le milieu du xviie siècle. Les *Dialogues des morts* de Boileau, de Fontenelle, de Fénelon sont de simples imitations de Lucien; et probablement que sans l'exemple de Platon Mallebranche n'eût pas mis sa philosophie en dialogues. Mais les *Entretiens sur les mondes* du même Fontenelle, mais les *Conversations* de Méré et celles de Mlle de Scudéry, mais les *Entretiens* de Bouhours, etc., aussi bien que la *Conversation du P. Canaye* de Saint-Evremond, existent par eux-mêmes, indépendamment de tout modèle antique. Notre xviie siècle aurait, je pense, inventé le dialogue, si les Grecs ne l'avaient pas déjà fait.

(2) Ce qu'il fit de nouveau dans *la Manière de bien penser*, 1687.

(3) Succès constaté par les partisans mêmes de Port-Royal. Baillet, dans ses *Jugemens des Savans* (t. II, n° 758, édit. la Monnoye), parle de « l'avidité et du plaisir » avec lesquels les *Entretiens* furent « reçus du beau monde »; des éditions aussitôt enlevées de Paris, de Grenoble, de Lyon, des Pays-Bas. — Amelot de la Houssaye (Préface de *l'Homme de cour*, traduit de Gracian, 1687) discute une « censure de l'Auteur des Entretiens, dont beaucoup de gens s'autorisent comme d'un autre αὐτὸς ἔφα ».

C'était au vrai un de ces ouvrages mêlés où une saine critique trouve ensemble de quoi louer et de quoi mordre. Pendant que les amis criaient au chef-d'œuvre, Port-Royal mordit, — ou plutôt un allié mondain de Port-Royal, — n'étant point de la gravité d'un Arnauld ou d'un Nicole de se commettre en cette sorte de littérature purement profane et qu'ils appelaient galante.

Cet auxiliaire avait nom Barbier d'Aucour, le même que MM. de Port-Royal avaient lâché d'abord contre Racine, lors de leur différend avec leur ancien élève : un homme du Palais, caustique, acrimonieux, et qui, faute d'une faconde suffisante pour répandre sa bile en plaidoiries, la distillait sur le papier ; un janséniste dont la théologie consistait principalement dans une mortelle haine des jésuites, envenimée, dit l'abbé d'Olivet, par une petite aventure ridicule d'où lui était resté le sobriquet d'*Avocat Sacrus* (1).

Que cette plume d'avocat n'était point à mépriser, les *Sentiments de Cléante sur les Entretiens d'Ariste et d'Eugène* le firent très bien voir. Le Cléanthe daubait sur Bouhours à cœur joie, prenant un à un les six Entretiens, les retournant, les disséquant, et de l'estampe

---

(1) Voici l'anecdote. Il visitait, en 1663, une exposition de peintures énigmatiques que les jésuites, assez enclins à ces divertissements dévots, avaient faite dans l'église de leur collège. Comme il s'y permettait sur les sujets des tableaux quelque réflexion trop libre, un Père qui était présent l'avertit de mesurer ses paroles, que le lieu était sacré. « *Si locus est sacrus*, repartit brusquement le jeune homme, *quare exponitis?* » Le jésuite de rire, et de conter le mot à ses confrères, qui infligèrent à l'avocat le baptême de son barbarisme. Ce Barbier d'Aucour devint, comme on va voir, précepteur d'un fils de Colbert, fut membre de l'Académie française, et mourut jeune dans une misère noire.

du frontispice à la table des matières ne laissant rien qui ne fût marqué de sa griffe ou de sa dent. Le ton langoureux ou dameret, certaines gentillesses profanes assez mal édifiantes de la part d'un religieux (1), certaines façons de dire affectées et qui sentaient la ruelle ; le défaut d'esprit scientifique, et çà et là des fables puériles avancées le plus sérieusement du monde ; une érudition de seconde main ; les mots fleuris recouvrant en maint endroit le vide de la pensée ; tous les points faibles du livre, toutes les particularités critiquables étaient saisies, ramassées, mises en lumière d'une si ingénieuse et si cruelle façon, que sans comparer, comme fait La Harpe (2), les Lettres de Cléanthe aux immortelles petites Lettres, il faut convenir que Barbier d'Aucour s'y est surpassé : tant il y a la main vive et souple, tant sa critique incisive pénètre à fond dans les grâces un peu molles de Bouhours.

Sur cette première attaque, il y eut parade et riposte. Un bizarre aventurier de lettres, l'abbé Montfaucon de Villars, se porta champion de Bouhours, publia dans un petit traité *De la Délicatesse*, à côté d'une critique des *Pensées* de Pascal, une apologie des *Entretiens* : apologie plus tranchante qu'adroite, et de laquelle Bouhours eut

---

(1) Comme d'avoir appelé la Grâce un « je ne sais quoi ». Ce qui lui fut fort reproché par les rigoristes, et ce dont triomphait, au rapport de Vigneul-Marville (*Mélanges d'hist. et de litt.*, 1725), un socinien d'outre-Rhin : « Hinc factum est, écrivait celui-ci, ut in Gallia scriptor festivi ingenii non inficete dixerit, *gratiam illam divinam... nihil esse tandem præter nescio quid.* »

(2) *Lycée*, 2ᵉ partie, liv. I, chap. IV, *Critiques*. Il dit du livret de Barbier d'Aucour que « c'est, à très peu de chose près, ce que la critique littéraire a produit de meilleur au XVIIᵉ siècle. »

trop de bonté de le remercier (1). Sur le grief de frivolité mondaine, où il y avait des raisons de ne pas appuyer trop, cet abbé cavalier ne déclare-t-il pas tout net que c'est fort bien fait à Ariste et à Eugène de s'entretenir de femmes « en gens du monde qui ont du bel air et de la vertu » ; et que le devoir d'un jésuite est précisément d'enseigner aux jeunes courtisans « comme ils en doivent parler en ménageant le bel esprit et la pudeur » ? On pense si Cléanthe eut beau jeu à repartir. Ayant fait justice en un tournemain de l'apologiste malavisé, il revint sur Bouhours avec une verve acharnée, le drapa dans une autre série de lettres, et pour conclure lui accordait dédaigneusement quelque petit talent de style, mais apprêté, compassé, fardé, où l'on sentait toujours l'auteur, jamais l'homme.

Les *Sentiments de Cléante* n'eurent pas un retentissement moindre que les *Entretiens d'Ariste et d'Eugène*, et les deux ouvrages aidèrent au débit l'un de l'autre ; tel avait été charmé du texte, qui le fut davantage de la glose médisante. Voltaire songe sans doute à ce succès parallèle, quand il écrit du P. Bouhours (2) : « Il a fait de bons ouvrages, dont on a fait de bonnes critiques : *ex privatis odiis respublica crescit.* » Mais Bouhours n'en jugeait pas avec autant de flegme ; et quant à ces « accroissements de la république » des lettres, c'est de quoi il se serait fort bien passé. Son confrère Commire

---

(1) « Le P. Bouhours s'est trouvé honoré de cette réponse, comme il l'a lui-même témoigné à l'auteur par une lettre de remerciment. » (Ménage, préf. de la 2ᵉ partie des *Observations sur la langue*.)

(2) *Écrivains du siècle de Louis XIV*, art. Bouhours.

eut beau se mettre en frais d'une ode latine pour l'exhorter à un noble dédain :

> Ne sit, Buhursi, magnanimo pudor
> Vanum Cleanthem ferre silentio,
>   Tuaque ne digneris ira
>   Pugnæ avidum juvenem superbæ (1).

D'autant plus mortifié des Lettres de Cléanthe qu'elle touchaient juste en plus d'un point, il eut cette faiblesse de vouloir les faire supprimer : il y gagna seulement que Cléanthe continua d'être lu à Paris et fut imprimé en Hollande.

Mais voici qui dut combler ses déplaisirs : quoique les *Entretiens* fussent dédiés au marquis de Seignelay et agrémentés de belles devises à la gloire de son père, tout cet attirail panégyrique n'empêcha point Colbert de juger fort à son goût les *Sentiments de Cléante*, si bien qu'ayant affaire dans la suite d'un précepteur pour un autre de ses fils (2), c'est Barbier d'Aucour dont il fit choix. Arrière-goût amer de la célébrité, que Bouhours éprouvait en en savourant les premières douceurs.

Le deuxième des Entretiens d'Ariste et d'Eugène annonçait un grammairien judicieux et subtil, qui ne tarda point à donner sa pleine mesure dans les *Doutes* (1674), puis dans les *Remarques nouvelles sur la langue française* (1675). Ces *Doutes*, qu'il feint avec une modestie un peu goguenarde qu' « un gentilhomme bas-breton » propose à Messieurs de l'Académie, forment un aimable livre. La grammaire s'y fait enjouée et ave-

---

(1) *Commirii Carmina*, t. I, od. 37 : Dom. Buhursio, elegantissimorum colloquiorum auctori.
(2) Jules-Armand, marquis d'Ormoy, 1663-1704.

nante, aiguise des malices, conte des historiettes. Sous ombre de douter, ce bas-breton ne se fait pas faute d'articuler mainte critique très décisive à l'endroit des écrivains de Port-Royal, dont il houspille opiniâtrément les expressions et les tournures coutumières. Les plus austères, tels que M. de Saci, méprisaient ces chicanes comme bagatelles indignes d'occuper une âme ascétique; mais Arnauld voulait qu'on y prît garde ; mais le sage et fin Nicole les trouvait assez justes pour en faire son profit (1), assez irritantes pour en tirer vengeance, amendait son style en conséquence et crayonnait en même temps certain portrait satirique du religieux grammairien où Bouhours n'eut pas de peine à se reconnaître (2).

(1) « Lorsque le P. Bouhours, en écrivant sur la langue française, releva plusieurs expressions des traductions de Port-Royal, M. de Saci dit qu'il ne se soumettrait point à ces remarques. M. Nicole dit qu'il se corrigerait et, en effet, n'employa point dans les *Essais de Morale* celles qui lui parurent justement critiquées. » (En note, dans les *Mémoires sur la vie de Jean Racine* par Louis Racine.)

Nicole lui-même atteste le fait dans son *Traité de la Charité et l'Amour-propre*, 31. Il n'y nomme pas Bouhours, qui est dit seulement « l'auteur d'un certain livre », mais l'allusion est transparente.

(2) « Qu'un homme du monde, comme M. de Vaugelas, qui fait profession d'étudier la langue, en fasse un livre où il remarque les bonnes et les mauvaises façons de parler, celles qui sont en usage à la cour, et celles qui sentent la province, personne n'y trouve à redire... Mais s'il se rencontrait un religieux, se piquant de bel esprit, qui fît des recueils de mots qui se disent dans les ruelles et dans les lieux qu'il ne doit point connaître; qu'il parût plein d'estime pour la galanterie et pour les conversations des dames, on ne le souffrirait pas de même. Tout le monde deviendrait spirituel à ses dépens, et soit par malignité ou par un sentiment de religion, on ferait mille réflexions sur la disproportion des pensées dont il s'occuperait avec la sainteté de son ministère. » (Nicole, *Essais de Morale*, t. III.) — Bouhours, après avoir reproduit textuellement ce morceau désobligeant dans l'avertissement de sa *Suite des Remarques*

Cet homme, pourtant si commode et traitable dans le commerce de la vie, ne pouvait toucher une plume sans émouvoir partout des querelles et se mettre des ennemis sur les bras. C'était peu d'être en hostilités ouvertes avec Port-Royal : il fallut que la grammaire, non moins bonne ouvrière de discords que la théologie, le brouillât tout de bon avec son ami Ménage. Le gentilhomme bas-breton en fut cause, s'étant permis d'entrer en doute de plusieurs décisions données par Ménage dans la première partie de ses *Observations sur la langue.* Ménage fit une deuxième édition de ce volume, où il relevait la chose si aigrement, que Bouhours lui rompit net en visière et se mit dans ses *Remarques nouvelles* à lui faire une guerre en règle de pointilleries et d'impertinences. Certes la tâche était aisée de rendre ridicule un homme qui dérivait sans sourciller [*tire-*] *larigot* de *fistula*, expliquait par quelles métamorphoses *vernula* s'est changé en *laquais* et *barbaricus* a fait *baragouin* (1). Bouhours d'admirer ces belles étymologies, de plaindre le mauvais sort de plusieurs nouveaux mots dont Ménage était le parrain, surtout — éloge impardonnable ! — de citer, à propos de l'adjectif *gracieux* qui n'était

---

nouvelles sur la langue (1692), y répond avec beaucoup de dignité et de force.

Bouhours eut aussi maille à partir au sujet de critiques grammaticales avec un M. Courtin, ami de Port-Royal, auteur d'un *Traité de la Paresse*, dans la 2ᵉ édition duquel (1677) le jésuite est représenté comme un *oisif de lettres* et un *arlequin de style*.

(1) *Observations sur la langue française*, 1ʳᵉ partie, passim. L'on y voit également que *gardon* est le même mot que *leucus*, par l'intermédiaire de *leucardus, cardus, cardo*, et une quantité d'autres étymologies de même force.

pas encore d'un usage constant, ce vers de son églogue à la reine Christine :

> Pour moi de qui le chant n'a rien de gracieux,

observant que cela était très justement dit : Bouhours en vérité n'a pas son pareil pour ces méchancetés enveloppées et ces sous-entendus narquois. Pour le coup, l'homme aux étymologies et aux églogues se fâcha tout rouge, et la deuxième partie de ses *Observations sur la langue* fit sentir au jésuite quelle terrible bête c'est qu'un pédant courroucé. Incongru, hérissé, glapissant, il y épuise d'injures le vocabulaire français, il y diffame dans tous les idiomes: «Petit régent de troisième! petit *magister! grammaticaccio!* » Et il faut voir l'acte d'accusation qu'il dresse, et de quel ton il le déclame : que le P. Bouhours n'a point lu la Bible, — qu'il est ignorant des étymologies, — qu'il n'entend ni grec, ni hébreu, ni scolastique, ni droit canon, — qu'il ne sait ce que c'est que propre et que figuré, — qu'il est l'antipode de M. de Vaugelas, — le dernier grammairien du monde, etc., etc... L'on croirait ouïr le fausset de Vadius : mais qu'est-ce en effet que Ménage, que Vadius en chair et en os? le vrai et naïf original du portrait tiré par Molière?

Les curieux entre temps s'amusaient de la bataille et prenaient parti, qui pour l'un, qui pour l'autre. « Je lis, dit Mme de Sévigné, des livres de furie du P. Bouhours et de Ménage, qui s'arrachent les yeux et qui nous divertissent. Ils se disent leurs vérités, et souvent ce sont des injures. Il y a aussi des remarques sur la langue française, qui sont fort bonnes... (1) » Elle ajoute que le ridicule penche du côté du Père. Est-ce bien sûr ? Et ne serait-ce point que la marquise est quelque peu prévenue contre le jésuite Bouhours, qui tance ses chers écrivains de Port-Royal ? prévenue pour le bonhomme Ménage, qui jadis lui servit de précepteur et soupirait pour les beaux yeux de son élève : une irrévérence dont la plus prude vous sait toujours gré dans l'âme ? N'en déplaise à la cousine de Bussy, c'est peut-être Bussy qui voit juste, quand il mande à Bouhours : « J'aimerais mieux à la place de Pirsa (c'est Ménage) que vous me disiez de grosses injures, que de vous moquer de moi aussi finement que vous faites de lui (2) ».

Quoi qu'il en soit, Bouhours, un peu étourdi de la violence du heurt, se tint coi. Des années se passèrent ; cette brouille lui pesait sur le cœur, qu'il avait bon et sans le moindre fiel, si bien qu'il pria un ami commun de négocier un raccommodement. Les grammairiens ennemis s'embrassèrent, et Ménage scella la paix d'une belle phrase latine, d'une réminiscence de Pétrone : « *Et in hoc pectore*, dit-il, *cum vulnus ingens fuerit, cicatrix non est!* (3) »

Il convenait de mentionner en détail ces trois ou quatre premiers ouvrages de Bouhours, les plus importants à tout prendre, ceux qui marquent les tendances et

---

(1) *Lettres de Mme de Sévigné*, t. V, p. 61.
(2) *Correspondance de Rabutin*, t. III, p. 118.
(3) *Menagiana*. — Le mot sembla si beau à Bouhours, qu'il regrettait de ne l'avoir pas trouvé lui-même ; mais à quelques jours de là, Ménage lui ayant adressé une idylle en vers grecs de sa façon, il lui écrivit : « J'ai régalé nos *Pères grecs* de votre idylle. » Ce que Ménage considérait à son tour comme une admirable revanche du jésuite

les bornes de son talent, ceux qui lui conférèrent de prime abord cette haute maîtrise littéraire qu'il devait garder pendant un quart de siècle et dont *la Manière de bien penser*, publiée une douzaine d'années plus tard, ne fit que lui confirmer la possession.

Quant aux livres qu'il écrivit dans l'intervalle, sans parler d'opuscules trop légers pour être mis dans la balance, ce n'est pas l'*Histoire de Pierre d'Aubusson*, entreprise apparemment pour complaire à son ami l'évêque George d'Aubusson, ni les *Vies* de saint Ignace et de saint François Xavier, travaux de commande exécutés en vertu du vœu d'obéissance (1), qui peuvent lui compter pour des œuvres originales. « La Vie de saint Ignace n'a réussi ni chez les gens du monde, ni chez les savants, ni chez les philosophes ; celle de Xavier a été plus mal reçue. » Voltaire dit cela, et j'en crois Voltaire (2). La *Vie* de Madame de Bellefont, une abbesse de qualité que Bouhours avait personnellement connue, est plus estimable et dans la bonne moyenne des biogra-

---

(1) Voyez plus loin (chap. IV, p. 96) ce qu'il en dit à Bussy-Rabutin. Cf. la préface de sa *Vie de Mme de Bellefont* : « Après avoir écrit la vie de saint Ignace et celle de saint François Xavier, je ne croyais pas en devoir jamais écrire d'autre. Les difficultés qui se rencontrent dans ces sortes d'ouvrages *m'en avaient un peu dégoûté*, et j'avais tourné mes pensées ailleurs. »

(2) Article BOUHOURS, dans les *Ecrivains du siècle de Louis XIV*. — De même l'abbé de Longuerue sur Bouhours : « Ses histoires ne valent rien ; il savait parfaitement la langue et ne savait que cela. » (*Longueruana*). — Le P. Ch. Daniel dit à son tour (*Les Jésuites instituteurs de la jeunesse française*, 1880) : « Je ne veux pas faire de lui un grand homme, ni même un historien à la hauteur de la noble tâche qui lui était échue. Pour raconter la vie héroïque et les glorieux travaux d'un saint Ignace et d'un saint François Xavier, il eût fallu un plus mâle génie, servi par une plume autrement taillée que la sienne... »

phies édifiantes. Mais la vérité est que le spirituel jésuite est l'homme du monde le moins né pour l'histoire. Il n'a de l'historien ni la passion de la recherche, l'érudition tenace qui s'enfonce dans les documents pour en extraire le vrai parcelle à parcelle, ni cette intuition sympathique du passé, cette imagination créatrice qui évoque les morts et fait palpiter la vie dans la poussière des parchemins. C'est tout juste, à peu près comme Fléchier dans sa *Vie de Théodose*, un narrateur honnête, régulier, crédule (1), travaillant sans critique sur les pièces de seconde main qu'on lui a fournies; visant sur toute chose à la belle ordonnance, à l'effet littéraire, à imiter les modèles classiques; écrivant d'ailleurs avec une irréprochable élégance et parant de beau style un simulacre d'histoire, mais un simulacre vide et glacé. Il y a dans Bouhours l'étoffe d'un polémiste, quoique d'haleine un peu courte, d'un critique, surtout d'un grammairien; il serait superflu d'y chercher autre chose.

En 1675, après la *Lettre à un Seigneur de la cour*, après les *Entretiens d'Ariste et d'Eugène*, après les

---

(1) Bussy dit à Bouhours : « Je lirais exactement les vies des saints, si vous les aviez écrites : car vous en auriez ôté les fables. » (*Correspondance de Rabutin*, t. IV, p. 210.) — Je ne sais. Voltaire et après lui Sainte-Beuve sont d'un avis tout opposé : ils reprochent au Père son peu de critique, et s'égayent du sérieux avec lequel il raconte, par exemple, en son *Saint François Xavier* comme quoi un crabe rapporta miraculeusement entre ses pattes un crucifix que le saint vingt-quatre heures auparavant avait laissé choir dans la mer. Il est sûr que cela serait plus agréable à lire dans quelque *légende dorée* du moyen âge que dans une vie écrite avec un art compassé, d'un ton raisonnable et fort peu naïf. Toutefois il convient d'observer que Bouhours ne raconte point le fait en son nom, qu'il se borne à reproduire un témoignage qu'il lui était peut-être difficile de passer sous silence.

Doutes et les *Remarques sur la langue,* sa réputation était donc assise définitivement. C'était vers lui de toutes les régions du monde lettré un incroyable concours d'hommages et de déférences. Racine entre tous, qu'un scrupule de perfection inclinait au purisme, le révérait singulièrement ; il lui soumettait les actes manuscrits de sa *Phèdre* (1), avec ces mots pleins d'une candeur et d'une docilité charmantes : « Je vous supplie, mon révérend Père, de prendre la peine de les lire et de marquer les fautes que je puis avoir faites contre la langue, dont vous êtes un de nos plus excellents maîtres. Si vous y trouvez quelques fautes d'une autre nature, je vous prie de me les marquer sans indulgence. » Bossuet de même, après lui avoir communiqué son *Exposition de la doctrine de l'Eglise,* proteste qu'il « n'aurait osé espérer qu'un homme dont la plume est si correcte et si délicate, loin d'être rebuté de la simplicité de son style, lui donnât autant de louanges » (2). Le Premier Président de Lamoignon ne prononce pas un discours d'apparat qui n'ait passé par sa critique (3). « Il n'y a point d'écrivain que j'estime plus que lui, mande à Ninon de Lenclos le prince des délicats, Saint-Evremond. Notre langue lui doit plus qu'à aucun auteur, sans excepter Vaugelas (4). » La Bruyère à son tour dira proverbiale-

---

(1) Voyez à l'Appendice (*Correspondance, A*) la première lettre de Racine à Bouhours. *Phèdre* est une conjecture plausible proposée par M. P. Mesnard. — Voy. aussi (*ibid.*) la seconde lettre de Racine, adressant à Bouhours un exemplaire d'un discours académique.
(2) Voy. à l'Appendice, *Corresp., A.*
(3) Lettre du P. Président Brûlart à Bussy (*Corresp. de Rabutin,* t. V, p. 107).
(4) *OEuvres choisies de Saint-Evremond,* publiées par Ch. Giraud,

ment : « écrire comme Bouhours » ; et voilà du coup le modeste nom du jésuite assuré contre l'oubli, enchâssé, pour toute la durée de la langue française, dans un chapitre des *Caractères* (1). Enfin, pour que nul honneur ne manque à son mérite, l'Académie française lui veut ouvrir ses portes (2) : il eût siégé l'un des Quarante, sans la coutume de son ordre, qui n'y permet d'autre fauteuil que le quarante et unième. Son autorité se pouvait bien au reste passer de ce prestige ; un jour que, consulté sur un point de langue, il se retranchait derrière l'Académie : « *Academiam tu mihi solus facis* », répliqua le questionneur (3). Ce n'était qu'un compliment, mais qu'on n'eût pas fait à tout le monde.

Il est vrai que le caractère de Bouhours soutenait à miracle les intérêts de son talent. Si l'on rencontre de certains mérites épineux et répulsifs, auxquels c'est vertu que de rendre justice, il en est au contraire d'avenants, de prévenants, qui séduisent votre estime et s'em-

---

t. III. On lit avant : « Si vous connaissez Barbin, veuillez lui demander pourquoi il imprime tant de choses sous mon nom, qui ne sont pas de moi... On me donne une pièce contre le P. Bouhours, où je ne pensai jamais, etc. » — Le piquant est qu'un extrait de cette lettre à Ninon fut gracieusement communiqué (par Ninon ?) à Bouhours, qui s'empressa d'en envoyer copie à la fille de Bussy, Mme de Dalet. Voyez la réponse de celle-ci (*Corresp. de Rabutin*, t. VI, p. 199).

(1) Chap. I(*Des Ouvrages d'esprit*): à partir de la 5e édition (1690), après que Bouhours avait cité La Bruyère dans ses *Pensées ingénieuses des Anciens et des Modernes* (1689).

(2) Voltaire assure le fait (art. François-Xavier, dans le *Dictionnaire philosophique*) ; et quoique ce nom de Voltaire ne soit sans doute pas une grande garantie d'exactitude, il faut remarquer que le jeune Arouet, pensionnaire aux Jésuites dès 1703, quelques mois après la mort de Bouhours, pouvait tenir ce renseignement de bonne source.

(3) *Esprit des Conversations*, par Gayot de Pitaval, 1735.

parent de votre sympathie. Tel Bouhours. Son universelle bienveillance, si ce n'est pour les jansénistes, lui rendait tout le monde bienveillant, les jansénistes exceptés.

Il fut prisé, loué à l'excès ; mais lui-même louait de si bonne grâce ! Par calcul? non pas, mais d'abondance, par penchant naturel, avec le même plaisir que d'autres prennent à dénigrer. En un temps qui abusait fort du style de dédicace, entre les jésuites qui étaient fort de leur temps, Bouhours trouva moyen de se distinguer. Prenez un de ses livres au hasard, lisez les épîtres liminaires : il y en a au Roi, à la Reine, au marquis de Seignelay, au duc de la Feuillade, à l'évêque George d'Aubusson, que sais-je encore? à Patru, à l'abbé Régnier-Desmarais, à l'abbé Bignon. Impossible de moins marchander la louange, de faire pour si peu de plus grands frais d'enthousiasme. La Feuillade est un pur héros. Le puissant génie que Régnier-Desmarais ! Quel Père de l'Eglise que cet abbé Bignon ! Passez plus avant, et parcourez le livre : c'est hasard que vous ne tombiez pas sur quelque page laudative. D'abord, selon l'inviolable usage, apothéoses redoublées du grand Roi, puis éloges de grands seigneurs ou de magistrats, de prélats ou de religieuses, éloges de ses hôtes, éloges de ses anciens élèves, éloges de vivants, éloges de défunts ; bref une interminable galerie de portraits en miniature, mais si flattés, si arrangés, que toute ressemblance s'y évanouit dans la banalité du panégyrique.

Pour les hommes de lettres, il a une façon de louer plus vive et qui touche davantage, c'est de citer leurs beaux endroits dans ses livres et de les ériger en modèles.

Rien de plus légitime, quand le choix est bien fait et l'écrivain de conséquence ; la louange alors n'est point flatterie, elle devient un acte de probité critique, de ces actes de probité, il est vrai, point pénibles et qui rapportent. Que Bouhours, par exemple, cite La Bruyère avec honneur dans son recueil des *Pensées ingénieuses*, La Bruyère, qui veut s'acquitter, donnera place à Bouhours en la prochaine édition des *Caractères*. Non certes qu'un aussi honnête génie se soit abaissé à un misérable trafic de compliments : qui soupçonnerait La Bruyère de vanter un mérite auquel il ne croit pas ? Mais quoi ! nous sommes ainsi faits, que rien ne nous éclaire sur le mérite des gens comme d'en être loués.

Non content de les caresser en paroles, Bouhours aidait plus efficacement aux hommes de lettres, leur faisant largesse de son temps, de son expérience, de son travail. Son humble chambre du Collège-de-Clermont, combien en apprenaient le chemin, et ne l'oubliaient plus ! C'était quelque doute grammatical qu'on venait le prier de résoudre, quelque manuscrit sur quoi l'on voulait son avis et ses corrections (1), quelque essai mal venu d'un auteur novice ou d'un écrivain de rencontre, qui lui allait coûter plus de peine à remanier que la composition de ses propres ouvrages. Il fallait éditer ce livre d'un ami, il fallait à celui-là une préface (2). Qu'un vieux magistrat, Poncet de la Rivière, se loge dans l'idée de ne pas mourir sans avoir imprimé, Bou-

---

(1) Voyez, par exemple, à l'Appendice (*Correspondance*, B) la lettre de Bouhours à dom Félibien
(2) Voy. à l'Appendice, *Bibliographie*, A, passim.

hours prend la peine de reviser et de mettre au jour son fatras (1). Que le jeune de Valincour écrive sa jolie critique de la *Princesse de Clèves*, Bouhours, son ancien maître, lui fournit un chapitre entier de remarques sur le style (2). Il ne sait pas dire non, il ne renvoie personne. Chargé de travail, malade souvent et tout étourdi de ses vapeurs, il se contraint, cache du mieux qu'il peut sa souffrance, plutôt que de faire mauvaise figure aux gens : toujours l'humeur égale, le sourire affable, une réponse obligeante aux lèvres, bref, selon le témoignage de quiconque l'approcha, l'homme le plus accessible, le plus accort, le plus serviable qu'on puisse imaginer.

Au surplus, parmi les soins qu'il se donne pour la réputation des autres, il n'oublie pas la sienne : Bouhours serait-il parfaitement homme de lettres, sans une pointe subtile de vanité? Sa vanité, à lui, n'est point pesante à autrui, ne tranche pas, ne s'affiche pas, mais pour humble qu'elle se fasse, on la voit très bien qui perce, qui éclate par échappées. Tandis que les interlocuteurs de ses dialogues se félicitent si courtoisement l'un l'autre de leur bon goût et de leur bel esprit, le moins clairvoyant reconnaîtrait sous le double masque Bouhours qui fait des compliments à Bouhours. Lui communique-t-on une lettre flatteuse à son endroit, il ne la serre pas

---

(1) *Les Avantages de la vieillesse*, par le baron de Presle [pseudonyme], 1677. — C'est cet ouvrage moral, « rare par le ridicule », auquel La Bruyère fait allusion au chap. ı des *Caractères*. Et certes, quelque service que Bouhours ait rendu à l'auteur en éditant son manuscrit, il lui en eût rendu un plus signalé en le jetant au feu.

(2) Voy. à l'Appendice, *Bibliographie*, C.

qu'il n'en ait expédié copie à ses amis (1). Que s'il collabore de si grand cœur au dictionnaire de Richelet, comptez qu'il y doit glisser en récompense des morceaux de sa prose (2). Mais c'est quand le démon de la grammaire le possède que sa modestie est le plus en danger. Un jour, lisant dans un cercle de confrères une remarque ingénieuse qu'il vient de trouver sur le mot *joli*, le voilà qui s'interrompt, lève les yeux au ciel : « *Non nobis, Domine, non nobis, sed nomini tuo da gloriam* (3) ! » Le bon Père n'échappait aux atteintes de la superbe que par une oraison jaculatoire !

Par la faveur dont Bouhours jouissait auprès du monde lettré, on peut présumer le degré d'estime où le tenait sa Compagnie. Non pas qu'on l'y voie un seul moment dans les dignités et les charges : outre qu'il ne les cherche pas, estimant que « quand on a une fois renoncé à tout, on est trop heureux de n'être rien (4) », ces habiles connaisseurs d'hommes l'avaient jugé d'abord à sa valeur vraie ; se donnant bien de garde de le divertir de ses talents naturels par des fonctions actives, où il est croyable qu'il eût fait médiocre figure, ils l'envisageaient simplement comme un écrivain, mais un écrivain rare,

---

(1) Voy. plus haut (p. 62) la note sur une lettre de Saint-Evremond. — Voy. aussi la *Correspondance de Rabutin*, t. VI, p. 318.
(2) « Richelet est sûr de cinq ou six auteurs vivants qui, pour avoir le plaisir et l'honneur d'être cités eux-mêmes, fourniront d'autres extraits par-dessus le marché, et chacun gardera le silence pour mettre sa petite vanité à l'abri... Je m'en suis ouvert au Râpin et au Bouhours, *qui s'y jettent à corps perdu.* » (Lettre de Patru à Maucroix, 4 avril 1677, citée dans l'*Histoire de l'Académie française* continuée par d'Olivet.)
(3) Ménage, *Observations sur la langue*, 1re partie, 1675.
(4) *Correspondance de Rabutin*, t. II, p. 428.

nécessaire dans leur guerre contre Port-Royal, et qu'ils voulaient toujours luttant, toujours sur la brèche.

On a vu comme ils le mirent aux prises avec les jansénistes. Mais ce qui importait aux jésuites d'alors, c'était bien moins de disputer que de rivaliser avec eux, c'était de leur prendre des mains ces instruments de puissance qui leur avaient tant servi dans le monde, c'était d'avoir en un mot des plumes capables, non seulement de bien écrire contre Port-Royal, mais d'écrire en tout genre aussi bien qu'on faisait à Port-Royal. Les Port-Royalistes s'étaient concilié le grand public chrétien par des traités ascétiques, pleins d'onction à la fois et d'élégance : Bouhours prêta sa plume à de petits ouvrages pieux (1) ; par une multitude de biographies édifiantes : Bouhours eut ordre d'écrire les Vies de saint Ignace et de saint François Xavier ; par la fameuse Version de l'Ecriture sainte, populaire jusque de notre temps : Bouhours occupa la fin de sa vie à traduire le Nouveau Testament. De même que les solitaires avaient composé pour leurs Petites Ecoles des livres de rudiment, Bouhours travaillait aux dictionnaires latins du P. Tachard « à l'usage de Mgr le duc de Bourgogne » (2). Il n'est pas jusqu'à *la Manière de bien penser* par où le jésuite, tout en avertissant du peu de rapport de son

---

(1) *Pensées chrétiennes pour tous les jours du mois; Maximes chrétiennes; Sentiments de saint Ignace et Maximes de saint François Xavier;* sans compter plusieurs traductions d'auteurs italiens et espagnols. Rapin, de même que Bouhours, écrivit un assez grand, nombre de traités de dévotion.

(2) *Dictionarium novum gallicum... ad usum Burgundiæ ducis et fratrum ejus,* 1687. — *Dictionnaire nouveau françois-latin, etc.,* 1689.

ouvrage avec cet *Art de Penser* de Port-Royal, n'ait l'air de se vouloir poser en émule des Nicole et des Arnauld. Ainsi, soit qu'il s'agît d'attaquer les jansénistes ouvertement, soit qu'il fallût soutenir la concurrence de leurs écrits, c'est Bouhours que la Société mettait sans cesse en première ligne.

Ce rôle militant n'était pas le seul ; on lui avait encore attribué dans l'intérieur de l'ordre un office, si l'on peut dire, de police littéraire, de contrôle et de correction. Sermons, histoires, écrits de controverse, quantité d'ouvrages de jésuites ne virent le jour que retouchés de sa main. Il connaissait donc, bien que sans titre exprès, le plaisir de l'autorité exercée ; mais aussi — l'un ne va guère sans l'autre dans l'empire des intelligences — les déboires de l'autorité méconnue : les résistances et les rébellions, les rancunes d'amour-propre blessé, ces jalousies de couvent qui ont leurs âpretés particulières.

Le P. de La Chaise, qui n'était pas non plus au mieux avec Rapin, faisait peu de cas des corrections de Bouhours (1). Bourdaloue lui-même, dont le style est si net et si plein, mais qui, en véritable orateur chrétien, n'a pas l'idolâtrie de la forme, s'impatiente parfois des pointilleries de son confrère au point de jeter à terre le manuscrit raturé, de s'écrier qu'il aimerait mieux ne jamais

---

(1) Arch. du Gesù. Extrait de la correspondance du P. de La Chaise (15 juillet 1677) et communiqué par le P. Lauras. — Cf. ce que Mme de Scudéry écrit à Bussy : « Nos amis les PP. Rapin et Bouhours ne sont pas trop bien avec le P. de La Chaise, à ce que je crois » (*Corresp. de Rabutin*, t. IV, p. 239); et ce que Bussy écrit à Rapin : « Il y a longtemps que vous m'avez dit le peu de crédit que vous avez auprès de lui [de La Chaise]... il ne vous aime pas ». (*ibid.*, t. VI, p. 48).

monter en chaire que de s'y exprimer avec une telle afféterie (1). Du moins Bouhours et Bourdaloue s'estiment dans le fond, et s'aiment, et, malgré la susceptibilité de l'un (2), la franchise un peu prompte de l'autre, ce n'est jamais que des nuages d'un instant qui troublent leur amitié. Mais qu'il s'agisse par aventure d'un de ces esprits hargneux et grossiers, tels que Maimbourg (3), les choses tournent d'une autre sorte.

C'est un fait qu'en ce temps de leurs prospérités, les jésuites, très constamment unis par la haine des jansénistes, ne l'étaient pas toujours autant par les liens de la charité réciproque. On en vit plusieurs prendre d'étranges licences de se molester entre eux, et pour une pique de vanité, pour une dispute de régent, en venir publiquement aux mains sous les yeux des supérieurs tolérants ou distraits. L'exemple le plus fameux de ces guerres intestines avait été donné par les PP. Vavasseur et Rapin, dont la querelle, issue d'un rien, s'était enflée et prolongée au-delà de toutes les bornes (4). Le Maimbourg n'était pas moins irascible que Vavasseur. Egalement

---

(1) *Les Querelles littéraires* [par l'abbé Irailh], t. I, p. 295. — Cf. l'abbé Trublet : « J'ai ouï dire que le P. Bouhours chicanait toujours le P. Bourdaloue sur la pureté de la langue, la correction du style, et qu'il l'invitait à en prendre soin, mais le P. Bourdaloue se moquait des avis de son confrère. » (*Réflexions sur l'Eloquence.*)

(2) Voy. à l'Appendice (*Correspondance, A*) une curieuse lettre d'excuses adressée à Bouhours par Bourdaloue. On n'en discerne qu'assez vaguement le motif ; on voit seulement que Bouhours s'était piqué pour un léger manquement de son confrère, et lui tenait rigueur.

(3) C'est ce P. Maimbourg, historien de quelque nom, qui fut par ordre du pape contraint de quitter la Compagnie de Jésus, pour avoir soutenu dans ses livres des propositions par trop gallicanes.

(4) Voy. le récit détaillé de cette affaire dans le *Port-Royal* de Sainte-Beuve, t. III, à l'Appendice.

irrité et contre Rapin, qui l'avait omis dans la liste des bons orateurs, et contre Bouhours, qu'on avait chargé de corriger ses ouvrages (1), il se mit, quoique sans les nommer en toutes lettres, à les décrier dans la préface de son *Schisme des Grecs;* et dans la suite même de l'histoire, sous couleur de faire le portrait du rhéteur byzantin Georges de Trébizonde, il les peignait tous les deux en caricature. Ni l'un ni l'autre ne se soucia de répondre ; ils dédaignaient l'homme, ils méprisèrent ses insultes.

Après tout, c'était peu de chose que ces notes discordantes, couvertes d'un concert de louanges. L'estime et l'amitié de ce que la Compagnie avait alors de plus distingué, des Rapin, des Commire, des Ménestrier, des La Colombière; le zèle docile d'une génération de jésuites plus jeunes qui se formaient à son école, Le Tellier, Tarteron, Daniel et tant d'autres; les lettres flatteuses du général de la Compagnie (2); tout l'ordre, qui avait les yeux attachés sur sa plume, applaudissait à chacun de ses livres, les traduisait dans toutes les langues : c'était certes de quoi compenser les insolences d'un Maimbourg, et ces petits froissements désagréables où l'exposait de temps en temps l'exercice du pouvoir critique.

Un mauvais pamphlet, publié longtemps après la mort de Bouhours, lui reproche entre mille atrocités d'avoir

(1) Arch. du Gesù. — Lettre précitée du P. de La Chaise.
(2) Voy. à l'Appendice (*Correspondance, A*) la lettre précitée du P. de Noyelles.

mené « une vie également douce et glorieuse » (1). Il ne laisse pas d'y avoir assez de vrai dans ces deux mots. Glorieuse, on vient de voir comment, et avec quel mélange d'inévitables déplaisirs. Douce, elle l'était pareillement, si c'est doucement vivre que de joindre à la paix essentielle et à la régularité sans soucis de la profession religieuse l'usage de tous les passe-temps mondains permis par les bienséances.

A hanter les bureaux d'esprit et les ruelles illustres, Bouhours pouvait alléguer à la rigueur son métier d'observateur grammairien ; mais tous ces dîners en ville, ce carrosse fréquent d'une grande dame stationnant pour lui à la porte du Collège-de-Clermont, ces villégiatures infinies chez des bourgeois opulents ou chez de grands personnages : voilà qu'il devait avoir quelque peine à expliquer par les devoirs de son état ?

Nous avons aujourd'hui sur ces choses des idées particulières et d'un rigorisme extrême : au temps de Louis XIV, elles n'étaient point pour offusquer une société où le monde et le clergé vivaient dans le plus intime mélange, où les jésuites à cet égard imitaient diligemment les pratiques du clergé séculier. Instituée pour agir de près sur le monde, la Compagnie de Jésus avait si bien rempli son office, qu'il se trouvait que le monde, pénétré par elle, à son tour la pénétrait par endroits. Où commençait en réalité « le siècle » ? Où finissait la règle ? Quelques-uns y prenaient peu garde, ou bien traitaient la règle en chose élastique. Ce n'est

---

(1) *Dialogue du P. Bouhours et du P. Ménétrier*, Cologne, 1719. — Voy. à l'Appendice, *Bibliographie*, D.

pas à dire que la Compagnie ne comptât parmi les siens beaucoup de prêtres graves, sévères, ascétiques : quoi de plus saint que Bourdaloue? On entend seulement qu'elle en avait d'autres, fort honnêtes gens toujours, aimant leur ordre; mais d'allures plus légères, de mœurs plus joviales, et qu'elle laissait faire.

Bouhours comme son fidèle Rapin sont les types par excellence de ces religieux probes et rangés, mais peu intérieurs, tout pleins de prud'homie, tout sémillants d'une mondanité naïve, qui protestent de très bonne foi de leur passion pour la solitude et qu'il n'est de compagnie désirable que celle des livres, puis dans le même instant reçoivent une invitation, tournent un billet gracieux, sautent dans un carrosse, s'élançant à tous les divertissements offerts. Au demeurant, aimables et commodes, ils mettent volontiers au service des gens leur industrie et leur influence ; ils se chargent des commissions ; ils se proposent et s'interposent ; au besoin, comme Bouhours, ils s'occuperont du procès d'une personne amie (1), ou de trouver à telle autre un logis en bon air (2), ou de cent autres sortes de besognes officieuses. On les accueille en retour, on les invite, on les consulte, on les choie ; et s'ils sont d'une santé chétive, voilà tout le monde aux petits soins.

Rapin et Bouhours, il faut le dire, étaient de ces valé-

(1) *Mémoires de l'abbé Legendre* (publiés par M. Roux, 1868), p. 138.
(2) Lettre inédite de Rapin à M. du Bouchet : « Auteuil. — Je vous donne mille bonjours, mon cher Monsieur, en venant vous prier de la part de M. George de venir dîner jeudi avec Mme du Bouchet... Mme du Bouchet prendra occasion ce jour-là de voir une maison que le P. Bouhours lui a trouvée, etc. » (Comm. par le P. Lauras).

tudinaires pour qui la règle a volontiers des indulgences ; et celui-ci surtout, harcelé par la maladie qui rompait son travail, abattait ses esprits, mêlait de force en cette existence unie et facile la dose de mortification convenable à l'état religieux. Leur complexion languissante était donc une excuse plausible des commodités qu'ils ne se plaignaient point, et qu'il paraît que leurs supérieurs trouvaient parfois excessives (1).

Ne leur fallait-il pas des ménagements et des distractions, s'aller reposer des tracas de la ville, prendre les eaux, respirer l'air de la campagne? Aussi était-ce chaque année, depuis la belle saison naissante jusqu'aux premières froidures, des allées et venues incessantes, un aimable train de promenades, de voyages, de séjours champêtres, qui les déshabituait agréablement des étroites chambres nues et des grands murs maussades de leur Collège-de-Clermont. C'est une fois Louis Le Laboureur qui convie Bouhours, en compagnie de Sapho et des familiers de Sapho, à venir goûter les cerises de son jardin de Montmorency (2). C'est la présidente de Torigny qui le garde chez elle tout un mois de septembre (3). Tantôt, pour rétablir sa santé délabrée, un financier débonnaire et fort tendre aux jésuites, M. George, lui prête l'été durant sa maison d'Auteuil

---

(1) Renseignement tiré des Archives du Gesù par le P. Lauras.
(2) Lettre de L. Le Laboureur à M¹¹ᵉ de Scudéry, dans *M¹¹ᵉ de Scudéry, sa Vie et sa Correspondance*, par MM. Rathery et Boutron, p. 495.
(3) *Corresp. de Rabutin*, t. IV, p. 1. — C'était la veuve de M. Lambert de Torigny, président à la Chambre des comptes; une belle et bonne personne sans beaucoup d'esprit, à ce que nous apprend Tallemant des Réaux dans l'*Historiette* de Mmes de Bretonvilliers.

ou son beau manoir de La Chapelle-en-Brie (1). Tantôt M. d'Aubusson, évêque de Metz, l'emmène pour deux ou trois mois en Lorraine, dans son château épiscopal de Vic (2). Sûrement aussi Bouhours comptait parmi ce petit nombre de « jésuites savants », desquels Saint-Simon nous apprend que Condé aimait à s'entourer dans sa magnifique retraite de Chantilly ; là, par les allées du parc seigneurial, il devisait amicalement avec La Bruyère (3), ou bien recueillait de la bouche même du prince, pour en illustrer son prochain livre, cette belle comparaison soldatesque entre Ignace de Loyola et César, entre François Xavier et Alexandre le Grand (4).

(1) *Correspondance de Rabutin*, t. V, p. 166 ; t. VI, p. 141. — Voy. aussi les *Carmina* du P. Rapin. On y lit de beaux remerciements en vers à M. George, pour l'hospitalité qu'il a reçue et la santé qu'il a recouvrée dans sa maison d'Auteuil, aussi bien que le P. Bouhours.
Ce M. George, receveur général des aides, marié à Mlle de Valençay et devenu seigneur d'Entragues, mêlait à ses bonnes qualités le ridicule d'un anoblissement payé. C'est le *Sylvain* de La Bruyère (chap. *des Biens de fortune*), qui « de ses deniers a acquis de la naissance et un autre nom » et qui « n'aurait pu autrefois entrer page chez *Cléobule*, dont il est gendre ». Boileau, son voisin d'Auteuil, fait pareillement allusion au personnage dans sa Satire X (*les Femmes*), v. 465-469.
(2) *Corresp. de Rabutin*, t. V, p. 166.
(3) M. Ed. Fournier, dans sa *Comédie de Jean de La Bruyère*, donne des extraits d'une lettre inédite de La Bruyère, qu'il a vue à Londres et où se trouve cette phrase : « Je suis fâché que le P. Bouhours ne soit pas revenu... » Mais même en admettant, comme il y a apparence, que cette lettre soit apocryphe (voy. les *Œuvres de La Bruyère*, édit. des *Grands écrivains*, t. II, *in fin.*), on ne peut douter que des rapports d'estime et de sympathie existèrent entre La Bruyère et Bouhours.
(4) Cette comparaison, je ne sais en vérité pourquoi, n'est pas du goût de Voltaire. Voici comme il termine son article déjà cité sur Bouhours : « Remarquons que le P. Bouhours ne serait guère en droit de reprocher des pensées fausses aux Italiens, lui qui compare Ignace de Loyola à César et François Xavier à Alexandre, s'il n'était tombé rarement dans ces fautes. » Remarquons, à notre

Mais de tous les hôtes qui avaient accoutumé de le recevoir, il n'en eut point d'aussi chers que les Lamoignon, ni d'aussi assidûment visités. Dès le premier loisir des vacations, leur délicieux domaine de Bâville, ouvert aux amis de toute sorte, devenait le séjour favori des jésuites; et il ne se passait guère de semaine qu'on n'en vît quelque couple errer parmi ces belles eaux et ces beaux ombrages : Commire, Verjus, d'autres encore, mais surtout le trio des illustres, Bouhours, Rapin et Bourdaloue; car Bourdaloue, tout ennemi qu'il était de la dissipation mondaine, donnait volontiers un après-midi au charme sérieux de Bâville, à l'amitié du Premier Président et de ses fils (1).

Ces trois jésuites, avec Huet, Despréaux, quelques membres de l'académie du Lundi, quelques hommes du Parlement, formaient au milieu des visites banales un groupe choisi d'intimes; et le flot des fâcheux une fois retiré, ils jouissaient à loisir de ce grand magistrat, admirable partout, selon le mot de Bussy, mais à Bâville aimable (2). Là les repas, relevés parfois de quelque potage inédit ou de quelque miraculeuse salade de Mme de Sablé, ornés à l'occasion de telles beautés de la ville ou de la cour, s'égayaient surtout des saillies de

---

tour, que Voltaire et après lui le P. Charles Daniel, qui le cite dans ses *Jésuites instituteurs etc.*, auraient dû prendre garde que cette comparaison n'appartient point du tout à Bouhours, mais au grand Condé, ainsi que cela est clairement indiqué dans *la Manière de bien penser* (2e dialogue) : elle lui avait été suggérée par la lecture des *Vies* de Bouhours.

(1) Chrétien de Lamoignon, l'avocat général au Parlement, et Nicolas de Bâville, l'intendant du Languedoc.

(2) Lettre inédite (cat. Parison, 1856).

Despréaux, de ses escarmouches coutumières avec les jésuites (1), voire des couplets qu'on sait que rima un jour ce poète peu bachique, tenté de cette muse gaillarde qui provoque au dessert l'épanouissement des gens graves (2).

L'après-dînée, l'on se répandait dans le parc ; on allait s'asseoir au pied du coteau prochain, sur la rive de l'abondante et limpide Polycrène, Polycrène au doux nom, Polycrène, « admirable » fontaine « à mettre en vers latins », où Rapin, Huet, Commire puisaient intarissablement des hexamètres ou des strophes saphiques, et de laquelle Boileau une fois dériva dans un hémistiche « les libérales eaux » (3).

Polycrène, évoquant Hippocrène à l'imagination du

---

(1) Voy. dans Mme de Sévigné le joli récit de la querelle de Despréaux avec le compagnon de Bourdaloue, sur le sujet de Pascal. (*Lettres de Mme de Sévigné*, t. IX, p. 415.)

(2) Le premier couplet donne une suffisante idée de la chose :

> Que Bâville me semble aimable,
> Quand des magistrats le plus grand
> Permet que Bacchus à sa table
> Soit notre Premier Président !

Boileau eut le courage de mettre cela dans ses œuvres.

(3) Cette Polycrène — *la Râchée* de son nom villageois — a toute une bibliographie poétique, que j'essaye ici de dresser.

Dan. Huetii Carmina (1729), eleg. 12, *In Polycrenem agri Bavillæi fontem.* — *Commirii Carmina* (1753), t. I, ode 30, *Polycrene bavillana*; ode 32, *Ad fontem Polycrenem, etc.* — *R. Rapini Carminum* t. III (1723), ode 20, *In fontem Polycrenem... aquarum perennitate et copia pernobilem*; ode 21, *In eumdem fontem.* Ibid., t. II, *Hortorum lib. III*, v. 208-219. — Dans l'*Art des Devises* du P. Le Moyne (1666), 19 devises et une épigramme en distiques latins sur Polycrène, par Habert de Montmor. — Enfin l'*Épître VI* de Boileau (A M. de Lamoignon); et, jusqu'en notre temps, une épître de Sainte-Beuve : *la Fontaine de Boileau*. Polycrène peut tarir après cela : la voilà dûment immortelle !

docte Huet, l'incitait à comparer le Premier Président à Apollon. Un autre d'insinuer que la Naïade pouvait bien être Astrée elle-même, réfugiée incognito à Bâville (1). Le P. Verjus, de son côté, rêvait sur les origines de la source je ne sais quelle légende alambiquée, moitié tragique, moitié folâtre, où il était question de dieu amoureux, de bergère métamorphosée (2); et cependant, derrière un rideau de lauriers, parmi les ébats des cygnes, le ruisseau coulait à petit bruit, étonné de la mythologie qui se faisait sur ses bords. Chacun se délassait à sa guise. Le Premier Président s'abandonnait au charme de ses souvenirs classiques, contemplait la campagne au travers d'une citation de Virgile; plus loin, son fils l'avocat général agitait avec Boileau quelque problème de philosophie morale; tandis que Bouhours, ramenant l'entretien du paysage aux livres, de l'antique au moderne, se donnait carrière sur les ouvrages nouveaux, l'essence du bel esprit ou les mystères de l'art d'écrire.

Tel était Bâville du vivant du grand Lamoignon, et tel il demeura lorsque Chrétien l'eut hérité de son père (3). Les hôtes habituels ne changèrent point, ni l'accueil du maître. Et c'est là que Bouhours, le reste de sa vie (4),

---

(1) Habert de Montmor, dans l'*Art des Devises* du P. Le Moyne, *in fin.*

(2) Voy. à l'Appendice, II, la curieuse *Lettre* (inédite) *du P. Verjus.*

(3) Mort à la fin de 1677.

(4) Il ne fallut pas moins que le monstre janséniste pour l'en éloigner un moment. En 1685, le bibliothécaire de Chrétien de Lamoignon, Baillet, qui avait des attaches avec le parti, commença de publier sa compilation des *Jugements des Savants.* Il y disait beaucoup de bien de MM. de Port-Royal; il y donnait à Bouhours des louanges assez louches, citant complaisamment, sous couleur

continua de venir avec prédilection respirer les premiers soleils de printemps et la douceur des déclins d'automne.

d'exactitude, ce que les jansénistes avaient écrit sur son compte de plus désagréable (voy. les *Jugemens des Savans*, éd. la Monnoye, t. II, n° 758). Cela outra les jésuites; Bouhours même parla de ne plus retourner à Bâville, par déplaisir d'y rencontrer Baillet : il est à croire que les choses s'arrangèrent.

CHAPITRE IV

Rencontre de Bouhours avec Bussy-Rabutin. — Bussy et les jésuites. — Caractère et train de vie de Bussy vieilli et disgracié. — Louise de Rabutin, sa fille de prédilection. — Occupations littéraires et correspondance. — Etroite liaison de Bussy et de Bouhours. — Commerce épistolaire et influence mutuelle. — Les *rabutinades* de Bouhours. — Comment il sert Bussy de sa plume. Il édite sa correspondance.

C'est à Bâville, dans l'automne 1673, que Bouhours fit la rencontre d'un gentilhomme insigne par ses talents, ses fautes et ses malheurs, cœur médiocre et un peu gâté, esprit rare et séduisant, qui sut se loger si avant dans son affection, que le portrait du jésuite manquerait par quelque endroit, si l'on n'y esquissait à l'arrière-plan l'originale figure de Messire Roger de Rabutin, comte de Bussy.

Cet ami profane, ce n'était point le Bussy de la première et de la seconde jeunesse, sacripant fourré dans les duels et les galanteries, brillant à la guerre, plus terrible encore à massacrer les réputations; une manière de don Juan glorieux et frondeur à l'excès, s'évertuant à se faire partout des maîtresses et des ennemis, et détruisant par ses coups de langue la bonne besogne de son bras;

au demeurant, sans foi ni loi, et qui, ayant la fantaisie de se remarier, trouvait tout simple d'enlever de vive force une aussi sage veuve que Mme de Miramion ; solennisait, avec quelques étourdis des plus décriés, la semaine sainte par l'étrange débauche de Roissy ; occupait enfin ses loisirs d'homme de guerre, son talent raffiné d'écrivain, à illustrer d'un art scandaleux les scandales des seigneurs et des femmes de la cour. C'était Bussy après la cinquantaine et dans l'accablement de l'adversité : abandonné de Mme de Montglas, la seule qu'il eût jamais aimée, chassé de la cour, mal en point, sa carrière militaire brisée, rassis par treize mois de Bastille et par sept années d'un exil en ses terres de Bourgogne, qui n'était pas près de finir. Se trouvant alors à Paris pour le besoin de ses affaires et par grâce momentanée du roi, il en profita pour visiter son parent et ami Lamoignon, l'un des hauts personnages qui lui restaient sincèrement affectionnés et ne cessèrent jamais de l'obliger de tout leur pouvoir. Lamoignon était justement à la campagne, et avec lui ses jésuites familiers, Rapin, Bouhours, que la bonne fortune de cette visite transporta d'aise.

Nonobstant sa fâcheuse réputation, il est à remarquer que Bussy se maintint toujours en très bons termes avec les jésuites. Il mit chez eux ses fils. Lui-même était leur élève : petite marque qui persiste et, quoi qu'on fasse, même chez un Voltaire ou un Lalande, n'a pas coutume de s'effacer entièrement. Puis les péchés de Bussy étaient de ceux-là qu'on ne tient pas pour irrémissibles. Dans ses pires méfaits il entrait certes plus de violence de sang et de vicieuse humeur que de perversité d'esprit ;

au fond, très peu suspect d'un libertinage délibéré, non moins incapable de ces raffinements théologiques ou de ces repentirs extraordinaires qui précipitaient tant d'âmes fortes dans les austérités du jansénisme, il était homme à se convertir un jour, et converti, à déclarer à la janséniste marquise de Sévigné : « Je ne veux aller qu'en paradis, et pas plus haut ; sauvons-nous avec notre bon parent saint François de Sales ; il conduit les âmes par de plus beaux chemins que ceux du Port-Royal. » Ni libertin, ni janséniste, n'était-ce pas là un commencement de la sagesse? une double vertu qui avait de quoi racheter bien des erreurs? Il n'est donc pas surprenant que les Pères aient eu l'idée d'employer à la réfutation des *Provinciales* ce mécréant habitué à de tout autre besogne, et qui dans le moment même expiait à la Bastille l'*Histoire amoureuse des Gaules*. Un peu plus, l'on eût vu cette plume, toute fraîche encore des amours de Mme d'Olonne, tenter les questions de la Grâce et travailler pour la morale des casuistes ; mais le projet en resta là, et Bussy eut le bon goût d'échapper à la sanctification qu'on lui proposait.

Aussi bien ce mauvais sujet, que plus d'un écrivain a traité avec une dureté excessive, n'était pas non plus de ces gens perdus que l'on n'avoue pas pour intimes. Si l'on avance qu'il était né solidement égoïste, que sa valeur morale fut toujours assez mince et son outrecuidance intolérable, je n'y contredis pas, pourvu qu'on ajoute que ce n'était après tout ni un malhonnête homme, ni un méchant homme ; que ce cœur sec avait de l'honneur et une certaine droiture ; et qu'au travers de ses plus choquants défauts, nuisibles surtout à lui-même, de vraies qualités se faisaient jour. Avec cette fatuité prodigieuse qu'il tenait de race, il était véridique et sans ménagement sur le sujet de ses propres fautes ; médisant à outrance, il s'arrêtait net à la calomnie; âpre et tenace en ses inimitiés, mais point fourbe, mais ami fidèle, il avait la mémoire quasi aussi longue pour les bons offices que pour les injures. Enfin de telles calamités couvrirent ses torts, qu'il serait inhumain de ne pas voir ceux-ci atténués et comme voilés par celles-là.

Sans doute les jésuites en usèrent de cette façon clémente; et il est bien à leur honneur qu'on les vit surtout s'empresser autour du célèbre gentilhomme du jour que, malheureux, il eut besoin de services et ne fut plus en position d'en rendre. Détenu à la Bastille, dans un état de tout point lamentable, personne ne lui avait témoigné une compassion plus vive et plus agissante que les PP. Nouet et Annat; et par leurs soins, par leur crédit, tous deux avaient contribué fortement à adoucir, même à abréger sa captivité.

Rapin, un peu plus tard, s'éprit d'une ardeur passionnée de le connaître, lui fit humblement présenter ses livres, n'eut de contentement que le jour où une amie commune, la charmante Mme de Scudéry (1), lui ménagea l'honneur d'entrer en correspondance avec cet exilé qu'il aimait sans l'avoir jamais vu.

De Rapin à Bouhours le pas n'était pas grand. Ce

---

(1) Veuve du poète Georges de Scudéry, et par conséquent belle-sœur de Sapho. Son talent épistolaire est des plus rares, et pas assez connu.

dernier savait depuis longtemps que M. de Rabutin écrivait d'un tour admirable et qui n'était qu'à lui ; sans doute il eut par les confidences de Rapin des échantillons de son style épistolaire, qui le mirent en goût d'en recevoir autant. Bref, quand une fois ils se rencontrèrent à la table du Premier Président, la cérémonie ne dut pas être longue : c'étaient de ces esprits si bien prédestinés l'un pour l'autre, qu'on peut dire qu'ils se reconnaissent au premier hasard qui les met en présence. Bussy remit à Bouhours des feuillets de ses mémoires (1) ; Bouhours dégusta, s'émerveilla. Ils philosophèrent ensemble, et auraient voulu philosopher toujours. Mais le départ était proche, avec la perspective d'une séparation longue et de retours hasardeux. L'on para du mieux qu'on put à l'absence par un commerce de lettres, qui, d'année en année plus fréquent et plus intime, ne devait se rompre que par la mort. « En vérité, écrit Bouhours, tout chaud du premier enthousiasme, vous êtes un homme admirable, et, si j'étais roi, je sais bien ce que je ferais, mais par malheur je ne le suis pas, et il n'y a pas trop d'apparence que je le devienne... (2). »

Il n'était pas roi, mais fort voisin du confesseur du roi; ce qui était de conséquence et paraissait tel à Bussy. Celui-ci se jeta d'autant plus vivement dans ce commerce avec les jésuites, qu'il y trouvait à la fois des

---

(1) Bouhours avait-il lu déjà l'*Histoire amoureuse des Gaules*, ou la lut-il par la suite? Le fait est qu'il en prisait fort le style, ainsi qu'on voit par cette phrase de Bussy, répondant à une lettre perdue du jésuite: « Vous voudriez, dites-vous, que l'histoire du roi fût écrite comme celle de Mmes de Châtillon et d'Olonne... » (*Correspondance de Rabutin*, t. V, p. 559.)

(2) *Corresp. de Rabutin*, t. II, p. 297.

gens d'esprit dont l'admiration chatouillait fort doucement sa vanité, des gens dévoués prêts à se remuer pour lui, et qui, étant à même de se faire écouter en haut lieu, pourraient bien aider au rétablissement de ses affaires, attirer du moins quelque bienfait sur sa famille. A vrai dire, Rapin, Bouhours l'amorçaient plutôt par les exquises jouissances de l'amour-propre: « Vous m'avez si fort dit que j'avais de l'esprit, que je vous offenserais d'en douter : vous êtes deux bons connaisseurs et mes bons amis (1)... » Ce mot de Bussy explique à peu près son amitié. Mais où le motif intéressé s'étale naïvement, c'est dans la liaison qui s'ensuivit avec le P. de La Chaise, lequel pouvait beaucoup sur la générosité royale : Bussy lui écrivait incessamment, avec force protestations de respect et de tendresse : au bout de tout cela, ce que vous entendez nettement, c'est la complainte monotone du malheureux qui tend la main.

Car Bussy, tout le temps de son exil, attachait des yeux désolés sur le maître qui le faisait languir dans sa disgrâce. Au lieu de tourner décidément le dos à ce pays de la cour d'où l'orage l'avait enlevé pour ne songer plus qu'à se bien établir dans son refuge, par ses regrets opiniâtres et ses vains essais de rembarquement il ne fit qu'éterniser son naufrage. Il a beau tout d'abord affecter un ton ferme et cavalier, déclarer que son parti est pris : « Je suis ici très commodément ; j'embellis tous les jours une belle maison ; je n'ai ni maître ni maîtresse, parce que je n'ai ni ambition ni amour, et j'éprouve qu'on peut vivre heureux sans ces deux passions. » Belle

(1) *Corresp. de Rabutin*, t. III, p. 376.

philosophie, mais peu sincère, et peu durable! De fait, il était plus aisé à Bussy de nier ses blessures que de les guérir. Si la longueur du temps, comme c'est la loi ordinaire, eut raison de Madame de Montglas, elle ne fit rien qu'aigrir le ressentiment des rigueurs du maître. Bussy les avait trouvées tolérables, les croyant momentanées ; il tomba dans le désespoir, dès qu'il eut éprouvé la vanité de ses illusions, et que Louis XIV ne pardonnait pas. Oublié, enterré dans son château, pendant que toute la noblesse brillait sur les champs de bataille, chaque bruit de guerre, chaque victoire lui était un crève-cœur; et ici le chagrin du courtisan disgracié s'ennoblissait vraiment de l'impatience du soldat inerte et qui ronge son frein.

Mais le courtisan, dans Bussy, domine tout. C'est le regard du Roi, le *paraître* de la cour, l'atmosphère même de Versailles, loin desquels il étouffe, gémit, se désespère. Ce grand vaniteux s'afficha l'homme le moins fier du monde. Pendant des années, il ne se fatigua pas d'accabler le roi de placets, de lettres qui étaient d'un mendiant. Moins misérable à tout prendre qu'Ovide, un de ses poètes favoris, l'on dirait qu'il en veut contrefaire l'attitude piteuse : mêmes soumissions sans vergogne, même train d'adulations serviles, mêmes façons rampantes et larmoyantes, qui mêlent jusque dans notre compassion un peu de dégoût. Certes l'épicuréisme relevé et dédaigneux d'un Saint-Evremond lui eût fait faire un plus fier personnage, et tout aussi habile; mais il ne s'avisa point que les bassesses ne rapportent qu'aux gens en faveur.

Après dix-sept ans d'exil forcé, après un si mauvais accueil du roi que, de chagrin, il s'alla replonger pour cinq ans dans un exil semi-volontaire; vieilli, ruiné, éteint, démodé, Bussy comprit qu'il ne lui restait plus grand'chose à faire que de mourir chez soi. Il continua seulement, en bon père, à solliciter pour les siens, implorant des bénéfices pour ses filles religieuses et son fils l'abbé, des pensions pour son aîné le marquis, et saluant le soleil royal d'humbles hymnes, au moindre rayon favorable qui luisait sur sa maison.

En cette mélancolique existence, partagée entre les châteaux de Bussy et de Chaseu, diversifiée de quelques visites ou de voyages qui d'ordinaire ne dépassaient pas la province, parmi les soucis d'une fortune délabrée et l'ennui du désœuvrement, deux choses du moins le rattachaient agréablement à la vie : cet amour des belles-lettres qui toujours le posséda, puis la présence et l'affection de sa fille préférée, Louise de Rabutin. Quant à sa seconde femme, personne dévouée, mais qu'il aimait modérément, Bussy la tenait à Paris pour les affaires de sa maison; de ses filles des deux lits une y fut mariée, trois autres étaient religieuses en divers couvents; ses fils, l'aîné au service, le cadet étudiant pour être d'église, ne paraissaient guère en Bourgogne; en sorte que Louise était habituellement la seule à sauver à l'exilé la tristesse de l'isolement. Un moment marquise de Coligny (1), mais veuve aussitôt que mariée, elle eut ensuite un singulier roman, et qui se dénoua par un

(1) Et par suite, après la mort de sa belle-mère dont elle prit le titre, comtesse de Dalet.

scandale : mariage secret avec un aventurier; fureur de Bussy, après l'aveu nécessaire, et prompt repentir de la dame; cassation du mariage poursuivie par le père et par la fille devant le Parlement de Paris. Bref elle resta mariée de par la loi ; mais libre, moyennant une pension servie au mari, et de la société et du nom conjugal, elle ne se sépara jamais de son père. Cette romanesque personne n'était d'ailleurs point sans mérite, et sa cousine de Sévigné en fait quelque part un de ces adorables portraits qui donnent envie de connaître l'original. C'était, d'après ce que nous savons, une femme de raison vive et enjouée autant que d'affections véhémentes; une précieuse au meilleur sens du mot, et qui n'eût pas déparé les mieux hantés des salons parisiens; instruite autant qu'il sied au sexe, plus versée que bien des habiles en notre vieille langue et parlant Froissart à merveille, excellant à cet ingénieux passe-temps des « définitions de mots » inventé par Corbinelli; digne enfin d'être associée aux goûts et aux travaux de son père, digne d'avoir une part, qu'elle souhaita et qu'elle obtint, dans l'amitié de Bouhours.

Bussy, après le charme de cette chère société, trouvait dans la littérature son principal réconfort. Sainte-Beuve le remarque avec bien de la justesse : de toutes ses vocations à demi manquées et dont aucune n'a eu pleine carrière, c'est encore son instinct littéraire qui l'a le moins trompé. C'est aussi cet instinct qui lui adoucit le mieux les brutalités du sort. Son épée une fois condamnée au fourreau, il se trouva que le malheureux homme de guerre avait un autre métier où se rabattre :

il continua d'être, avec plus de loisir qu'auparavant et moins de scandale, un des excellents ouvriers de la langue, et un ouvrier qui prenait plaisir à sa tâche. Il lisait avidement, il écrivait avec passion ; tandis qu'il était occupé à remplir des bouts-rimés, à tourner un rondeau gaillard, à traduire une épigramme de Martial ou de Catulle, ou, ce qui vaut mieux que d'aligner des petits vers médiocres, à polir pour quelque familier d'élite une page de bonne et spirituelle prose, l'heure coulait sans amertume ; insensiblement ses maux s'évanouissaient ; et le plaisir de s'admirer, qu'on sait qu'il ne se refusait guère, lui donnait des sensations délicieuses.

Il lui fallait bien une plume active, pour suffire à cette correspondance infinie (1) par où les échos du monde venaient réjouir un peu sa solitude. Car Bussy, bien loin de s'enfoncer dans une misanthropie taciturne, tâchait de vivre au dehors par l'imagination, de parler à tous, de tout savoir. Et d'abord il avait, avec assez d'esprit pour n'en être pas le cousin trop indigne, le bonheur de converser réglément avec la marquise de Sévigné. Puis cent sortes de gens informés et entendus, amis officieux, spirituelles amies, s'employaient à l'entretenir, qui de la cour, qui de l'armée, qui de la chronique galante ; d'autres de leur admiration simplement, ou de leur tendresse.

(1) Voyez-la dans l'excellente édition de M. Lud. Lalanne. On y regrette encore bien des lacunes, faute du manuscrit complet de Bussy, dont la plus grande partie ne nous est pas parvenue. Le nombre total de ses correspondants n'est pas moindre de cent cinquante.

Si les nouvelles et les discours littéraires tenaient en ceci une large place, il n'est pas besoin de le dire. Romans et histoires, la chanson en vogue aussi bien que la dernière oraison funèbre, tout s'en venait à la bibliothèque de Bussy fournir un thème aux exercices de sa plume. Les excellents livres, dans ce règne de la littérature, faisaient les grands événements : et la naissance de l'aimable *Princesse de Clèves* (1), autant pour la qualité de ses parents que par sa propre beauté, était un de ces faits mémorables dont on parle six mois durant. Ainsi ce canton de la Bourgogne était devenu comme un centre de critique, où affluaient par lettres une foule de beaux esprits, empressés d'étaler leurs grâces ou de proposer leurs doutes à ce grand maître de l'urbanité française.

Entre ces familiers, peu de noms vraiment classiques : à peine y compterait-on Boileau et La Bruyère, pour quelques billets adressés au grand seigneur académicien par occasion et cérémonie. C'est, en somme, la société précieuse, non toutefois la ridicule, qui fait sa clientèle accoutumée. C'est Mme de Scudéry, la belle-sœur de Sapho, et bien plus gracieusement spirituelle; c'est la toute charmante Dupré; c'est Benserade, c'est le gros Charpentier, tout un monde qui fraye peu avec Despréaux, et qui d'autre part va se joindre au cercle très supérieur de Mme de Sévigné (2) : Bussy, d'un discerne-

---

(1) Ce roman exquis parut en 1678. — La Rochefoucauld avait collaboré avec Mme de La Fayette.

(2) Entendez principalement, outre le jeune marquis de Sévigné et Mme de Grignan, La Rochefoucauld et Mme de La Fayette. Il y a aussi Corbinelli, qui marche dans l'ombre de la marquise : un assez bel esprit, n'était un tour de pédanterie recherchée qui le gâte.

ment plus fin que le commun des précieux, d'un goût moins sûr que sa cousine (1), met entre les deux une sorte de trait d'union agréable.

On en peut dire autant de Bouhours, d'un goût moyen et d'un si conciliant éclectisme : et c'est sans doute cette affinité de pensées par où les deux hommes se plurent et se lièrent. Mais leur amitié, commencée par l'esprit, eut tôt fait de gagner le cœur, et avec le temps s'y enracina ; car si le tour d'esprit était chez eux tout pareil, l'âme aussi était de même mesure et pleine de mutuelles attaches. Cette parfaite sympathie, nous la lisons à chaque page de leur correspondance, où Rapin participe aussi, lui troisième, et qui est vraiment une des plus curieuses et des plus aimables qu'on puisse voir.

C'est, tout le long de ces lettres, le plus piquant mélange de compliments et de complaisances, d'admirations littéraires et d'affectueuses sollicitudes, c'est une réciprocité continue des bons offices temporels et spirituels, le gentilhomme prenant soin de la santé des jésuites, et les jésuites à leur tour du salut du gentilhomme. Se plaignent-ils de leurs vapeurs, Bussy leur envoie des bouteilles d'eau de Sainte-Reine (un village proche de Bussy dont les eaux étaient, en ce temps-là, thermales). Rapin en récompense, aux approches de Pâques, n'oubliera pas de lui faire des recommandations

---

(1) Sainte-Beuve (au t. III des *Lundis*, art. sur Bussy-Rabutin) semble surfaire un peu le sens littéraire de Bussy, qui écrivait certainement mieux qu'il ne jugeait, tenant dans le fond pour le bel esprit tortillé plus que pour la simplicité classique, pour les modernes contre les anciens; il y a d'étranges jugements de Bussy sur Boileau, sur Bossuet, etc., desquels il faut tenir compte.

dévotes ; et Bouhours lui glissera quelque jour, entre une gentillesse et une plaisanterie, des phrases édifiantes sur l'éternité, sur la résignation, sur la bonne chose que c'est de pâtir en ce monde : « J'apprends avec joie que vous devenez de jour en jour plus chrétien, et que vous songez tout de bon à votre salut. Croyez-moi, Monsieur, toute la faveur des rois de la terre ne vaut pas un des sentiments que Dieu vous inspire dans la retraite (1). Car enfin rien n'est estimable que ce qui est éternel. Qu'auriez-vous gagné à la cour?.. » Il prône fort ici les voies de la Providence ; mais ailleurs, pitoyable aux maux de l'exilé, il ne peut « s'empêcher de murmurer un peu contre la Fortune » (2). Au surplus, je ne sache pas de moins fâcheux sermonneur : ses homélies sont rares, vite expédiées, et parfois tournent court sur une péroraison dans le genre de celle-ci : « Mais parlons d'autre chose ; pour peu que je continuasse sur le même ton, vous prendriez ceci pour un sermon, et je craindrais de vous endormir. (3) »

Zèle discret, ascétisme mitigé. S'il arrive au bon Père de conseiller le jeune abbé de Bussy, tenez que c'est de ces conseils qui « serviront et à ses affaires et à son salut », qu'il lui enseigne les moyens « d'avoir non seulement une bonne conduite, mais encore une bonne réputation » (4). Et quand il souhaite au comte « les bénédictions du ciel », ce n'est pas sans ajouter « et celles

(1) *Correspondance de Rabutin*, t. III, p. 345.
(2) *Ibid.*, t. VI, p. 141.
(3) *Ibid.*, t. II, p. 429.
(4) *Ibid.*, t. VI, p. 315 ; p. 230. — Ces conseils ne furent pas perdus. L'aimable abbé de Bussy devint, comme on sait, évêque et académicien.

de la terre, qui ne gâtent quelquefois rien » (1). Bussy se montrait fort maniable à une direction si humaine et si douce. Déjà aux trois quarts converti, et ne demandant pas mieux que de disposer tout à fait chrétiennement son épicurisme, il mandait au Père de faire vie qui dure, et que c'était le principal; lisait les Vies des saints, quand il les trouvait bien écrites; suivait des retraites de capucins, gagnait des jubilés, composait même des oraisons, et pestait exemplairement contre ces chemins pénibles par où Port-Royal prétendait mener les gens plus haut qu'en paradis; bref, il se sanctifiait à vue d'œil. Que si le vieil homme parfois reparaissait dans le pénitent, il savait s'arranger avec le vieil homme par des biais de casuistique tout à fait ingénieux, comme au temps du procès de sa fille Louise, quand, furieux du procédé de certain lieutenant civil en cette affaire, il écrivait ingénuement à Bouhours :

« Je ne serai pas content de ses remords, et je vais le prendre à partie et le déshonorer pour la plus injuste procédure qu'on verra jamais. Cela ne m'empêchera pas de gagner mon jubilé, car je tâcherai d'épurer ma poursuite de toute sorte de haine (2). »

Si la correspondance de Bussy avec les jésuites nous fait voir un Bussy pénitent et réformé que l'on ne connaîtrait guère autrement, elle nous décèle aussi dans Bouhours certains traits inattendus qui ont leur prix. Est-ce chez lui verve innée, et qui éclate ici parce qu'elle y trouve du jour? Est-ce l'humeur de Bussy qui a déteint

(1) *Correspondance de Rabutin*, t. VI, p. 314.
(2) *Ibid.*, t. VI, p. 585.

sur la sienne, et ses gaillardises qui le piquent au jeu? Toujours est-il que Bouhours lui-même a ses *rabutinades*.

Qui s'imaginerait d'une part, selon le préjugé courant, un jésuite au ton dévotieux, onctueux et timoré, de l'autre un homme de qualité qui se compose et s'interdit les verdeurs de style, prendrait justement le contrepied des faits. Rien de plus vif que ce commerce, et de moins contraint. Bussy est toujours le libre et jovial Bussy que l'on sait, qui laisse pétiller sa verve de Bourguignon salé, et par exemple, la veille des noces de sa fille Louise, en fait part au jésuite en ces termes : « Mlle de Bussy n'est pas encore morte, mais elle est à l'agonie : je la recommande à vos bonnes prières! (1) »

Quant à Bouhours, il ne se gêne pas aussi de badiner à sa guise. Et certainement que ce badinage n'est pas pour scandaliser le moins du monde un esprit bien fait : mais on cherche le jésuite, et l'on ne trouve plus que « l'honnête homme », le Parisien né railleur, l'ami de Molière, et qui rit au *Tartufe*. Une fine allusion à l'expérience galante de Bussy ne lui fait nulle peur : « J'ai toujours eu de la peine sur le *bene velle minus* [de Catulle]... Les interprètes prétendent que la jalousie rend la passion plus violente, mais qu'elle diminue quelque chose de la bienveillance. Je m'en rapporte plus à vous qu'à eux, et vous crois sur ce chapitre plus habile que Muret... (2). »

Veut-on savoir maintenant de quel ton il raille, et quelles gens?

(1) *Corresp. de Rabutin*, t. III, p. 61.
(2) *Ibid.*, t. VI, p. 228.

« Il a plu, écrit-il, à un conseiller de la grand'chambre de fourrer un de mes amis dans les cachots de la Conciergerie, et cette affaire m'occupe tellement que je ne suis presque pas à moi. C'est grand'pitié d'avoir un juge pour partie, et par-dessus cela un dévot : il vaudrait mieux avoir affaire au Roi et au Pape. (1) »

Ou bien, tout chagrin d'avoir manqué une visite de Bussy :

« J'étais à l'église avec deux dévotes, Monsieur, quand vous m'avez fait l'honneur de me venir chercher. Je les aurais volontiers quittées, mais on ne m'avertit point, et je fus jusqu'à souper ce qu'on appelle en direction. Je prétends bien réparer cette perte chez vous au premier jour, et quand je vous préférerai aux bonnes âmes, il faudra que vous me préfériez, s'il vous plaît, au beau monde (2) ».

A la bonne heure ! et se peut-il rien de mieux dit ? Mais voyez-vous aussi le juge dévot accommodé en deux coups de plume, et les pénitentes plantées là ?

Une autre fois, qui n'est pas la moins curieuse, ce sont de grandes plaintes sur la Vie de saint Ignace que ses supérieurs lui ont ordonné d'écrire, et puis de récrire à nouveau. Cela lui sourit fort peu pour le quart d'heure, d'autant qu'il a en tête un projet des plus agréables, des réflexions sur *la manière de bien penser*, à quoi il allait s'adonner de tout son cœur, lorsque le malencontreux saint Ignace s'est venu jeter au travers. C'est ce qu'il explique, et sans marchander sur les mots, et d'un certain

---

(1) *Corresp. de Rabutin*, t. III, p. 128.
(2) *Ibid.*, t. III, p. 162.

air moitié dolent, moitié riant, qui ne laisse pas d'être d'un effet comique :

« Je m'étais embarqué avec plaisir sur la fin du carême dans le dessein des *fausses pensées* que je vous communiquai alors, et je me proposais de vous entretenir là-dessus régulièrement ; mais j'ai eu à peu près l'aventure d'un homme qui, s'étant mis dans une barque pour se promener en mer, serait porté par le courant dans une île déserte ou pris par les corsaires d'Alger ; c'est-à-dire, pour m'expliquer sans figure, qu'on m'a fait quitter un ouvrage agréable pour que j'en achevasse un très sérieux que j'avais commencé, comme vous diriez la Vie de saint Ignace. Il a fallu pour cela renoncer à tout commerce, et devenir un vrai sauvage. Cette rude besogne est faite par la grâce de Dieu, et je prétends bien revenir au dessein qui a eu le bonheur de vous plaire (1). »

Voilà de ces légers persiflages qui caractérisent bien Bouhours, qui tranchent même sur le ton habituel de son ordre et, pour prendre l'exemple le plus à portée, le distinguent nettement de Rapin. Ce dernier dans ses lettres nous donne l'idée d'un très bon homme, déférent et indulgent à ses amis, donnant volontiers son coup de langue affilée aux ennemis de la Compagnie, au reste ne se départant guère d'un style débonnaire, candide et confit ; il n'entend pas finesse ; il est à cent lieues de ces saillies aventurées et de ces élégances un peu cavalières.

Le bon Rapin ne resta pas toujours en tiers dans l'in-

---

(1) *Correspondance de Rabutin*, t. IV, p. 208.

timité de Bussy et de Bouhours; mais l'apoplexie qui l'enleva eut cet effet de redoubler l'amitié des deux survivants, car ils reportèrent l'un sur l'autre la part d'affection que cette perte rendait vacante. Bouhours, en mandant à Bussy la mort « du meilleur de ses amis », lui fait, d'une voix pleine de larmes, cette prière : « Je vous demande plus que jamais la permission de lier avec vous un commerce d'amitié : un homme comme vous est tout propre à me consoler, ou du moins à me retirer de la langueur où les chagrins seraient capables de me jeter (1). » A quoi Bussy répond bonnement : « Joignez à l'amitié que vous aviez déjà pour moi celle que vous aviez pour notre cher ami (2). » Ils firent comme ils avaient dit, et de ce jour il semble qu'on aperçoit dans cette liaison de l'exilé et du religieux plus d'ouverture de cœur, ici un dévouement plus actif, là une plus sensible confiance. Enfin le jésuite, après maints services rendus à sa maison, mit le comble à la gratitude de Bussy par un procédé qui devait le graver à jamais dans son cœur.

Le recueil des *Pensées ingénieuses* en fut l'occasion. Bouhours s'avisa d'y insérer force échantillons de la prose de Bussy, et quels échantillons ! des fragments de ses lettres au Roi, qui faisaient du livre comme une mosaïque d'adulations; puis il le fit offrir à la première puissance du royaume, non pas à Louis XIV, à Mme de Maintenon. Ainsi, par ce monument érigé ensemble à sa propre vanité et à la majesté royale, Bussy écrivain

(1) *Correspondance de Rabutin*, t. VI, p. 103 (nov. 1687).
(2) *Ibid.*, t. VI, p. 116.

se voyait glorifié, et Bussy courtisan faisait sa cour. La flatterie agréa à Mme de Maintenon, et il paraît bien qu'elle la fit valoir, puisque dès l'année suivante quelques faveurs répandues sur la famille du comte témoignèrent que le Roi n'était pas mécontent.

Quoi qu'il en soit, Bouhours était désormais pour Bussy « mon très cher et très révérend Père ». Et ce n'était pas là vaine formule: car Bussy met dans ses lettres des effusions, des élans qu'on ne saurait feindre : « Surtout, s'écrie-t-il, aimons-nous toujours bien! » ou encore : « Mon Dieu, mon Père, que je vous aime! » Loin que le cœur de Bussy se fût endurci à la longue, l'âge et le malheur en avaient donc attendri l'égoïsme natif. Bien plus, cet esprit si infatué de soi-même et qui dans le commencement prétendait bien plutôt donner des avis que d'en recevoir, il consultait maintenant son cher Bouhours comme un oracle, lui soumettait chapitre à chapitre son dernier livre des *Illustres malheureux*, et corrigeait, et retranchait d'après ses conseils avec la docilité d'un écolier : « Enfin, lui disait-il, je vous trouve un critique si juste et si raisonnable, que je ne crois pas qu'il y en ait un pareil au monde (1). » Et en fait d'admiration, Mme de Coligny était presque toujours là, qui renchérissait en post-scriptum.

Ainsi Bouhours était constamment présent à la pensée et de la fille et du père. La dernière lettre connue de Bussy contient justement le témoignage de cette rare tendresse. Il déclare à Bouhours qu'il veut mettre son

(1) *Correspondance de Rabutin*, t. VI, p. 565.

éloge dans un petit panégyrique de la Société de Jésus qu'il médite (car ce grand dénigreur d'autrefois n'occupait ce qui lui restait de jours qu'à dire merveilles d'un chacun); et après avoir nommé La Chaise, Rapin, Bourdaloue et Cheminais comme les *ornements du siècle* : « Si je marque, dit-il, l'estime que j'ai de ces bons Pères, j'ai bien plus de raison de le faire de vous, qui êtes, *dans mon cœur* et dans mon esprit, bien au-dessus d'eux tous (1). » La promesse amicale n'eut pas d'effet. Quelques semaines plus tard Bussy n'était plus.

Il appartenait à Bouhours, de concert avec la fille préférée du défunt, de lui rendre encore des soins posthumes. Il mit la dernière main aux *Illustres malheureux* (2), et c'est lui le premier qui donna au public un choix de cette correspondance, si diversement excellente, où lui-même avait contribué par plus d'une charmante et d'une affectueuse page.

(1) Lettre inédite du 3 mars 1693. Bussy mourut en avril suivant.
(2) Voyez la lettre de Mme de Dalet (Louise de Rabutin) à Bouhours, 7 janvier 1695 (*Corresp. de Rabutin*, t. VI, p. 373). L'Avertissement qu'on trouve en tête de la première édition des *Lettres de Messire Roger de Rabutin* est de Bouhours.

CHAPITRE V

Apogée littéraire de Bouhours : *la Manière de bien penser*. Succès du livre, les « fils d'or et de soie ». — Les *Pensées ingénieuses*. — Années de vieillesse. Une mésaventure de direction ; Bouhours diffamé et justifié. — « Vous êtes ma Chine et mon Japon ». — Considération définitive dont il jouit dans son ordre. Bouhours et les jeunes jésuites. — Comment il intervient dans les querelles de la Compagnie avec des écrivains amis de Port-Royal. — Charles Perrault et les cent Portraits des *Hommes illustres*. — Racine et le régent de Louis-le-Grand. — Boileau et l'Epître sur l'amour de Dieu. — Familiarité constante de Boileau et de Bouhours. — Dernières productions de Bouhours. — Il traduit le Nouveau Testament. — Entraves apportées à cette publication par l'archevêque de Noailles ; critiques et chansons.

Revenons à la vie de Bouhours, dont Bussy-Rabutin nous a un moment distraits ; du peu d'événements qu'il y reste à signaler, le plus mémorable fut en 1687 la publication des dialogues connus sous le titre de *Manière de bien penser*, excellent livre, aussi finement enjoué, plus solidement composé que les *Entretiens d'Ariste et d'Eugène*, et qui annonce la pleine maturité d'un talent critique dont les *Entretiens* exprimaient la jeunesse amusée et fleurie. Le mérite de l'œuvre vaut qu'on l'étudie à part ; le succès fut en proportion du mérite. Un gazetier de Hollande, Basnage, un de ces critiques avisés et froids dans le genre de Bayle, jugea les nouveaux dialogues d'une phrase gracieuse : « C'est un recueil des plus beaux endroits des auteurs, cousus par une main délicate avec des fils d'or et de soie (1). » *La Manière de bien penser* eut d'ailleurs la plus heureuse fortune qu'on peut souhaiter à un livre : d'être censuré, et de l'être mal. Un vieux médecin du nom d'Andry, qui se mêlait de grammaire, eut beau imiter dans ses *Sentiments de Cléarque* le fameux opuscule de Barbier d'Aucour, si cuisant naguère à l'amour-propre du jésuite : où Cléanthe eût fait crier grâce, le Cléarque faisait pitié ; il répétait à peu près les mêmes choses, articulait de nouveau l'éternel grief de frivolité et de galanterie, mais platement, mais grossièrement, au point que Bouhours se faisait un méprisant plaisir de montrer à chacun cette mauvaise pièce. L'apologie au reste avait devancé la critique. Sensible à différentes objections que le monde élevait contre ses dialogues, Bouhours s'était empressé, non pas de prendre, ainsi qu'au temps des *Entretiens*, un défenseur, mais de se défendre lui-même en gardant l'anonyme : de là sa *Lettre à une Dame de province sur les Dialogues d'Eudoxe et de Philanthe*, chose légère, mais pleine de sel, et où la modération de l'éloge arrive à jouer très bien l'impartialité.

Les *Pensées ingénieuses des Anciens et des Modernes* suivirent de près (1689) : ce n'est au vrai qu'un supplément à *la Manière de bien penser*, cette fois sans ornements ni liaisons, une enfilade d'extraits que l'auteur n'a

---

(1) *Histoire des Ouvrages des Sçavans*, janvier 1688.

pas employés d'abord, et qu'il ressert après coup pour ne rien perdre. Cette compilation, si elle valut à Bouhours deux ou trois épigrammes bien dardées (1), n'en fut pas moins louée par Basnage (2) comme « un bouquet dont la diversité et la négligence ont des agréments » ; elle n'en reçut pas moins du public un très favorable accueil, et fait pour étonner, si l'on ne savait d'ailleurs que le simple choix était alors compté pour invention (3), et que les lecteurs avaient fort le goût de ces collections de pensées détachées où la personnalité des divers écrivains s'efface, où chaque phrase figure comme un petit objet d'art spécial, complet, appréciable pour lui-même.

Cette période marque l'apogée littéraire de Bouhours. Il intervint encore dans l'affaire du Péché philosophique (1790) par de petites lettres auxquelles on aura lieu de revenir, et qui firent quelque bruit. La vieillesse arrivait cependant, une vieillesse moins sereine qu'on eût souhaité, traversée de tribulations diverses. C'est ici que se place l'épreuve la plus considérable de sa vie, — une mésaventure de direction, qui n'était au fond que ridicule et qu'empoisonna la calomnie. Fort lié depuis longtemps avec une chanoinesse de Remiremont, Mme de Bourdonné, Bouhours avait eu l'occasion de voir chez cette dame, pendant les séjours qu'elle faisait à Paris,

---

(1) Voy. à l'Appendice, *Pièces satiriques*, I.
(2) *Histoire des Ouvrages des Sçavans*, 1690.
(3) La Bruyère, au chap. I des *Caractères*, à propos des plagiaires : « ... ils ne pensent point. Ils disent ce que les auteurs ont pensé ; et comme *le choix des pensées est invention*, ils l'ont mauvais, peu juste, etc. »

une jeune personne d'esprit vif et de façons avenantes(1) qu'elle tenait en sa compagnie : il n'avait pas tardé à devenir son directeur, et s'assurait tellement de ses progrès dans la spiritualité, qu'il la voulait faire religieuse. Il eût mieux fait de la marier bellement. Cette peu fidèle pénitente se comporta de telle manière qu'un irrémédiable accident lui survint, un accident dont les suites, par trop visibles, l'obligèrent à disparaître du monde. Débrouiller à distance ces sortes d'affaires est toujours délicat : ce qu'on voit ici de plus clair, c'est qu'un certain procureur au Châtelet, l'hôte de Mme de Bourdonné, avait connu de trop près la demoiselle; qu'il lui importait de détourner les soupçons; que le hasard ayant mis dans ses mains un paquet de lettres de Bouhours à sa pénitente, le drôle les arrangea, les commenta à sa guise, bref donna à entendre sur la direction du Père ce qu'il voulut(2). Ce sot conte, dans les derniers jours de 1691, fit un éclat soudain : les nouvellistes promenèrent par tout Paris l'aventure, les jansénistes la soulignaient avec des airs discrets, des gazettes étrangères en retentirent, des grimauds en firent des chansons (3).

(1) Une nièce de Vauban, d'après les annotateurs des Chansonniers manuscrits. Mais cela paraît faux : la généalogie de Vauban ne lui donne pas de nièce.
(2) On trouvera dans la compilation janséniste: *Le P. Bouhours convaincu, etc.* (1700), les pièces contradictoires de l'affaire, à savoir deux pamphlets de Quesnel et une apologie due aux jésuites. — Comparez le curieux mais méchant récit de l'abbé Legendre dans ses *Mémoires*, p. 138 sq. Consultez aussi la correspondance de Bussy-Rabutin avec Mme de Sévigné, janvier-avril 1692.
(3) Elles sont dans les Chansonniers manuscrits de Clairambault et de Maurepas (Bibl. nat.), année 1692 : d'une grossièreté révoltante, cela va sans dire; quant au commentaire des compilateurs, c'est un tissu de contes fort cyniques et non moins invraisemblables.

De leur côté les amis du Père, laïcs ou religieux, s'évertuaient à sa défense ; c'était de Louis-le-Grand et d'ailleurs un déluge de couplets, de devises, de fables apologétiques en toute langue. Le jésuite du Cerceau parlait d'un miroir terni : *novum trahet inde nitorem*; le jésuite Fraguier, dans une allégorie, *Olor et Anseres*, comparait Bouhours à un cygne que d'envieux canards, sortis des marais du Port-Royal, ont vainement éclaboussé de fange (1). Ce qui prouvait un peu plus que tout ce lyrisme, c'est le zèle actif que Lamoignon déploya pour l'honneur de son ami ; il manda le procureur, lui imposa un désaveu formel, se fit livrer les lettres qui avaient causé tout le bruit : examinées par d'irréprochables arbitres (2), elles furent trouvées les plus innocentes du monde, tellement que le passage qui avait scandalisé davantage était celui-ci, dont on peut sourire, et voilà tout : « Nos Pères s'en vont aux Indes travailler à la conversion des idolâtres ; pour moi je me borne au salut de votre âme : vous êtes ma Chine et mon Japon ! » Il faut avouer seulement que l'abbé de Saint-Cyran ou M. Singlin n'auraient point écrit d'un si joli style, et qu'en fait, dans le choix de *sa Chine* et de *son Japon*, Bouhours n'avait pas eu la main heureuse.

---

(1) Les pièces françaises ont été rassemblées par Bouhours dans son *Recueil de vers choisis* (1693). On y trouve *le Cygne et les Canards*, traduit par l'abbé Régnier-Desmarais ; *le Miroir terni*, traduction du même ; *la Calomnie confondue*, de Mme de Dalet (Louise de Rabutin) ; et *le Ruisseau*, fable, d'un M. Tribolet.

(2) Lamoignon, le P. Président de Harlay, l'archevêque de Paris, le P. de La Chaise, enfin le curé de Saint-Benoît, qui avait antérieurement produit et certifié une déclaration de la demoiselle à la décharge de Bouhours.

Quant à lui, dans cette pénible affaire, son attitude resta merveilleusement digne et calme, presque indifférente, tant il se sentait supérieur à la diffamation. Il eut à ce sujet un mot charmant, et qui désarmerait la malveillance même : « Je n'aurais jamais cru, disait-il, être ni assez méchant, ni assez saint, pour me voir exposé à une accusation pareille. »

Malgré qu'en eût l'envie, la considération de Bouhours ne souffrit de sérieux dommage ni dans le monde, ni chez les siens. Dans ce temps-là, si tout l'ordre lui témoignait des égards, il avait en particulier un ascendant extraordinaire sur les jeunes jésuites de Louis-le-Grand, les Thoulier, les Fraguier, les Le Jay, les du Cerceau, qui tous fort lettrés, la plupart assez légers de théologie, suivaient la voie ouverte par lui, et croyaient tout sauvé parce qu'ils se sentaient de l'esprit et maniaient agréablement le français (1). Bouhours était proprement leur patriarche et leur grand homme ; et l'on se prévalait de ses livres comme de chefs-d'œuvre décisifs, qui faisaient époque dans l'histoire de la Compagnie. N'est-ce pas lui dont l'exemple, même la collaboration, avait façonné Daniel et Le Tellier à un style de controversiste correct? N'est-ce pas lui qui patronnait les

---

(1) Voici, touchant cette influence de Bouhours sur les jeunes jésuites, un assez curieux document inédit, extrait du journal du F. Léonard, augustin, *sur les Jésuites de France* (Archives nat. M, 243): « Le P. Bouhours, jésuite, qui s'est toute sa vie attaché à la politesse de la langue française et a ramassé les belles pensées et jeux d'esprit des écrivains, poètes et prosateurs, a gâté tous les jeunes jésuites, qui ne sont plus attachés aujourd'hui (1701) qu'à l'imiter en faisant des livrets où ils étalent les fleurettes, etc..., au lieu de s'appliquer à une étude sérieuse et profonde. »

essais poétiques du P. Alleaume, et du P. Deherel, et du P. Le Jay (1), préparant ainsi ces piquantes fantaisies rimées d'un Gresset ou d'un du Cerceau, dont le prochain siècle allait voir l'éclosion (2)? Aussi les poètes de Louis-le-Grand allaient chercher dans ses *Entretiens d'Ariste et d'Eugène* leurs inspirations, et mettaient en vers le *Je ne sais quoi;* les prosateurs ornaient ses écrits polémiques de triomphantes préfaces; s'agissait-il d'une maladie du Père à déplorer, d'une guérison à fêter, d'une insulte janséniste à venger, rimeurs et prosateurs, en latin et en français, par des épigrammes, par des pamphlets, faisaient leur devoir.

Au reste cette nouvelle génération se distinguait à l'endroit des jansénistes par une humeur plus agressive, une démangeaison outrée d'offenser, non pas seulement les meneurs de la secte, mais de simples amis de Port-Royal avec qui les jésuites contemporains de Bouhours n'en avaient certes point usé de la sorte : car ceux-ci, non moins zélés pour la doctrine, aussi déterminés adversaires des chefs jansénistes, avaient pour maint allié du dehors cette tolérance courtoise qu'on se doit entre honnêtes gens, une estime qui parfois allait à la cordialité. Rapetissée maintenant, faite à coups de chansons et de pamphlets frivoles, la guerre s'était aussi envenimée, au point qu'on ne pouvait plus faire une honnêteté aux Port-Royalistes, que la *jesuitica pubes sagittaria*, — comme ils se nommaient eux-mêmes, — ne

(1) Voy. le *Recueil de vers choisis* de Bouhours, passim.
(2) On connaît la très ingénieuse comédie en vers de du Cerceau : *les Incommodités de la Grandeur*. — Gresset était encore le R.P. Gresset, quand il fit *Ver-Vert*.

vous criblât incontinent de ses traits. L'on sait la persécution d'épigrammes dont ils affligèrent ce pauvre Santeul, leur ami, pour son épitaphe d'Arnauld; on sait leur brouillerie avec Boileau, à propos de son Epître théologique; et il ne manque point d'autres épisodes.

Bouhours, de même que Rapin et que Bourdaloue, s'était toujours gardé de ces mœurs insociables. Même ses bons rapports avec les gens de lettres lui donnaient lieu de jouer entre eux et sa Compagnie un rôle d'honnête homme conciliant, faisaient de lui, en cas de conflit, le médiateur ordinaire.

A la vérité, il est une de ces négociations de laquelle on aimerait autant qu'il ne se fût point mêlé. Les siens le députèrent un jour auprès de Charles Perrault (1) : il s'agissait de remontrer à celui-ci qu'il allait se brouiller avec la Compagnie s'il ne rayait pas de ses cent Portraits d'*Hommes illustres* (2) le grand Arnauld et Pascal; comme si, en déchirant une page, il était possible de mettre à néant un grand homme, et comme si ces deux noms, d'après le mot connu de Tacite qu'on répéta pour la circonstance, n'éclataient pas davantage aux yeux par leur absence même ! Cela certes était misérable, quoique cela s'explique, après tout : le moindre éloge de ce Pascal, de cet Arnauld, qui les avaient froissés si rudement, ne devait-il pas sonner à l'oreille des jésuites comme une injure personnelle? L'autorité s'en mêla; force fut d'obéir; et l'on peut voir encore dans nos

(1) Correspondance de Vuillart avec Préfontaine (20 janv. 1697), citée par Sainte-Beuve dans son *Port-Royal*, t. V, p. 479.
(2) *Les Hommes illustres qui ont paru en France pendant ce siècle, avec leurs Portraits*, 2 in-f., dont le premier porte la date de 1696.

bibliothèques, à la table de l'in-folio de Perrault, deux cartons qui recouvrent les noms séditieux : ils portent en place celui de *Thomassin* et celui de *Du Cange;* ils subsistent là, perpétuelle commémoration d'une sottise, plus éloquemment ironiques que toutes les réflexions qu'on pourrait faire.

Mais rien de plus honorable à Bouhours que la chaleur avec laquelle Louis Racine (1) nous conte qu'il prit les intérêts de son père, sottement outragé par un régent de troisième de Louis-le-Grand. Ce jeune fat, croyant sans doute Racine coupable de la traduction en vers français du *Santolius pœnitens* (une pièce janséniste qui avait couru lors de l'affaire de Santeul), avait trouvé beau de mettre en discours public ces deux questions : *Racinius an christianus? an poeta?* et les résolvait l'une et l'autre par la négative. Voilà Bouhours tout ému, et qui ne veut pas laisser passer l'injure. Racine était à Versailles; au défaut de Racine, il court chez Boileau, lui dit son chagrin, que non content de réprouver dans l'âme le procédé du régent, il vient de lui faire infliger par le Père recteur une verte réprimande. Boileau, très édifié du zèle du Père, manda la chose à Racine; il en reçut une réponse admirable (2), où le grand poète laisse voir, tout en remerciant comme il doit Bouhours, et l'indifférence d'une âme revenue des vanités de la gloire, et cette mansuétude chré-

---

(1) Dans ses *Mémoires sur la vie de Jean Racine.* L'anecdote est rapportée pour la première fois dans les *Mémoires de littérature* de Desmolets, t. VIII.
(2) *OEuvres de J. Racine* (édit. des *Grands Ecrivains*), t. VII, p. 157 (4 avril 1696).

tienne qui pardonne l'offense et, pardonnée, l'excuse.

A quelques mois de là, Despréaux en personne faisait appel à l'amitié de Bouhours ; c'était à propos de sa querelle avec les jésuites, qui commençaient de s'émouvoir. L'histoire n'en est pas à refaire : on sait que l'amour de Dieu excita cette haine, ou du moins la fameuse épître composée sur ce sujet théologique et que plusieurs jeunes Pères irritables dénonçaient comme un recommencement des railleries de Pascal. Achevée dans le courant de 1697, des copies manuscrites plus ou moins fidèles en circulèrent aussitôt et jetèrent l'alarme dans Louis-le-Grand, malgré les protestations du satirique, qui se défendait de vouloir offenser personne. Aux premiers bruits d'orage, il songe à son ami Bouhours, lui adresse cette invitation charmante (1) : « Comme il me paraît qu'il y a un dessein formé dans votre illustre Compagnie de se déclarer contre moi, et qu'on a même déjà défendu de lire mes ouvrages dans votre collège, je souhaiterais fort de vous voir et de vous embrasser, afin qu'au moins avant le combat nous nous pardonnions notre mort... Voyez si vous serez assez hasardeux pour venir dîner demain chez moi. Adieu, mon très illustre adversaire !.. — Je ne comprends rien à ce que vous me dites, réplique Bouhours d'un air candide. Le dessein formé m'est, je vous jure, inconnu. Tous les jésuites qui ont de l'esprit vous estiment infiniment, et les supérieurs sont trop sages pour défendre de vous lire ; mais s'ils l'entreprenaient, je doute qu'ils en vinssent à bout, et je

---

(1) Voyez cette lettre et la réponse à l'App. (*Correspondance*, *A* et *B*).

puis vous assurer que cela révolterait tout le monde... »

Le lendemain, dîner à Auteuil. On s'imagine la scène. Au dessert, Boileau récite la terrible Épître, bien innocente au fond, et approuvée de si grands prélats, et où le P. de La Chaise lui-même s'est diverti de si bon cœur; puis, qu'on pense ce qu'on voudra de sa théologie : Bouhours peut-il souffrir que les bons amis de Boileau, que les jésuites se brouillent avec lui pour un point de scolastique?.. L'Épître voit enfin le jour : aussitôt imprimée, Despréaux en fait tenir un exemplaire à Bouhours; et, comme pour rafraîchir la mémoire de son avocat, il a soin de lui coucher par écrit un résumé de ses arguments les plus persuasifs. Il soutient dans son Epître la nécessité du vrai amour de Dieu avec toute la vigueur qu'il lui est possible : mais en quoi cela regarde-t-il les jésuites, qui donnent tous les jours et en plus d'un monde tant de marques de cet amour qu'ils ont encore plus dans le cœur que sur les lèvres? (ô flatteur!) — Que si l'illustre Société rompait avec lui au sujet de cette Épître, cela ferait un ridicule effet dans le monde, puisque cela donnerait occasion à beaucoup d'impertinents de dire que c'est qu'elle ne peut souffrir qu'on aime Dieu... (ô railleur!) — Et en post-scriptum, afin de marquer l'horreur qu'il a de ces versions subreptices, outrageuses pour les jésuites : « Au nom de Dieu, mon révérend Père, criez bien contre cette impertinente copie qu'on donne en mon nom, et qui me fait un des plus grands chagrins de ma vie (1)! »

(1) Voy. la lettre à l'Appendice (*Correspondance, A*).

Je ne sais si Bouhours fit valoir éloquemment ces belles raisons. Peut-être contribua-t-il à retarder un peu cette guerre qui, après avoir couvé plusieurs années, éclata enfin dans les *Mémoires de Trévoux*. Quand il aurait vécu davantage, il n'eût sans doute rien fait de plus que ces autres intimes de Boileau, La Chaise, Tarteron, Bourdaloue; il n'eût pas empêché les journalistes de Trévoux, la jeunesse belliqueuse et pointue de Louis-le-Grand de fronder le « vieux lion » maussade, sans respect de l'amitié qui l'avait lié aux meilleurs de la Compagnie, à ces modérés qui vieillis eux-mêmes s'effaçaient déjà dans le passé (1).

Ceux-ci du moins lui restèrent fidèles. Bouhours continua toujours à s'aller promener au jardin d'Auteuil, en compagnie de Racine, de Valincour, de quelques familiers choisis. C'est là, et c'est à propos de l'amour de Dieu, qu'il s'attira du jardinier une repartie souvent citée pour sa naïveté maligne (2). Bouhours félicitait le bonhomme de l'honneur que lui avait fait M. Despréaux en lui adressant l'une de ses dernières épîtres (3): « N'est-il pas vrai, maître Antoine, disait-il un peu narquois, que vous faites plus de cas de cette pièce

---

(1) Au reste, Boileau garda toujours son parti chez les jésuites. Brossette lui mande en 1706, à propos de la satire de l'Equivoque : « Nos jésuites mêmes de Lyon, qui savent en gros de quoi il s'agit, n'approuvent point la conduite de leurs confrères les journalistes de Trévoux, qui vous ont attaqué de gaieté de cœur Ils les condamnaient même dès le temps [1703] que vous leur adressâtes ces vers : Mes révérends Pères en Dieu... »
(2) L'authenticité en est certifiée par Louis Racine (*Mémoires sur la vie de Jean Racine*).
(3) *Epîtres nouvelles, avec une préface*, 1698 (A mes vers. A mon jardinier. A M. l'abbé Renaudot, sur l'Amour de Dieu).

que de toutes les autres de votre maître? — Nenni-dà, mon Père, m'est avis que c'est celle de l'Amour de Dieu qui est la plus belle ! »

Si le jardinier vous avait de ces malices, les boutades à brûle-pourpoint du maître étaient bien une autre affaire. Il n'était amitié qui tînt. Despréaux, avec son bon sens incorruptible et son franc parler, ne savait ce que c'était que biais ni que tempéraments, il allait tout droit devant lui, heurtant à droite, à gauche, autant par ses brusqueries d'admiration que par les rudesses souveraines de sa critique : c'était là son génie, la propre et forte saveur de sa nature. Janséniste amateur, il fraye volontiers avec les jésuites qui ont de l'esprit ; et, d'autre part, toute la Compagnie ensemble ne lui ferait rien rabattre de ses démonstrations de tendresse à l'endroit de Port-Royal. Il est homme à envoyer par le même courrier ses baise-mains à Bouhours et à Nicole, il exalte pêle-mêle Bourdaloue et le grand Arnauld, il ne crie jamais si fort que dans l'oreille des révérends Pères son enthousiasme pour Pascal. Bouhours en sut quelque chose. On raconte que, s'entretenant un jour avec son terrible ami de la difficulté de bien écrire en français, il lui nommait les écrivains qu'il regardait comme ses modèles pour la langue ; Boileau, au fur et à mesure, les rejetait comme mauvais : « Quel est donc, selon vous, l'écrivain parfait ? dit le Père déconcerté, que lirons-nous ? — Mon Père, lisons les *Lettres Provinciales*, et, croyez-moi, ne lisons pas d'autre livre ! » Tel jésuite, comme ce compagnon de Bourdaloue qui nous donne une si jolie comédie sous la plume de Mme de Sévigné, eût pris feu (1) ; mais la débonnaireté de Bouhours s'accommodait assez bien de ces saillies. Qu'il sortît de là tout à fait persuadé de cette suprématie de Pascal, la robe qu'il portait l'eût difficilement souffert ; mais je pense qu'il avait aussi bien trop d'esprit pour regimber, car c'était une mauvaise marque de rompre en visière à Despréaux. Un léger hochement de tête, les lèvres pincées en un demi-sourire, marquaient peut-être une ombre de réserve, et la conversation suivait son cours.

Il reste peu à dire des écrits auxquels Bouhours employa ses forces déclinantes : une Suite (1692) à ses *Remarques sur la langue française*, digne en tout point du premier volume (2); un assez curieux *Recueil de vers choisis*, où classiques et précieux se donnent agréablement la main ; puis les *Pensées ingénieuses des Pères de l'Église*, sorte de pendant chrétien aux précédentes *Pensées des Anciens et des Modernes*, par où il servait la religion à sa manière, établissant contre les mépris légers et de jour en jour plus affichés des libertins que les saints pouvaient aussi avoir de l'esprit. Enfin, il vécut assez pour donner une dissertation grammaticale (1701) aux *Mémoires de Trévoux* qui naissaient.

Mais ces ouvrages-là n'étaient que des diversions à l'entreprise plus sérieuse qui couronnait à la fois sa vie de religieux et de littérateur. Après s'être violemment

(1) Voy. les *Lettres de M*me *de Sévigné*, t. IX, p. 415. Cette histoire, souvent redite, a de l'analogie avec l'anecdote de Bouhours.
(2) La plupart des critiques y portaient sur des passages de la Version de Mons ; elles provoquèrent de la part du savant abbé Thoynard une *Discussion de la Suite des Remarques, etc.*, 1693.

déchaînés contre le Nouveau Testament de Mons, et quoique peu prévenus pour les versions de la Bible en langue vulgaire, les jésuites voulurent avoir aussi leur Evangile en beau français, qui fît pièce dans le monde à la traduction de Saci. Nul ne paraissait plus propre à ce dessein que Bouhours ; aidé de deux autres Pères, Le Tellier pour la théologie, Besnier pour les langues orientales, il y passa des années de labeur : labeur ingrat, et qui lui fut une longue source de chagrins, tant le nouvel archevêque de Paris, M. de Noailles, sympathique aux jansénistes, sinon au jansénisme, le vexait, l'entravait par ses exigences et son mauvais vouloir. Après bien des cartons et des délais infinis(1), la version des Evangiles parut en 1697, mais anonyme : Bouhours eut beau se jeter aux pieds du prélat, supplier avec larmes, son nom fut rayé même du privilège, ce nom connu par l'épitaphe de Molière et autres bagatelles n'ayant pas la gravité requise pour un livre si divin. La traduction du reste n'eut qu'un succès équivoque. Chansonné dans le public (2), critiqué sérieusement (3) par l'exégète le plus hardiment savant qui fût alors, par ce même Richard Simon avec qui Bossuet allait entamer une controverse fameuse, Bouhours se vit noté d'une de ces courtes et vives sentences dont les Français ont coutume de juger toute chose : il faisait parler le Christ *à la rabutine*. Toutes ces railleries le piquèrent, dit-

---

(1) L'*Histoire des ouvrages des Sçavans* annonçait la traduction de Bouhours dès février 1690.
(2) Voy. à l'Appendice, *Pièces satiriques*, IV.
(3) *Doutes proposés au R. P. Bouhours sur sa Traduction des quatre Evangélistes*, par le Sr de Romainville [pseudonyme], 1697.

on (1), au vif, tellement qu'il fallut que Boileau le ramenât d'un mot plaisant à la charité chrétienne : « Je sais d'où le coup part, disait le jésuite, je m'en vengerai ! — Gardez-vous-en bien, s'écria l'autre, on vous accuserait de n'avoir pas entendu votre original. »

Ce fut bien pis pour la seconde partie du Nouveau Testament. En 1699, plusieurs années après que la dernière main avait été mise à la rédaction, un contemporain bien informé (2) nous montre Bouhours chez le directeur de l'Imprimerie royale, abordant son ami le docteur Pirot, examinateur des écrits ecclésiastiques : « Eh bien, Monsieur, quand finirez-vous donc? — Quand je pourrai, mon révérend Père, car j'ai bien d'autres choses à faire, qui retardent la vôtre. — Mais c'est me faire bien languir ! — Il faut vous préparer à une plus longue attente : car, après mon examen, M. l'archevêque veut faire le sien plus posément que celui des Evangiles, qu'il a eu regret d'avoir lâchés si facilement. » Le pauvre Père, tout confus, ne savait que dire : et les jansénistes, comme on pense, de conter cela avec un méchant sourire. Ils remarquèrent aussi que les lenteurs affectées de M. de Noailles étaient d'autant plus mortifiantes que, dans le même temps qu'il renvoyait le jésuite aux calendes grecques, l'archevêque pressait un Père de l'Oratoire, qui venait de traduire le Coran avec un commentaire, de publier son travail ; ce qui faisait dire à certain courtisan interrogé par le Dauphin sur les

---

(1) Louis Racine, dans ses *Mémoires sur la vie de Jean Racine*.
(2) Lettre de Vuillart à Préfontaine (1699), citée par Sainte-Beuve dans son *Port-Royal*, à l'Appendice du t. IV. — Voy. aussi ibid. une lettre précédente (1696) du même au même.

nouvelles de Paris : « Vraiment, Monseigneur, il y en a une fort singulière : notre archevêque aime mieux l'Alcoran des Pères de l'Oratoire que l'Evangile des Jésuites. » De fait, Bouhours n'eut point la consolation de voir son Nouveau Testament publié en entier : les Actes et les Epîtres ne parurent qu'en 1703, après sa mort.

CHAPITRE VI

ristesses des derniers jours. — Aggravation de souffrance, et résignation chrétienne. Comparaison avec Pascal souffrant. — Dernières attaques jansénistes. — Mort de Bouhours : quelques témoignages nécrologiques. — Etendue et durée de sa réputation. Elle se répand à l'étranger : Allemagne, Italie, Angleterre. — Elle se prolonge en France pendant le xviiie siècle. — Ce qu'il en reste aujourd'hui.

Ces humiliations et ces mécomptes; les brèches que la mort faisait dans ses amitiés : Pellisson, Bussy, puis La Fontaine, La Bruyère et Santeul, puis Racine, puis la muse nonagénaire, Mlle de Scudéry, éteints les uns après les autres; les animosités jansénistes redoublant de violence ; ses propres infirmités aggravées par le déclin de l'âge et ne lui laissant plus de repos, tout cela dut apparemment assombrir ses derniers jours.

Au reste, l'âme déprise de la terre et tournée toute à Dieu, mortifié de cœur, se reprochant désormais comme fautes de charité les pointes trop aiguës de ses polémiques passées, il prenait la souffrance, comme toutes choses, doucement, et s'en prévalait pour mieux faire son office de traducteur de l'Ecriture sainte, car « on ne peut bien la traduire, disait-il, que quand on l'a pratiquée. » Il nous reste de sa piété résignée un monument naïf et touchant, un petit cahier écrit à son usage et qui, trouvé dans ses papiers posthumes, fut imprimé sous ce titre : *Paroles tirées de l'Ecriture sainte pour la consolation des personnes qui souffrent.* C'est un recueil de textes par lui choisis, paraphrasés et développés, qu'il relisait dans les instants où la violence de ses maux lui ôtait jusqu'à la force de penser; et l'on y suit l'histoire journalière de ses épreuves, les langueurs, les abattements, les élancements pieux de son âme.

Tandis que le religieux se mourait, la tête fendue des mêmes intolérables douleurs qui exercèrent l'héroïsme de Pascal : « Je languis, s'écriait-il, depuis longtemps dans un état triste et humiliant, souffrant toujours et n'étant capable de rien; redonnez-moi la vie, Seigneur, ou si vous voulez que je vive de la sorte, donnez moi des forces ! » ou bien : « C'est une mort lente, plus dure que celle des criminels qu'on laisse expirer sur la roue, et auxquels on ne conserve la vie que pour les faire souffrir davantage... » Alors il demande grâce, il tombe dans les tristesses de la chair, il n'a plus de forces que pour se tourner vers « le remède infaillible et qui ne manquera pas », vers l'humaine et banale consolation de la mort; et n'étaient les espérances chrétiennes qui le soutiennent encore, sa voix se perdrait en des cris d'angoisse et des pleurs de découragement. Pourtant, de cette prostration, il s'élève parfois à d'étonnantes et surhumaines paroles, les mêmes que nous avons coutume d'admirer, non sans un frémissement de révolte, dans une autre bouche : « La souffrance, dit-il, étant le bonheur et la gloire des fidèles, c'est être malheureux, c'est être déshonoré en quelque façon de ne souffrir rien. » C'est ici du Pascal tout pur, moins l'accent souverain de Pascal : « Ne me plaignez point, la maladie est l'état naturel des chrétiens (1). » Seulement, où celui-là se hausse par effort et atteint en ses plus grands élans, Pascal se tient d'une assiette inébranlable. Pascal ignore même la plainte. De peur que la maladie ne suffise point, il renforce la maladie de la piqûre de son cilice, tant la souffrance lui est une joie, tant le chrétien chez lui a dévoré l'homme. Bouhours est habituellement un chrétien tempéré, qui estime à leur prix les biens de ce monde et répète volontiers le *mens sana in corpore sano* de la sagesse antique (2) : plein de regrets quand il souffre, mais de regrets que la foi corrige, enveloppe, pour ainsi dire, de résignation.

Néanmoins le christianisme, qui ne peut changer l'étoffe première et la capacité native de ces âmes, les a pareillement pénétrées et remplies. L'agréable bel esprit et le plus pathétique des génies, le fils d'Ignace et le disciple de Saint-Cyran, qui ne se seraient connus sans doute que pour se détester, les voilà réunis à leur insu

(1) Et la suite : « ... parce qu'on est par là comme on devrait toujours être, dans la souffrance des maux, dans la privation de tous les biens... exempt de toutes les passions qui travaillent pendant tout le cours de la vie... N'est-ce pas ainsi que les chrétiens devraient passer la vie? Et n'est-ce pas un grand bonheur quand on se trouve par nécessité dans l'état où on est obligé d'être ? » — Saint-Cyran avait déjà exprimé les mêmes idées.
(2) Bouhours à Bussy : « C'est, selon mes principes, la meilleure fortune du monde que d'avoir une santé constante : avec cela on peut se passer de tout, quand on est détrompé et qu'on a de la raison. » (*Corresp. de Rabutin*, t. V, p. 576.) Et une autre fois : « La santé me met au-dessus de tout, et quand on n'a plus de vapeurs, on est à l'épreuve de tous les Cléantes. » (*Ibid.*, t. VI, p. 142.)

dans une commune idée de vertu et d'abnégation. Pauvres esprits des hommes, si prompts à vous méconnaître, si ardents à vous entrehaïr ! tandis que vous vous croyez dispersés sans rapprochement possible par tout le cercle de la pensée, d'un simple regard jeté vers le Bien suprême vous vous y rencontrez cependant, ainsi que dans un centre unique où tous les rayons se confondent.

Vers la fin de 1700, comme l'oratorien Quesnel le déchirait dans un volumineux et sanglant libelle (1), les maux de Bouhours empirèrent au point de le mettre onze mois durant dans un état désespéré. Il sembla se rétablir, à ce que l'on conte (2), par une médecine assez singulière. Bien qu'il connût par ouï-dire le pamphlet de Quesnel, trop malade pour être curieux, il ne s'en était pas enquis davantage, lorsqu'un exemplaire lui en tomba sous la main. Il le lut, et s'y trouva dépeint comme un si abominable homme, qu'au lieu de le peiner la furie de l'insulte lui apprêta simplement à rire; bref « ce lui fut une espèce d'émétique qui fit un effet merveilleux : le cerveau se dégagea, les vapeurs se dissipèrent, la gaieté revint... » Quoi qu'il en soit de cette coïncidence, que l'entourage de Bouhours s'empressa d'exploiter en

---

(1) *Le P. Bouhours convaincu de ses calomnies anciennes et nouvelles*, etc., 1700. C'est un recueil de tous les pamphlets dirigés contre Bouhours par les écrivains jansénistes. (Voy. à l'Appendice, *Bibliographie, C*.)

(2) Dans la *Lettre au P. Quesnel en quelque lieu qu'il soit*, petit pamphlet presque introuvable, dû à quelque jeune plume de Louis-le-Grand.

petits vers français ou latins (1) (car toute chose, à Louis-le-Grand, finissait en badinage d'humaniste), il n'y eut pas de quoi en triompher bien longtemps. La prétendue guérison n'était qu'une intermittence, la dernière trêve concédée par la mort.

Aussi bien celle-ci était attendue, presque appelée par ce vieillard recru de fatigue et que tout détachait de vivre. Quand on l'avertit du péril suprême, il en eut de la joie, comme d'une bonne nouvelle ; même il lui échappa un mot délicieux de finesse et de candeur, un mot où rayonnait une dernière fois toute son âme : « J'ai quelque scrupule, dit-il à un ami, du plaisir que je trouve à mourir (2). » Cette volupté, sur laquelle le bon Père se reprochait de trop raffiner, il la goûta dès le lendemain, et s'éteignit avec toute sa connaissance, au milieu de ses frères, dans l'après-midi du 27 mai 1702, comme il entrait dans sa soixante-quinzième année.

Cette mort, prévue et traînée en longueur, ne paraît pas avoir fait une grande émotion dans le monde, même

(1) *Sanctæ Teresiæ Eucharisticon pro amico capitis doloribus liberato*; une fable latine *Leo et Taurus* (le lion, c'est Bouhours, et Quesnel le taureau qui le guérit d'un coup de corne) ; de plus un petit compliment en vers français signé *Aristophile* et adressé à Bouhours. Tout cela se trouve dans la *Lettre au P. Quesnel*, précitée.

(2) Le mot est authentique et de bonne source (*Eloge historique du P. Bouhours*). Je ne sais quel faiseur d'*anas* (*Tableau des littérateurs français*, par M. T.'. avocat, t. II) lui en attribue un autre : « Je m'en vais ou je m'en vas, car l'un et l'autre se dit. » Sur quoi des gens d'esprit ont renchéri, ajoutant « ou se disent ! » Cette sottise, bonne pour orner les almanachs, ne mérite pas d'être discutée. On cite bien Malherbe à l'agonie relevant une faute de langage de sa servante, mais ceci est moins invraisemblable que le *Je m'en vais ou je m'en vas*.

ecclésiastique. Bossuet, répondant à l'abbé Pirot, qui venait de l'informer incidemment du décès du jésuite, y donne ces deux lignes : « Je suis fâché de la mort du P. Bouhours, il était de mes amis. Du reste, je ne lui aurais pas cédé sur les *pour que* (il s'agit d'un tour grammatical autorisé par Bouhours et que Bossuet reprenait dans le Nouveau Testament de Richard Simon) (1). » L'oraison funèbre assurément n'est pas longue, ni fort pathétique.

Les gazettes se mirent davantage en frais. Sans parler des *Mémoires de Trévoux*, où les jésuites insérèrent un bon éloge historique du défunt, publié aussi séparément (2), le *Mercure galant* et surtout le *Journal des Savants* à Paris, les *Nouvelles de la République des*

(1) Corresp. de Bossuet, au t. XI des *OEuvres complètes*, édit. Martin-Beaupré. — Bossuet continue, ayant toujours dans la tête les *pour que* de Richard Simon : « Ces expressions affectées et de mode semblent indignes, non seulement d'une version de l'Evangile, mais encore de tout ouvrage sérieux. » Sur quoi il importe de relever une curieuse méprise de M. D. Nisard, dans son *Histoire de la littérature française*, l. IV, c. II, § 1. L'éminent professeur a dû lire, ainsi que le portent quelques éditions fautives de Bossuet, « SES expressions » (au lieu de CES), d'où il s'ensuit que lesdites expressions « indignes d'un ouvrage sérieux » seraient imputables, non pas à R. Simon, mais à Bouhours lui-même; et là-dessus, M. Nisard d'accabler le jésuite de cette cruelle citation. Pourtant le contexte aurait pu l'avertir que les *Evangiles* de Bouhours n'avaient absolument rien à voir ici, joint qu'une pareille sortie de Bossuet contre son ami mort de la veille serait d'une incroyable indécence. Bossuet a parlé ailleurs du Nouveau Testament du jésuite : c'est pour citer, à l'encontre d'un passage hasardé de la version de Simon, « l'exacte et élégante traduction du P. Bouhours » (*Critique de la Version du N. T. de R. Simon*, Instr. 1). Nous voilà loin des « expressions indignes ». Il est donc avéré que c'est sur une faute d'impression, jointe à une inadvertance de critique, que se fonde toute la conclusion de M. Nisard.

(2) Gœttinger (*Bibliographie biographique*, 1854) attribue cet éloge au savant André Dacier, je ne sais sur quel fondement. J'y verrais bien plutôt la main d'un jésuite ami.

lettres à Amsterdam, le *Mercure historique et politique* à La Haye, lui consacrèrent des articles très élogieux pour le caractère de l'homme et pour les talents de l'écrivain.

Il ne manqua point non plus d'admirateurs ni de médisants pour lui versifier des épitaphes; et il nous en reste un spécimen dans les deux genres. L'une (1) est d'un certain Artaud, ami et disciple de Bouhours, et n'offre rien de particulier, sinon que l'auteur avant cette occasion n'avait jamais fait de vers : cela est croyable. Pour l'autre épithaphe, un plaisant (l'on a dit Boileau, ce qui n'est ni vrai ni vraisemblable) s'avisa de tourner en quatrain une épigramme que l'abbé de La Chambre avait décochée jadis à l'*alter ego* de Bouhours, au Père Rapin. Le trait en est joli, et vaut qu'on cite la pièce :

> Ci-gît un bel esprit qui n'eut rien de terrestre.
> Il donnait un tour fin à ce qu'il écrivait.
>   La médisance ajoute qu'il servait
>   Le monde et le ciel par semestre.

Si l'on ne doit aux morts que la vérité, il faut convenir que Bouhours n'avait point ici grand sujet de se plaindre. Heureux si, de son vivant, l'on n'eût jamais blessé d'une plus offensante ironie cet homme excellent, et qui n'eut d'autre défaut que de vouloir être quelquefois trop aimable !

La renommée de Bouhours ne fut ni viagère ni étroitement française : elle lui survécut près d'un siècle,

---

(1) Voy. cette pièce à l'Appendice, IV.

comme elle se répandit dans presque toute l'Europe.

Sans compter les journaux de Hollande ou les *Acta eruditorum* de Leipzig, qui annonçaient complaisamment ses ouvrages, les critiques allemands (1) s'occupaient non sans dépit de ce « *notissimus monachus criticus* », de ce « *limati ingenii censor* », dont les *Entretiens*, disaient-ils, avaient « fasciné une foule d'esprits » chez eux aussi bien qu'en France. Non seulement ces cerveaux germaniques, possédés déjà d'érudition forte, devaient être mal disposés pour les grâces un peu futiles et le goût léger du jésuite français, mais ils avaient à son égard une injure nationale à venger : l'Eugène des *Entretiens* n'avait-il pas été si inconsidéré que de mettre en question si un Allemand pouvait être bel esprit, cela dans l'année même (1671) où le jeune Leibniz visitait Paris? En 1694, le lettré Cramer releva l'impertinente boutade d'une façon polie, mais mordante, dans un livret dont le titre explique assez l'objet : *Vindiciæ nominis germanici contra quosdam obtrectatores Gallos* (2), tandis qu'un célèbre professeur d'Amsterdam, Francius, applaudissait par des ïambes latins élégamment aiguisés. En même temps un docteur Braun, de Groningue, avec toute la pesanteur de coups que l'on peut attendre d'un Allemand renforcé d'un théologien, revenait à la charge dans une copieuse dis-

(1) J. Braun, J.-F. Cramer, etc..
(2) Curieux encore à consulter pour l'histoire du goût allemand. Cramer, par quelques détails, n'est point sans rapport avec Lessing; on y reconnaît, du moins à l'état rudimentaire, certains jugements anti-français fixés plus tard par le génie de Lessing. Voyez le livre de M. L. Crouslé : *Lessing et le goût français en Allemagne*, 1863.

sertation *de Bahourii Galli ignorantia et maledicentia* (1) ; mais Bouhours eut cet honneur, qu'en pensant l'attaquer, c'était à la langue, c'était au génie français, que le gallophobe prodiguait en réalité l'insulte.

Si les *Entretiens* émurent les inimitiés d'outre-Rhin, *la Manière de bien penser* fut cause que l'Italie aussi traita Bouhours en adversaire illustre. Il venait de mourir, quand le marquis Orsi, pour la plus grande gloire du Tasse et pour la défense de quelques poètes infimes d'au delà les monts, engagea la lutte d'abord par des dialogues critiques où l'on voit *Gelaste* et *Eristico*, *Eupisto* et *Filalete*, disputer interminablement sur des pointes d'aiguille ; puis par quatre lettres adressées à la savante Mme Dacier. Cet Orsi, qui pédantisait avec une certaine autorité dans le silence morne des lettres italiennes, était tout juste un de ces beaux esprits d'académie, ergoteurs et verbeux ; et ses « Considérations » sont une fort ennuyeuse chose. Un académicien rival, le comte Montani, ayant pris occasion de là pour le quereller furieusement, Orsi entraîna dans la bataille d'imposants renforts, un Bottazoni, un Garofalo, un Baruffaldi, et autres docteurs aussi graves, qui lâchèrent en sa faveur quantité de Raisonnements et d'Observations, de Lettres et de Dialogues. Entre temps dix connaisseurs de style, requis de se prononcer sur les points en litige, envoyaient chacun à l'appui des allégations d'Orsi une consultation motivée ; et d'autre part les journalistes de Trévoux plaidaient avec une

(1) *Dissertatio III, Notæ*, au tome V de ses *Selecta Sacra*, Amsterdam, 1700.

extrême modération la cause de leur défunt confrère. Tout cela en somme dura huit années (1703-1711), mit en mouvement une vingtaine de plumes italiques, et remplit deux gros in-quarto (1), qui ont cet intérêt, à défaut d'autre, de nous montrer sensiblement ce que pouvait alors, et jusqu'à l'étranger, un avis signé de Bouhours.

L'Angleterre, n'ayant point les mêmes raisons d'y contredire, goûtait *la Manière de bien penser* sans réserves. C'est peu qu'Oldmixon s'en soit inspiré dans son *Art de la rhétorique et de la logique;* nous avons sur le livre du jésuite un plus précieux témoignage, celui d'un des esprits les plus souples et les plus pénétrants qui furent au siècle passé, de l'homme qui travailla davantage à franciser le goût anglais, de lord Chesterfield. Dans ces lettres vraiment exquises (2) où il s'évertue à dégrossir l'épaisse nature de son fils, où il l'exhorte si instamment aux « grâces » et encore aux « grâces », le nom de Bouhours vient et revient sous sa plume : « Relisez, écrit-il en 1747, son livre à votre loisir, il vous formera le goût et vous apprendra à penser juste. » Même recommandation l'année d'après ; et encore en 1750 : « Maintenant que votre jugement est plus solide, il me semble que le même livre vaut la peine d'être lu une seconde fois. *Je n'en connais aucun plus capable de former le bon goût...* » Bel éloge à cette date, et venant d'un tel homme.

(1) *Considerazioni del Marchese G.G. Orsi sopra la Maniera di ben pensare...* Modène, 1735, 2 vol.
(2) *Lettres de Lord Chesterfield à son fils Stanhope*, trad. par Am. Renée, 1842, 2 vol.

Cependant la réputation de Bouhours, si fort établie à l'étranger, prospérait en France et y dura tout le dix-huitième siècle. La mention fréquente de son nom par les rhéteurs (1) et les anecdotiers du temps, *la Manière de bien penser* plus de dix fois rééditée (2) depuis sa mort, en sont de suffisants indices, et que confirment deux autorités qu'on ne saurait souhaiter plus diverses ni plus décisives. C'est d'abord le bon Rollin, écrivant en tête de son *Traité des Études* (1725) : « La Manière de bien penser du P. Bouhours m'a fourni de solides réflexions sur ce qui regarde les pensées : ce livre est très propre à former le goût et peut beaucoup aider les maîtres qui le liront avec attention et avec quelques précautions (3). » C'est ensuite Voltaire, qui loge le jésuite dans son *Temple du Goût* (1731), qui l'y montre parmi les gens d'esprit, derrière Bourdaloue et Pascal qui s'entretiennent sur le grand art de joindre l'éloquence au raisonnement, « marquant sur des tablettes toutes les fautes de langage et toutes les négligences qui leur échappent ». Et si l'hommage ne va point sans quelque semonce, si Voltaire lui fait infliger par le cardinal de Polignac ces petits vers :

> Quittez d'un auteur pointilleux
> La pédantesque diligence...
> J'aime mieux errer avec eux
> Que d'aller, censeur scrupuleux,
> Peser des mots dans ma balance...

(1) Voyez par exemple le *Traité de grammaire* de Condillac, passim : Bouhours y est souvent cité et critiqué.
(2) Voyez à l'Appendice, *Bibliographie*, A.
(3) *Discours préliminaire*, III.

c'est ici, comme remarque M. Nisard, reprocher au puriste un goût trop exigeant, non pas l'exclure de cette élite qui a le privilège du goût.

Ce concours de Voltaire et de Rollin caractérise assez bien la double influence que Bouhours était en possession d'exercer sur l'esprit français. Ceux-là y cherchaient le fruit, ceux-ci la fleur. *La Manière de bien penser* demeurait pour tous une sorte de manuel du bon goût, un de ces livres estimés qu'on était sûr de rencontrer dans les bibliothèques sérieuses et ecclésiastiques aussi bien que dans le cabinet du mondain frotté de littérature. Mais la fortune de Bouhours était liée en quelque façon à l'ancien régime; il fallait qu'elle prît fin du jour où fut aboli l'art de noblement et de finement dire, où s'évapora l'*urbanité,* où cette langue aristocratique, délicate et grêle, s'altéra par des événements et par des besoins nouveaux. Bouhours disparut donc dans le bouleversement final du xviiie siècle; et la rénovation littéraire qui s'ensuivit, l'impatience des vieilles règles surannées, les revanches de l'imagination sur l'abus de la raison abstraite, un esprit nouveau s'emparant du style, achevèrent d'effacer sa trace. Les grandes œuvres, celles qui ont remué par quelque endroit l'âme humaine, peuvent subir des oublis momentanés : insubmersibles, pour ainsi dire, elles traversent l'orage, et reparaissent dans la sérénité de leur gloire; mais Bouhours étant de ces génies fragiles, plutôt de mots que de choses, qui sombrent à la première révolution de la mode, son naufrage fut définitif. Si son autorité est encore alléguée au début de ce siècle, c'est par infiniment peu de gens, et de peu de conséquence : dans l'ombre des collèges, dans d'honnêtes feuilles vouées aux vieilles traditions (1), chez ceux enfin qui, par état ou par inclination, font le personnage de retardataires. La Harpe même, qui le nomme dans son Lycée (2), le dédaigne, comme il méconnaît Marivaux — avec qui Bouhours n'est pas tout à fait sans parenté ; — et il taxe crûment ses finesses de galimatias. C'est que dès lors la vogue est passée, le sens à peu près perdu de ces agréments et de ces raffinements. Bouhours ne se lit plus ; de ses œuvres, j'entends les plus intéressantes, nulle réédition moderne : quant à ses opuscules de piété, d'ailleurs d'une onction médiocre, et à ses froides Vies de saints, autant de volumes indéfiniment réimprimés dans un but de propagande religieuse, ce n'est là qu'un article de négoce spécial, dont le débit n'a rien à voir avec la littérature.

Néanmoins, si peu qu'il reste actuellement de Bouhours, il en reste un nom connu (3) ; son rôle est fini, mais l'on soupçonne qu'il a joué un rôle. C'est sous ce nom vague que j'ai tâché de découvrir un personnage vivant ; c'est ce rôle qu'il s'agit maintenant de définir avec une suffisante précision.

(1) Voy. le *Spectateur français au XIXe siècle*, 9e an. (1810), art. 34 et 35.
(2) Deuxième partie, liv. 1, ch. IV, *Critiques*.
(3) On a mentionné dans l'*Introduction* du présent livre quelques témoignages des critiques modernes sur Bouhours. C'est raison d'y joindre deux articles de M. Hiver de Beauvoir, consacrés l'un aux *Entretiens d'Ariste et d'Eugène*, l'autre à *la Manière de bien penser*, et parus dans le *Bulletin du Bouquiniste*, an. 1858, pp. 505 sq, 533 sq.

DEUXIÈME PARTIE

LE POLÉMISTE — LE GRAMMAIRIEN — LE CRITIQUE

DEUXIÈME PARTIE

LE POLÉMISTE — LE GRAMMAIRIEN — LE CRITIQUE

CHAPITRE PREMIER

BOUHOURS POLÉMISTE.

Que Bouhours a sa place dans l'histoire de la controverse au xvii° siècle. — Insuffisance polémique des écrivains de la Compagnie dans l'intervalle de la *Fréquente Communion* aux *Provinciales*. Le P. Petau ; le P. Caussin. — Brisacier et « les hydres de Corcyre ». — La lignée de Garasse. — Annat et Le Moyne. — Bouhours entre en lice avec la *Lettre à un Seigneur de la Cour* et la *Lettre à Messieurs de Port-Royal*. Portée de ces écrits et plan général. — Port-Royal sectaire. Quelques points de rencontre avec Joseph de Maistre. — Port-Royal rebelle : examen du libelle janséniste *Lettre sur la Constance, etc.* — Portrait plaisant de la secte. — Parallèle adroit entre la *Requête* d'Arnauld et la Préface de l'*Institution* de Calvin. — Finesse comique et ironie continue ; apparition du persifflage. — Importance attribuée par les jésuites à la *Lettre à un Seigneur de la Cour*.

La Bruyère, définissant une certaine classe d'ouvrages, dit avec sa justesse accoutumée : « Ils ont cela de particulier qu'ils ne méritent ni le cours prodigieux qu'ils ont pendant un certain temps, ni le profond oubl. où ils tombent, lorsque, le feu et la division venant à s'éteindre, ils deviennent des almanachs de l'autre année. » Notre temps les connaît bien, ces almanachs de l'autre année : maintenant politiques, brochures ou articles de journal, réduits à leur plus mince volume ; théologiques dans le grand siècle, accommodés en lettres ou en dialogues, circulant sous forme de feuilles volantes ou de petits in-douze reliés en veau, ce sont toujours des produits de cette littérature polémique qui s'attaque à des puissances temporaires, flatte des passions d'un jour et, participant de l'action, passe comme elle ou ne dure que par des résultats occultes.

De chacune de ces grandes batailles d'opinions qui remplissent des portions de siècle, après bien du bruit et de la fumée, à peine si la postérité retient un ou deux noms de capitaines illustres : Pascal, Voltaire, Courier, de Maistre, soit qu'ils aient maîtrisé les esprits avec une puissance extraordinaire, soit qu'ils aient prêté à des idées communes une rare et saisissante expression ; encore est-il vrai que la foule qui les admire, les admire souvent de confiance, plus disposée à vanter leur gloire qu'à la vérifier dans leurs œuvres. Mais contre un qui raille ou qui s'indigne ainsi pour l'éternité, combien de renommées subalternes, étouffées bientôt dans le fatras des bibliothèques ! Et cette controverse de la Grâce, d'où sont sorties les *Provinciales*, combien n'a-t-elle pas enfanté de ces pages un moment fameuses, que la curiosité d'aujourd'hui déterre, pour que l'oubli demain les ressaisisse !

Parmi ces pages, il y en a que Bouhours a signées : vieilles pages presque abolies par le temps, curieuses néanmoins, et qui valent encore une lecture. Après surtout que le livre capital de Sainte-Beuve nous a enseigné tous les détours et recoins du Port-Royal, n'éprouve-t-on pas un intérêt particulier à considérer de près le camp opposé, comment les jésuites entendaient la guerre, et quel fut enfin leur champion le plus habile? Mais pour qui veut estimer ici la valeur originale de Bouhours, c'est moins à ses antagonistes qu'il sied de le comparer qu'à ses propres compagnons d'armes et devanciers immédiats : il faut d'abord supputer à quoi se réduisaient en France, pendant le précédent quart de siècle, les ressources polémiques de la Société de Jésus.

De *la Fréquente Communion* (1644) aux *Provinciales* (1657), tandis que florissait la littérature port-royaliste et qu'une suite d'écrits estimables y aboutissait à un incomparable chef-d'œuvre, le malheur des jésuites fut de n'avoir pas une plume française à mettre en avant. C'est une remarque de Joseph de Maistre, que la plupart des novateurs en matière religieuse se rendent habiles dans la langue vulgaire, d'autant qu'ils ont besoin pour le succès de leurs nouveautés des femmes et des gens du monde. Sans pousser la chose au paradoxe, on ne peut nier du moins que l'*Aurelius* de Saint-Cyran, que l'*Augustinus* de l'évêque d'Ypres n'eussent point suffi par eux-mêmes au discrédit des jésuites et au triomphe de la Grâce efficace, et que *la Fréquente Communion* d'Antoine Arnauld, écrite dans une langue claire, saine et solide, un peu monotone et traînante à nos oreilles modernes, mais qui n'en devait pas moins, à sa date et en son genre, passer pour merveille, fut comme le premier signal des conquêtes du jansénisme.

L'éclat que fit ce livre aurait dû avertir les jésuites du terrain dangereux où leurs adversaires allaient porter la lutte, et combien il était urgent pour eux-mêmes d'y exercer leur inexpérience. Au coup droit d'Arnauld ils ripostèrent bien par un traité de *la Pénitence publique,* mais ils le firent avec une telle rusticité de forme et des moyens de discussion tellement surannés, qu'autant valait le silence. L'auteur citait d'entrée de jeu Démosthène et Diodore, il remémorait, par allusion « au sieur Arnauld », je ne sais quelle vieille coutume « louable, voire nécessaire à ceux qui ont le gouvernement en main », suivant laquelle tout promoteur de nouveautés devait paraître en public « la corde au col attachée d'un nœud coulant », afin que, « si son ouverture n'agréait, il fût incontinent étranglé ». Arnauld ainsi traité, on passait à son livre... : « Comme il se *treuve* des corps qui poussent au-dehors des qualités nuisibles, et dit-on qu'il est des yeux à double prunelle dont les regards ensorcellent ceux qu'ils ont envisagés. Or, qu'il en soit de même de ce livre, nous en avons de fortes preuves (1). » Et pourtant c'était un personnage d'une capacité rare qui débitait ces bouffonneries, érudit profond, théologien rompu au métier, l'un des plus savants hommes de son ordre et de son siècle, le P. Petau ; mais il manquait éminemment du don d'écrire. Or, en ce temps-là, les meilleures têtes de la Compagnie étaient faites sur le même modèle : c'étaient gens de labeur et de doctrine, bardés de scolastique, écrivant, parlant latin du matin au soir, et non pas seulement le rude latin de l'école, mais parfois aussi un latin cicéronien ou virgilien par où s'exprimait en noble prose, en vers agréables, ce qu'ils avaient dans l'esprit de finesse et d'élégance :

(1) *De la Pénitence publique*, liv. 1, ch. 1.

quant au français, il ne leur était guère plus qu'un patois de rencontre, bon pour les usages de la vie courante. La plupart n'en soupçonnaient ni le mécanisme propre, ni les perfectionnements récents, et chaque fois qu'il leur fallait s'y aventurer, ils y faisaient preuve de la plus inconcevable gaucherie. Tel d'entre eux, comme celui qui releva un jour si vivement les humanistes de Port-Royal (1), avait de l'esprit en latin ; se mêlait-il d'écrire en français, adieu l'atticisme et les grâces, et c'était à se demander si le P. Vavasseur était bien le même homme que Vavassor.

Cette année 1644 fut pour les jésuites la plus stérilement féconde en essais de controverse antijanséniste. Pendant que Petau s'escrimait obscurément contre « la Fréquente », plusieurs Pères réfutaient sans plus d'avantage l'injurieuse compilation de *la Théologie morale des Jésuites*. Pinthereau, dans ses *Impostures et Ignorances* (2), est illisible. Le *Manifeste apologétique* de Le Moyne (3), d'une hâblerie plus amusante, d'un ton bizarre que l'on appréciera plus loin, ne se peut guère prendre au sérieux. De Caussin l'on pouvait espérer davantage. Ce religieux, qui a des droits à l'attention de l'histoire, était à coup sûr un homme de talent, plus que cela, de conscience et de caractère. Confesseur de Louis XIII en même temps qu'il l'était de Mlle de Lafayette — cette La Vallière vertueuse qui

---

(1) Vavasseur, *De Epigrammatum delectu.*
(2) *Les Impostures et les Ignorances du libelle intitulé* la Théologie morale, etc., 1644.
(3) *Manifeste apologétique pour la Doctrine des Casuistes..*, 1644.

pouvait tout sur le cœur du roi, — il avait employé contre Richelieu, dont la politique de fer le scandalisait, son double ascendant, et s'était brisé, plutôt que de fléchir, à la dure justice du cardinal. Déporté au fond de la Bretagne, privé de toute charge dans sa compagnie, surveillé comme un prisonnier, il honora son exil par de bien belles lettres, trop peu connues, dont le style nombreux, imagé, offre un surprenant caractère de noblesse et de grandeur (1). Mais Caussin, qui se montrait ici écrivain de marque, n'était plus dans la controverse qu'un manœuvre de plume aussi vulgaire que les autres: une fatalité de platitude, une routine de méchant style l'induisait à de grotesques indignations et à de pires plaisanteries, tantôt à s'étonner « comme il y peut avoir des hommes au monde qui naissent ainsi que des

(1) Voyez surtout la grande lettre du P. Caussin à Mlle de La Fayette, réimprimée par le P. Ch. Daniel dans son curieux opuscule: *Une Vocation et une Disgrâce à la Cour de Louis XIII*, 1861. — J'en détache ici une page éloquente. Après d'amères réflexions sur les maux de son exil, Caussin ajoute:

« Il me semble qu'après cette tourmente de la cour, je suis entré dans une île fortunée où je ne reçois plus que des grâces. Tantôt je me promène sur le grand théâtre de la nature, où toutes les créatures me servent de degrés pour aller à Dieu. Je sens plus que jamais l'éternité de mon âme dans le commerce des intelligences et des êtres. Tantôt je repasse dans ma mémoire les saints mystères de la théologie. Tantôt j'entre dans le grand labyrinthe des temps où je vois passer tant de têtes couronnées comme l'écume des flots de la mer. Mais partout je pénètre par la contemplation dans les profonds abîmes du Verbe incarné, et dans le sein de la Croix où se trouve le remède à toutes les douleurs de la vie... Je suis le maître de mon temps et le roi de moi-même, sans regret du passé, sans perte du présent, sans crainte de l'avenir. Quelquefois je mets la main à la plume et je travaille déjà pour ceux qui naîtront d'ici à plusieurs siècles. »

Remarquez la date, 1637: combien de gens alors parlaient une telle langue? Ne dirait-on pas du Balzac, avec moins d'artifice peut-être, et plus d'accent?

poisons et des serpents, et qui n'ont d'autre métier en cette vie que d'infecter des vérités, semer des médisances, ronger des noms et piquer des cœurs » ; tantôt à assurer de son adversaire « que la chose que Momus désirait au taureau, *qu'il eût l'œil sur la corne et non pas la corne sur l'œil*, serait désirable en cet auteur ». C'était le ton de sa Réponse aux jansénistes (1).

Ce pitoyable train de polémique dura jusqu'aux *Provinciales* : les volumes avaient beau se suivre : nul changement, nul progrès. L'on arriva ainsi au *Jansénisme confondu* de Brisacier, chose unique, incomparable pour l'énormité du ridicule, mais dont l'observateur peut se servir comme d'un verre grossissant, pour voir à plein l'absurdité de tout ce procédé polémique. Ayant ouvert le premier chapitre de son factum par déclarer que l'hérésie janséniste est « un hydre effectif et réel, témoin Pline, livre VI, et Ælian, livre XVI », voici sur quels arguments Brisacier étaye cette proposition capitale : C'est, dit-il en apostrophant son adversaire, « que comme l'hydre fait son séjour dans les eaux et fort peu sur la terre, votre erreur flotte sur l'instabilité de vos esprits frétillants ; que comme les hydres sont changeants en couleur et marquetés de diverses taches, ainsi l'êtes-vous en votre doctrine trompeuse et tachée en quantité d'articles erronés ; et que comme les hydres de Corcyre se tournent contre ceux qui les suivent, et

---

(1) *Réponse au libelle intitulé* la Théologie morale, etc., Rouen, 1644. — Il y a aussi du même, à la même date, une *Apologie pour les Religieux de la Compagnie de Jésus à la Reine Régente* : morceau plutôt oratoire, et d'ailleurs médiocre.

les empestent par la seule odeur de leur venin, ainsi faites-vous, Monsieur le maître, à tous vos disciples qui vous suivent... »

Que s'il fallait définir cette école surannée, l'on en peut marquer le type en deux ou trois traits, plus ou moins accusés selon les cas, d'ailleurs constants : l'étalage d'une érudition incongrue et bizarre; à tout propos des comparaisons tirées de la sorcellerie, de l'astrologie, de l'alchimie, et qui mêlent dans cette dialectique de moine on ne sait quoi du grimoire d'un médicastre : une profusion de textes de l'Ecriture fantasquement tournés en invectives personnelles; nulle ironie, peu de pointe ; en guise de raillerie un burlesque colérique et injurieux, assaisonné parfois d'allusions au bûcher, à la potence, et d'autres gentillesses semblables, qu'il ne faut pas à la vérité prendre au sérieux, mais tout bonnement pour des agréments de style d'un goût archaïque et singulier. Telle était à peu près la manière de Garasse et de cette lignée de Garasse (2) qu'on vit se propager jusqu'au cœur du grand siècle. Tandis que le goût s'était affiné, la langue dégrossie, assouplie, nettoyée de la fausse érudition, ils en étaient encore au même point que les pamphlétaires ou les sermonnaires du temps de la Ligue. Qu'on s'imagine, en face d'ennemis alertes, exercés au maniement d'armes neuves et précises, des troupes disciplinées à la vieille mode, cou-

---

(1) *Le Jansénisme confondu dans l'Avocat du Sieur Callaghan*, 1651.
(2) Consultez sur la personne du P. Garasse et sur le ton des pamphlétaires contemporains, dont Garasse est le parangon grotesque, le livre de M. Ch. Lénient, *la Satire en France au* XVIe *siècle*, 1865.

vertes d'armures gothiques et s'escrimant pesamment avec des ferrailles hors d'usage.

Le coup de foudre des *Provinciales*, éclatant sur ces entrefaites, ne fit qu'éclairer cette misère. Si l'écrasante supériorité de Pascal rendait une défaite inévitable, du moins il aurait pu y avoir une résistance sérieuse et une belle retraite. Il n'y eut rien du tout que Nouet, et Pirot, et Annat.

Le P. Daniel, un correct et judicieux esprit de la suite de Bouhours, avoue dans ses *Entretiens* sur les *Provinciales* que la réponse de Nouet (1) tomba à plat et méritait son sort. Non pas que cette apologie manque absolument de savoir et de bon sens; même on y trouverait çà et là d'ingénieux arguments, et qui, mieux présentés, pouvaient être de quelque poids : mais que dire, au demeurant, d'une compilation indigeste et décousue, où l'on osait s'attaquer à Pascal avec des phrases de cette force : « C'est tout l'avantage de ce mauvais écrivain (!) *qui*, n'ayant ni solidité, ni science, ni vérité, a eu recours à son fort *qui* est la bouffonnerie, *qui* seule a donné cours à son ouvrage, *dont* il n'a pas été avare, *le distribuant pour rien à plusieurs aux dépens de tout le parti et des aumônes du jansénisme.* »

Pirot, dans son *Apologie des Casuistes* (2), vous a des raisons tout aussi convaincantes : « Et pour cet impie secrétaire » (c'est toujours Pascal), « il devrait, dit-il,

---

(1) *Réponse aux Lettres provinciales*, 1657.
(2) *Apologie pour les Casuistes contre les calomnies des Jansénistes*, 1657. — Il est juste d'ajouter que la Compagnie jugea le livre si mauvais qu'elle le désavoua.

craindre ce qu'autrefois on pratiquait à Lyon envers ceux qui ont composé de méchantes pièces : on les conduisait sur le pont et on les précipitait dans le Rhône. »

Le P. Annat était, après tout, préférable, et ce n'est pas beaucoup dire : mieux doué et plus poli que ceux-là, peut-être qu'il eût raillé passablement, s'il avait possédé les finesses de sa langue, mais il ne paraît point qu'il y fût grand clerc. Annat est homme à intituler un libelle contre le miracle de la sainte Epine « *le Rabat-Joye des Jansénistes* », et cela en vertu de cet aphorisme préliminaire que « la joie, quand elle est excessive, fait préjudice à la santé du corps » ; d'où il résulte que, les choses allant tout de même dans l'ordre spirituel, c'est raison et c'est charité de modérer les les transports de joie des miraculés de Port-Royal. Ailleurs (1) il combat le mal de l'hérésie par la « thériaque » de la saine doctrine. Et voilà le goût de celui qui en manquait le moins.

Toutefois un autre jésuite existait, auquel on ne saurait dénier un véritable talent littéraire, mais de ce talent fleuri, prolixe et boursoufflé, tout d'imagination, qui est justement l'opposé de la netteté et de la vigueur polémiques. C'était le P. Le Moyne ; et il est sûr que les jésuites perdirent peu en ne l'employant pas : le manifeste qu'il avait composé naguère faisant assez présumer quelle figure il eût faite aux prises avec Pascal. En ce genre de littérature pratique et militante, où l'écrivain se doit effacer, pour ainsi dire, devant la cause servie,

---

(1) *La Bonne Foi des Jansénistes*, 1657.

où l'élégance rapide d'un coup bien porté est la seule qui soit de mise, Le Moyne s'amuse à faire le bel esprit, à vous éblouir de ses bigarrures, à vous étouffer de ses fleurs, et, se donnant lui-même en spectacle, vous distrait du combat et de l'adversaire. Il s'oublie dans les phrases, il agence des antithèses, il court après les tropes, bien plus qu'il ne conduit des raisonnements : au lieu de démontrer avec force en quoi les jésuites sont calomniés, il vous dépeint la calomnie comme « une effrontée qui court sous le masque d'une religieuse », et qui « ne serait pas satisfaite, si elle avait retenu une goutte de son venin et n'avait essayé sur les jésuites toutes ses dents et tous ses ongles ». « Croit-on, dit-il encore pour la défense des jésuites français, que les mêmes ciseaux qui nous coupent les cheveux nous coupent le sens ? » et que le même jour que nous prenons une soutane, il se fasse en notre corps une générale révolution d'humeurs et il nous vienne un nouveau sang dans les veines ? Et sans doute qu'une ironie simple et pénétrante l'aurait moins satisfait que ce cliquetis de pointes et d'antithèses que sa verve extravagante lui fournit à foison. Le bonhomme Annat et son argumentation terne ennuyaient ; Le Moyne, avec ses faux brillants, eût fait rire. Les autres n'entraient même pas en compte.

Les choses changèrent cependant, quoique un peu tard. Impatients des échecs de l'ordre, honteux de l'insuffisance de leurs aînés, quatre ou cinq jeunes jésuites avaient déjà rompu avec les vieilles routines, s'appliquaient ardemment à l'étude de la langue, et pour la pureté, l'exactitude et l'élégance, renchérissaient sur les solitaires de Port-Royal (1). En tête de cette jeune école marchait Bouhours ; et juste dix années après les *Provinciales*, — un des épisodes marquants de la guerre entre molinistes et jansénistes, l'affaire du Nouveau Testament de Mons lui en fournissant l'occasion, — il entrait en lice avec sa *Lettre à un Seigneur de la Cour* et sa *Lettre aux Ecclésiastiques de Port-Royal*. On a vu précédemment l'ordre des faits, le succès des lettres, et qu'elles furent écrites au sujet d'une Requête présentée au Roi par Antoine Arnauld contre celle de messire d'Aubusson, archevêque d'Embrun ; il reste à examiner le dessein et la composition de ces petites pièces qui marquèrent une évolution si décisive dans la controverse des jésuites.

La *Lettre à un Seigneur de la Cour*, sous prétexte de défendre un évêque agressif des représailles de Port-Royal, a de fait une bien autre portée ; elle dépasse les circonstances présentes, elle frappe, en l'enveloppant, le jansénisme tout entier. Il est vrai que ce dessein général ne paraît pas nettement à première vue, faute d'un plan régulier qui simplifie la marche de la réfutation. Bouhours s'avance un peu à l'aventure, fait des crochets et des sauts, assujetti qu'il est à suivre pied à pied son adversaire janséniste ; mais aussi, de chaque point attaquable de la Requête, il se fait comme un centre d'opérations plus étendues, lance des pointes alentour, et bat tant de

---

(1) Racine écrit : « Les Jésuites s'en prenaient à une certaine politesse de langage qu'ils leur ont reprochée longtemps comme une affectation contraire à l'austérité des vérités chrétiennes. Ils ont fait depuis une étude particulière de cette même politesse... » (*Abrégé de l'Histoire de Port-Royal*.)

pays, qu'il se trouve avoir enfin mené contre le jansénisme une campagne en règle.

Et d'abord sa tactique est simple autant qu'adroite. Laissant là l'ennuyeux détail théologique, rebattu cent fois et qui ne convainc personne, il ne s'occupe ni à spécifier les fautes qui entachent d'hétérodoxie la Version de Mons, ni à scruter les cinq propositions de Jansénius, ni à aucune de ces subtilités dogmatiques où la contestation est éternelle. Cette thèse fameuse de la distinction du droit et du fait, il y touche à peine, et c'est pour déclarer, avec la seule autorité du bon sens, que la question de fait qu'on agite n'est rien qu'un stratagème pour sauver subrepticement le droit. Loin donc de s'enfoncer en ces débats ténébreux, il manœuvre au grand jour, il entame le jansénisme par son côté plus manifeste et palpable ; je veux dire qu'il y met en évidence ce caractère d'indépendance et de résistance qui, en religion, signifie infailliblement la secte ; satisfait d'avoir convaincu des sectaires, sans déduire en quoi ils le sont. Les solitaires de Port-Royal se comportent en tout comme des hérétiques, l'hérésie est donc à Port-Royal : c'est en deux lignes tout le raisonnement où se fonde la *Lettre à un Seigneur de la Cour*. La conclusion va de soi, la majeure une fois démontrée ; et, en guise de preuve, il ne s'agit que de crayonner un portrait, de nous représenter une assemblée de docteurs inquiets et indociles, entêtés de leur propre sens, sourds aux condamnations qui les accablent, insaisissables à force de faux-fuyants et de réticences, indomptables par leur opiniâtreté : toute chose qui tombe sous la vue, qui ne requiert ni un puissant effort dialectique chez l'écrivain, ni, de la part du lecteur, la moindre compétence théologique ; toute chose enfin qu'un homme d'esprit peut dire et qu'un homme du monde peut entendre. Pascal de même, engagé dans ses premières Lettres en des disputes métaphysiques où la plupart auraient eu peine à le suivre, s'était jeté, par un changement de front victorieux, sur la morale des casuistes. Mais Pascal a cet avantage, que la méchante casuistique flagellée par ses mains a de quoi émouvoir toutes les curiosités et soulever toutes les consciences ; au lieu que le point de vue de Bouhours, valable pour les catholiques orthodoxes, ne l'est aussi que pour eux seuls. A quiconque ne serait point prévenu de la nécessité de l'unité religieuse, à l'incrédule, au dissident, sa démonstration demeure indifférente : Pascal est compris, partout où pense un honnête homme.

Après une manière d'exorde, à la fois modéré et goguenard, où il concède à la Requête de Port-Royal « quelque chose d'assez éclatant pour éblouir, de la politesse et des endroits assez délicatement touchés », tout en ajoutant que « l'on a fait pour cette Requête ce que les poètes font ordinairement pour leurs pièces de théâtre, qu'on en a fait des lectures secrètes dans les ruelles, qu'on a mendié les suffrages de ces personnes que le monde regarde comme les arbitres du mérite », Bouhours entre en matière sur un mot d'Arnauld, dont il essaie de tirer une offense envers la majesté royale :

« M. Arnauld trouve mauvais que M. l'archevêque d'Embrun ait comparé notre grand monarque avec un conquérant [Cyrus] que Dieu menait comme par la main en toutes ses entreprises ; il aime mieux le comparer avec un prince [David] qui fut trompé par un méchant serviteur. Il lui importe peu que le Roi soit conquérant, mais il lui importe extrêmement que le Roi ait été trompé. Il veut que cela soit ; il tâche de le persuader à tout le monde et à Sa Majesté même. Mais comment prouve-t-il ce fait, qui est le fondement de tout son discours et qu'il était fort à propos de bien prouver ? Les princes sont exposés à être quelquefois surpris : David l'a été en une rencontre ; Charles le Chauve a déclaré par une loi expresse qu'en cas qu'il le fût, ses sujets étaient obligés de l'en avertir : voilà les preuves par lesquelles il établit que Sa Majesté a été surprise. Ne sont-elles pas solides et convaincantes ? Qui eût jamais deviné que les Capitulaires de Charles le Chauve eussent entré dans la requête de Port-Royal pour prouver que Louis XIV a été surpris dans l'affaire des Jansénistes ? »

Tout ceci n'est encore qu'un agréable badinage dans le goût habituel de Bouhours ; mais l'ironie ne tarde pas à devenir plus sérieuse, lorsqu'ayant montré que le Roi n'a rien fait ici que dûment informé et selon le vœu de toute l'Eglise, il s'écrie :

« Que voulez-vous, Monsieur ! c'est le style des Jansénistes d'accuser de surprise tous ceux qui ne sont pas de leur sentiment. A les ouïr parler, les Papes ont été surpris, quand ils ont condamné le livre de Jansénius ; les évêques de France l'ont été, quand ils ont dressé un formulaire dans l'Assemblée générale du clergé ; Faculté de théologie a été surprise, quand elle a effacé nom de M. Arnauld du catalogue des docteurs.... »

N'est-ce pas là en effet, saisi par une plume ennem et railleuse, tout le jansénisme contentieux des Arnauld l'autorité du pape dans la catholicité, la juridiction de évêques dans leurs diocèses contestées ou éludées toutes les sentences qui les frappent arguées d'abus et nullité ; à chaque fois toute chose remise en question des réappels sans fin, un procès éternel ? Bouhours, qu voit bien cela, n'a garde aussi d'oublier le trait le plu caractéristique du parti : « Ils ne se font nul scrupule d se révolter contre l'Eglise et contre toutes les puissance mais ils se font scrupule de souffrir qu'on leur reproch leur révolte. Cela me fait souvenir de ces femmes qu font fort les prudes et qui ne sont pas fort sages : si l'o dit un mot contre leur honneur, elles font autant d bruit que si elles étaient chastes comme des Vestales ; ils trouvent étrange qu'on les traite d'hérétiques ; c'e là, à les entendre, une atroce calomnie dont ils deman dent justice au Roi : pendant que le Roi lui-même l qualifie de sectaires et de fauteurs d'hérésies; que l Clergé de France, que les Parlements, que les Univer sités, que les ordres religieux, que les docteurs catho liques leur donnent le même nom ; qu'enfin (et ceci c le dernier coup) une seule espèce de gens les reconnais sent pour orthodoxes, à savoir les Calvinistes. C'e après cet imposant défilé de témoins que l'apologiste d M. d'Embrun hausse le ton, et conclut non sans élo quence : « L'auteur de la Requête de Port-Royal a tor de se plaindre de la liberté de l'archevêque d'Embrun, qui a parlé comme toute la terre parle et comme la postérité parlera. Mais tous les catholiques ont le droit de se plaindre de la hardiesse d'un homme qui ose dire que l'hérésie de Jansénius est une hérésie imaginaire, que l'Eglise a pris un fantôme pour une chose réelle, et que la doctrine qu'elle a condamnée dans un livre ne se trouve nulle part. »

Bien plus, dans leur obstination à demeurer de l'Eglise en dépit de l'Eglise, MM. de Port-Royal vont jusqu'à imaginer que leur doctrine est agréée à Rome, et l'opiniâtre Arnauld n'est pas éloigné de se donner pour un homme précieux au Saint-Siège ; de manière qu'on dirait, par un renversement étrange, que leurs ennemis sont ennemis publics de la foi, et que ce sont eux les orthodoxes. Ces prétentions suggèrent à Bouhours une ingénieuse page ; il feint qu'ayant supposé, sur la foi de la Requête, qu'ils avaient quelque fondement de parler ainsi, il a « eu la curiosité de lire tout ce qui est venu de Rome sur le chapitre des Jansénistes, pour voir s'il n'y avait rien qui leur fût favorable » ; et il entre par ce biais dans une énumération détaillée de tous les décrets, bulles et brefs par où les papes, depuis vingt ans, ont lancé l'anathème au jansénisme ; puis quittant cette triomphante ironie : « Après cela, demande-t-il, est-ce une chose supportable qu'ils soutiennent à Sa Majesté, sans fondement, sans preuve, sans apparence, que leur foi a été solennellement approuvée par le Saint-Siège ? Comment osent-ils citer pour eux ce qui a été fait contre eux ?... »

Dans cet ensemble de passages apparaît comme un présage du grand de Maistre. Ce qu'on voit ici légèrement effleuré, celui-là s'en emparera derechef avec cette vigueur qui le distingue et y mettra la griffe du lion ; ce qui flotte épars dans la lettre du jésuite, il le ramassera en un faisceau serré ; et nous aurons enfin la page noblement violente qui ouvre son chapitre sur le jansénisme, cette page où la sagacité de Sainte-Beuve reconnaît la plus redoutable critique dont on ait jamais atteint Port-Royal au défaut de l'armure :

« L'Église, depuis son origine, n'a jamais vu d'hérésie aussi extraordinaire que le jansénisme... Le jansénisme nie d'être séparé ; il composera même, si l'on veut, des livres sur l'unité, dont il démontrera l'indispensable nécessité ; il soutient, sans rougir ni trembler, qu'il est membre de cette Église qui l'anathématise. Jusqu'à présent, pour savoir si un homme appartient à une société quelconque, on s'adresse à cette même société, c'est-à-dire à ses chefs, tout corps moral n'ayant de vie que par eux; et dès qu'elle a dit : *Il ne m'appartient pas*, ou *Il ne m'appartient plus*, tout est dit. Le jansénisme seul (1) prétend échapper à cette loi éternelle. Il a l'incroyable prétention d'être de l'Église catholique malgré l'Église catholique ; il lui prouve qu'elle ne connaît pas ses enfants, qu'elle ignore ses propres dogmes, qu'elle ne com-

---

(1) Non pas tout seul peut-être, mais du moins plus que les autres. De Maistre exagère ici pour le besoin de sa thèse. Bouhours, au contraire, s'attache à montrer dans ce procédé du jansénisme un point commun avec des hérésies antérieures, et il cite des textes qui ne permettent pas le doute. Ce qui est vrai, c'est que le jansénisme a usé de cet artifice avec une industrie et une opiniâtreté qui frappent d'abord, et le marquent d'un trait distinctif.

prend pas ses propres décrets, qu'elle ne sait pas lire enfin; il se moque de ses décisions, il en appelle, il les foule aux pieds, tout en prouvant aux autres hérétiques qu'elle est infaillible et que rien ne peut les excuser (1). »

Les rencontres de pensées, même d'expressions, sont manifestes : bien qu'après ces accents de Joseph de Maistre, si tonnants et si vibrants, la voix de Bouhours ne semble plus à notre oreille qu'un écho s'affaiblissant dans le lointain.

Non content de s'en prendre à l'intime esprit de MM. de Port-Royal, à ce souffle de superbe et d'indocilité qui les anime, Bouhours va plus avant; il s'applique à tirer de leur conduite la preuve d'une rébellion effective contre les autorités ecclésiastiques et séculières, et les ayant déjà déclarés hérétiques, il ne les lâche point qu'il n'en ait fait des factieux. Là, son animosité se donne libre cours, et ramasse partout des armes. Les vertus mêmes et jusqu'à la retraite de ces solitaires leur sont imputées à crime. Un asile où fleurit obscurément le renoncement chrétien, la mortification, l'amour plus parfait de Dieu, voilà le Port-Royal selon Arnauld. — Non pas! répliquerait volontiers Bouhours, mais un nid de mutins qui complotent, une officine où s'élaborent de pernicieux libelles, un repaire où des coupables fuient les atteintes de la loi et se font un mérite de la nécessité qui les presse... Et il se complaît à décrire

---

(1) *De l'Eglise gallicane*, chap. III (Du Jansénisme. Portrait de cette secte).

cette activité souterraine et tortueuse, cette démangeaison de cabales, tout ce qui se mêle enfin d'intrigues et de passions humaines dans la piété de ces hommes, trop traités en conspirateurs pour ne pas l'être un peu devenus :

« Ce sont *des gens de bien*, qui n'ont *nulles prétentions dans le monde, des solitaires* qui ne se cachent que *pour mieux servir Dieu dans la retraite et dans le silence, des prêtres dont la vie est irréprochable*, des chrétiens qui ne se conduisent que par les *maximes de la conscience et de la religion*. Voilà les éloges qu'ils se donnent eux-mêmes avec une modestie toute chrétienne. Mais, Monsieur, ces gens de bien ont une haine enragée contre leurs adversaires ; ces hommes détachés de la terre ont des intrigues à la cour, font des assemblées secrètes et remuent toutes sortes de machines pour venir à leurs fins ; ces saints solitaires sont occupés nuit et jour à composer des libelles scandaleux dont ils remplissent la France ; ces bons prêtres mettent leur piété à mépriser les ordonnances de leur archevêque, quand elles ne leur sont pas agréables ; enfin ces parfaits chrétiens ne font nul scrupule de déchirer en toute rencontre de grands prélats... »

Bouhours, en ne voulant voir de Port-Royal que ce manège politique commun à tous les partis, exagère visiblement, et ne fait point justice, mais quoi! c'est la polémique même d'exagérer et d'être injuste. Après cela, quoi d'étonnant que de deux ou trois faits choisis et colorés avec art il compose un monstre menaçant pour la sûreté de l'État; qu'il fasse rejaillir sur tout Port-Royal un vieux pamphlet antifrançais de Jansénius (1) ou les menées de quelques ecclésiastiques du parti pendant les troubles de la Fronde; qu'il aille chercher dans tous les recoins du passé de quoi rendre inquiétant l'avenir? Il faut dire qu'une certaine *Lettre sur la Constance et le Courage qu'on doit avoir pour la Vérité*, factum janséniste publié en 1661 à l'occasion de la signature du Formulaire, donnait aux jésuites de fortes prises, et qu'un aussi habile homme que Bouhours ne devait pas négliger. C'était un écrit plein d'un zèle amer, d'un mysticisme orageux et sombre, où les jansénistes étaient représentés comme autant d'hosties saintes, en butte à une tyrannie diabolique qui rappelait les persécutions primitives. Certes, il y a quelque chose de touchant et de poignant dans ce cri d'une conscience qu'on sent que le martyre n'effraye pas; mais il est sûr aussi que Bouhours n'avait pas à presser beaucoup le texte d'un tel écrit pour en tirer les discours les plus graves contre l'autorité, pour le convertir en un traité exprès « de la Désobéissance ».

Ce chef important d'accusation, auquel il touche dans sa première Lettre, se trouve développé à fond dans la *Lettre à Messieurs de Port-Royal*, réfutation détaillée de l'apologie du libelle janséniste que Nicole avait publiée dans l'intervalle (2). Bouhours avait ici la partie belle : reproduire, sans même les discuter, ces exhortations à ne point faiblir, ces mépris des ordres souverains, ces malédictions empruntées mot à mot aux Pères de l'Eglise

(1) *Mars Gallicus*, 1635.
(2) *Lettre à M*gr *l'Archevêque d'Embrun, où l'on montre l'imposture insigne de son Défenseur touchant la* Lettre sur la Constance, etc.

et dont rien n'est changé que l'objet, c'était la meilleure façon de répondre. Quand les jansénistes s'appliquent cette phrase de saint Cyprien : *Les Infidèles, les Juifs, et les Hérétiques nous menacent, et tous ceux dont Satan obsède l'esprit et le cœur témoignent de leur rage envenimée par leurs paroles furieuses*, quand ils se prévalent de l'éloquence des confesseurs ; Bouhours les somme de s'expliquer sans figure ; il écrit en toutes lettres les noms qu'ils prononcent tout bas ; il leur demande « qui sont ces méchants, ces hérétiques, ces infidèles qui les menacent et qui les persécutent ? qui sont ces ennemis de Dieu et ces adversaires de la vérité qui leur mettent les armes à la main ? qui sont ces hommes aveuglés par les ténèbres de leurs vices, que Satan obsède et qui imitent la conduite de l'Antechrist ? » Qui donc, sinon leurs supérieurs, le Pape, le Roi, l'Archevêque de Paris ? En sorte que ces mêmes anathèmes que les Pères fulminaient contre les tyrans persécuteurs des fidèles, sont par eux rejetés sur les puissances légitimes qui gouvernent l'Eglise. Quant à eux, si on les croit, ils sont justement « des Mathathias pour venger la loi de Dieu ; des Élies pour soutenir les intérêts du ciel ; des Daniels pour défendre la vérité opprimée ; des enfants de la fournaise pour triompher *d'un monarque victorieux* ».

Et pour ce qu'ils ajoutent, que cette résistance qu'ils vont prêchant au peuple est toute spirituelle et ne connaît d'armes que la patience et la prière : « Croyez-moi, Messieurs, leur répond judicieusement Bouhours, il y a danger que votre exhortation à la désobéissance ne fasse plus d'effet que votre exhortation à la patience... Après avoir excité les peuples à ne point se soumettre, pensez-vous les retenir en les priant de se laisser égorger ? » Et là-dessus il observe que les huguenots de l'autre siècle en disaient tout autant, Jean Huss de même, et que ces belles paroles semées dans le peuple n'ont pas laissé d'y germer en des guerres sanglantes ; bien plus, il ne fait pas difficulté d'assimiler de tout point les prêtres de Port-Royal aux terribles prêtres du Thabor : « Après les libelles diffamatoires, vous pousseriez les choses plus loin, aussi bien que les Hussites, si vous aviez affaire à un empereur Sigismond!... » C'est Bouhours qui semble ici pousser les choses un peu loin ; il veut trop prouver, et il passe le but. Des sectateurs de Jean Huss aux disciples de Saint-Cyran, quel infranchissable abîme ! Hé ! quoi, le pacifique Nicole, et Hamon, et Saci, et Lancelot, ces citoyens débonnaires, ces respectueux sujets, est-ce bien eux de qui l'on veut parler ? sont-ce là ces rebelles prêts à tout mettre à feu et à sang ? Et ne savons-nous pas d'ailleurs que le jansénisme manquait de force expansive ; qu'il était de ces doctrines faites pour un petit nombre, qui peuvent bien diviser les consciences et contrister l'Église, mais non pas mettre les armes aux mains violentes des foules ? Toutefois cette vérité pour nous évidente, observateurs désintéressés et éloignés que nous sommes, devait paraître moins claire à des contemporains et à des adversaires ; et l'on conçoit bien que l'avenir du jansénisme ait pu alarmer longtemps les plus fermes intelligences.

Revenons à la *Lettre à un Seigneur de la Cour*, dont

celle-ci n'est rien qu'un développement accessoire. Après y avoir fourni mainte preuve de cet esprit séditieux qu'on respire à Port-Royal, Bouhours se résume, et, d'un crayon léger et spirituel au possible, il retrace la physionomie même de la secte : fine esquisse, mais qu'il juge à propos de ne pas signer, l'attribuant à certain ami qu'il a, très au courant des choses de Port-Royal :

« Ces humbles solitaires (lui fait-il dire) ressemblent fort à ces anciens philosophes qui cachaient un grand orgueil sous une modestie apparente. Il n'y a rien qu'ils ne sacrifient à l'ambition secrète qu'ils ont de s'élever au-dessus du reste des hommes. L'esprit de domination est l'esprit qui les possède : ils veulent absolument être chefs de secte. Ce sont de nouveaux apôtres qui prétendent établir un nouvel Evangile dans le monde : le Pape et la cour de Rome leur font pitié ; l'Eglise sera toujours dans la confusion et dans le dérèglement jusqu'à ce qu'elle soit gouvernée par leurs conseils.

« Ces messieurs ont un amour-propre incroyable ; ils adorent toutes leurs pensées ; si l'on n'est de leurs amis, on n'est point ami de la vérité ; pour être honnête homme et vraiment chrétien, il faut être dévoué à tous leurs sentiments et trouver admirable tout ce qui vient d'eux. Avec cela vous pouvez tout faire impunément. Pourvu que vous blâmiez la conduite de M. l'archevêque de Paris, que vous disiez des injures à M. l'archevêque d'Embrun et que vous haïssiez le P. Annat de tout votre cœur, votre salut est assuré, votre prédestination est indubitable (1). »

(1) Cette phrase rappelle un peu le mot de Saint-Evremond

Il est malaisé, en dépit qu'on en ait, de ne point sourire à ce dernier trait ; cela est trouvé, cela achève excellemment un morceau où tout d'ailleurs est peint au vif et de main d'ouvrier. C'est ici Port-Royal vu sous un mauvais jour et par ses fâcheux côtés, têtu, rancuneux, cabaleur, mais enfin c'est Port-Royal. Ce janséniste si remuant, si intraitable, si sûr de la prédestination des gens moyennant qu'ils haïssent le P. Annat de tout leur cœur, il me semble en vérité le voir. Bouhours cependant ne fait que l'indiquer d'un dessin sommaire ; que n'a-t-il poussé son esquisse et marqué davantage les choses? Nous aurions peut-être dans notre littérature satirique un pendant au révérend Père que l'on sait, celui des *petites Lettres*, dont le patelinage dévot a tant fait rire aux dépens de sa compagnie. Ces peintures moqueuses, ces fictions vives et égayées qui évoquent d'un coup à l'imagination tout un ordre de travers ou de ridicules, combien ne valent-elles pas d'arguments en forme?

Conversation de M. d'Aubigny) : « Ceux qui prêchent ou qui écrivent sur la Grâce... sont persuadés de ce qu'ils disent : capables toutefois de changer de sentiment, s'il arrive un jour que les jésuites trouvent à propos de changer d'opinion » ; elle rappelle surtout le mot de Voltaire (*Siècle de Louis XIV*, ch. xxxvi) : « Le fameux Arnaud... haïssait les jésuites encore plus qu'il n'aimait la Grâce efficace. » — Ce sont d'assez bons auxiliaires pour le jésuite que es deux maîtres sceptiques. On a dit que Pascal, par ses railleries sur les moines et sur les casuistes, avait ouvert la voie aux sarcasmes des philosophes, ce qui est vrai. Mais, dans sa façon de réfuter les jansénistes, Bouhours aussi a je ne sais quoi qui sonne comme e rire de Voltaire : les finesses tout humaines, l'agrément profane ont altéré le sérieux de la controverse théologique ; il s'agit de faire rire le monde ; le siècle de la plaisanterie approche. Au reste il s'est tant débité de bons mots sur les jésuites depuis deux siècles, qu'on n'est pas fâché de voir un jésuite spirituel jouer à son tour les messieurs de Port-Royal.

Bouhours pouvait finir sur cette jolie page; Mais, sa réfutation terminée, il veut encore frapper le coup de grâce ; et comme c'était un lieu commun de la controverse moliniste, d'ailleurs fondé en raison, de rapprocher le dogme janséniste des confessions protestantes, il imagine de confronter la Requête d'Arnauld avec celle que Calvin, dans une semblable occurrence, adressa au roi François Ier (1). Notez qu'à l'entendre, l'idée ne vient pas de lui ; c'est un gentilhomme huguenot de sa connaissance qui lui a fait part de cette conformité merveilleuse : car Bouhours a volontiers sous la main, quand il est las de parler à la première personne, quelqu'un de ces familiers mystérieux. Il se met donc, lui et son huguenot, à collationner les phrases de Calvin avec le texte d'Arnauld ; il y découvre de singulières concordances : non pas, comme il avoue avec une feinte équité, que l'apologiste de Port-Royal ait copié délibérément l'original de Genève, mais parce qu'il est très naturel qu'au même état d'esprit corresponde le même mouvement du discours. On objectera qu'en bonne logique, il y a peu à conclure d'un tel parallèle ; et sûrement MM. de Port-Royal n'avaient pas tort, quand ils répliquaient au jésuite qu'un homme accusé n'a souvent pas deux moyens de se défendre, et que l'innocent comme le coupable peuvent être induits à tenir dans un procès pareil un même langage. Cela est vrai; et cela n'empêche pas qu'après avoir lu les extraits d'Arnauld et de Calvin, l'imagination d'un catholique orthodoxe

(1) C'est la préface de l'*Institution* de Calvin.

en retient contre le docteur de Port-Royal une prévention fâcheuse. Or, la grande affaire en polémique n'est pas d'avoir raison, ni même d'avoir des raisons, c'est de faire des impressions; et celui-là est le plus excellent polémiste, qui les fait plus fortes et plus durables. Ce n'est donc pas en vain que Bouhours a choisi pour clore son pamphlet un argument d'une rigueur contestable : il est insidieux et insinuant, le reste n'importe guère.

Tel est ce morceau de polémique oublié, dont j'ai tâché de donner une idée fidèle en me plaçant, comme il est logique, au point de vue particulier du polémiste. Je sais qu'il en est d'autres, que ce n'est point le lieu de discuter. Ce que Bouhours ici qualifie de révolte criminelle, des âmes sincères l'ont tenu pour une résistance vertueuse et pour une fidélité inviolable au devoir. Et cette *Lettre sur la Constance*, que tout politique avisé tiendrait un insolent cri de guerre contre l'autorité, n'était sans doute, pour le prêtre exalté qui l'écrivit, qu'une protestation commandée par la conscience.

Ainsi le monde moral est soumis à deux forces contraires, pareillement nécessaires à l'équilibre universel : le principe d'indépendance a ses beautés prestigieuses, le principe d'autorité a ses énergies salutaires. Mais tandis que ceux qui ont lutté pour celui-là sont récompensés par de larges et éclatantes sympathies, à cause de ce penchant secret que nous avons à la révolte : on méconnaît trop volontiers ces serviteurs de l'autorité qui se prodiguèrent à la défendre. La sagesse serait, en ces conflits, de n'épouser aucune haine et, réserve faite de nos préférences intimes, d'admirer sincèrement de part et d'autre des vertus, des fidélités, des dévouements qui honorent la nature humaine.

Au surplus, de quelque point de vue qu'on veuille considérer le jansénisme, il est clair qu'on ne peut attendre de Bouhours la pleine vérité sur Port-Royal, non plus qu'il ne siérait de demander à Pascal un jugement équitable sur les jésuites. Cherche-t-on dans une satire ou dans un plaidoyer l'impartialité de l'histoire?

Il y a donc des points où la censure de Bouhours manque évidemment de mesure et de justesse, et le contraire étonnerait : car de prétendre qu'un polémiste ni n'exagère les fautes, ni ne déprécie les qualités de son adversaire, ce serait vouloir l'impossible. Tout ce qu'on est en droit de lui demander, c'est ce respect de soi et du public qui empêche de descendre à certaines armes grossières, aux propos bas, aux personnalités outrageantes, d'oublier en un mot sous le harnais du pamphlétaire les manières de l'honnête homme. Or, il faut rendre cette justice à Bouhours que de ses plus virulents discours jamais l'urbanité n'est bannie : urbanité qui paraît mieux par le procédé de ses contradicteurs. Il n'y eut personne en effet de plus injurié que lui. Arnauld, Quesnel lui donnaient largement du « *mentiris impudentissime* » et de « l'effronté calomniateur ». On dressait la liste de ses calomnies (1), et l'on en trouvait

---

(1) Voyez *Le P. Bouhours convaincu de ses calomnies*, etc.

cent vingt, exactement numérotées ; on le damnait tout vif ; on intitulait un chapitre de la *Morale pratique des Jésuites* : « *Le P. Bouhours convaincu d'être non seulement calomniateur, mais de l'être avec une opiniâtreté qui fait craindre qu'il ne soit endurci dans son péché.* » Bouhours n'eut jamais à se reprocher ce mauvais ton et ces grotesques violences. On a vu que sa *Lettre à un Seigneur de la Cour* débute par une espèce de compliment sur le style de la Requête janséniste. Elle se termine par des paroles courtoises à l'adresse d'Arnauld : Bouhours serait « ravi d'avoir à louer son obéissance et à se réjouir de sa conversion ». Vient-il à parler des religieuses de Port-Royal, ce n'est pas sans quelque atténuation qu'il les réprouve ; il plaint ces « brebis égarées » ; il compatit à leurs peines : n'en accusant que mieux d'ailleurs le docteur qui les inspire, et disant joliment de ces saintes entêtées, de qui le parti prétend faire des victimes, que ce sont des martyres en effet, « les martyres de M. Arnauld ! » La modération en polémique a cela d'excellent, qu'elle affine la plaisanterie, n'ôte rien à la malignité.

Quant à la forme, c'est ce qui fait le prix de ces Lettres : les contemporains durent se plaire, et qui ne se plairait ? à ce style très pur, artistement travaillé, où ne manque pas le sel comique. Mais comique est un peu trop dire ; la raillerie de Bouhours, ici comme ailleurs, est chose particulière et qui veut être expliquée : peu de verve et d'humeur, mais une ironie légère, subtile, partout discrètement répandue. Ce n'est pas sans raison que Ménage le baptisa, au temps de leur dispute, « mon révérend Père goguenard ». Mais le propre mot qui lui convient, c'est celui que le xviiie siècle allait bientôt mettre à la mode et choisir pour sa devise, celui qui devait caractériser le habit galant de Marivaux comme la facétie corrosive de Voltaire : le persiflage.

Cette sorte d'esprit était quasi introuvable au xviie siècle. Sans parler de Pascal, dont l'ironie puissante est plus que cela, et n'est pas cela, Voiture ni Chapelle, Mme de Sévigné ni La Fontaine, Boileau pas plus que Molière, n'en offrent guère de vestige. Veut-on cependant le goûter chez un contemporain de Bouhours, et plus vif encore, et plus exquis? il faut relire les jolies lettres dont Racine adolescent contrista ses anciens maîtres de Port-Royal, et qui montrent l'infinie souplesse de son génie et quel dangereux pamphlétaire il aurait pu être. Il ne s'agit point ici de comique naïf et pétulant, de franc et large rire; mais figurez-vous quelqu'un de ces impassibles plaisants qui, le regard acéré et gênant, les lèvres pincées, la voix claire et froide, vous servent très poliment des impertinences. Tel Racine, quand il lui plaît d'être ce Racine-là; et, proportion gardée, tel aussi Bouhours.

Grâce à ces qualités de style, plus encore que par la solidité de l'argumentation, la *Lettre à un Seigneur de la Cour* peut passer pour le manifeste le plus décisif que les jésuites de France aient jamais lancé contre le parti janséniste. Eux-mêmes en jugèrent de la sorte; et, loin d'envisager les deux Lettres de Bouhours comme des écrits éphémères, dont l'affaire du Nouveau Testament de Mons aurait épuisé l'à-propos, bien des années plus tard, lorsque la dispute du Péché philosophique vint ranimer les hostilités languissantes, ils les publièrent de nouveau sans changement notable (1) : ils estimaient qu'il y avait là des vérités bonnes à dire, tant que vivrait le jansénisme. Mais ce dernier épisode, où fut engagée plus directement la plume de Bouhours, veut une rapide analyse.

(1) Voy. à l'Appendice, *Bibliographie*, A, 2 et 3.

CHAPITRE II

(SUITE DU PRÉCÉDENT).

Affaire du Péché philosophique. Origine et sujet de la controverse
Dénonciation d'Arnauld. — Bouhours et Le Tellier interviennent
Part de chacun dans les lettres intitulées : Sentiment des Jésuite
sur le Péché philosophique. — Analyse de la 1re et de la 3e lettre
Tactique défensive et offensive. — Prosopopée des sauvages évan
gélisés. — Résultat final de la controverse. — Les satellites d
Bouhours : Le Tellier et Daniel. — Les journalistes de Trévoux. –
Valeur intrinsèque de la polémique de Bouhours. S'il est
regretter pour les jésuites qu'on ne l'ait pas opposé à Pascal. —
Bouhours comparable à Nicole. — Que les disputes de grammair
sont mieux proportionnées à son talent.

S'il est au monde un sophisme creux et dont le nom
même soit ignoré des plus doctes, c'est assurément
cette curiosité d'école qui s'appela jadis le *Péché philosophique;* et pourtant il est véritable que le Péché
philosophique, en sa saison, fit couler des flots d'encre,
que Paris en retentit plusieurs mois, et que les femmes
le mirent en conversation, comme elles avaient fait de la
Grâce au temps des *Provinciales.* Bouhours nous ramène à ce débat, dont voici en abrégé l'objet et les
circonstances.

En 1686, un professeur de philosophie au collège des
jésuites de Dijon avait fait soutenir par un de ses élèves

une thèse sur la matière des péchés. A la suite de quelques théologiens de l'école, il distinguait dans le péché deux aspects : le péché étant *philosophique* en tant qu'il contredit à la raison et lèse la conscience humaine, *théologique* parce qu'il contient une violation de la loi divine. Or, examinant si ces deux propriétés du péché sont nécessairement conjointes, ce jésuite concluait à la possibilité de la négative, et posait qu'une faute grave, commise sciemment, mais par un homme qui ignore Dieu ou ne pense pas actuellement à Dieu, n'emporte aucune offense envers Dieu et partant ne damne pas (1) : c'est un péché purement philosophique.

Encore que Sainte-Beuve se montre fort coulant pour la thèse en question, n'y trouvant rien qui, tant soit peu expliqué, puisse offenser les consciences modernes (2), on sent bien ce qu'il y a de choquant dans cette subtilité qui présente comme possible une distinction réelle entre le mal et le péché, entre le délit moral et la prévarication religieuse, et qui irait tout droit à faire d'un scélérat couvert de crimes à ses propres yeux un homme innocent devant la Divinité. Il est vrai que le jésuite de Dijon croyait se sauver des conséquences monstrueuses de sa thèse, en déclarant le cas qu'elle suppose infiniment rare ou même pratiquement impossible : à la bonne heure, mais alors que signifie ce jeu d'esprit à vide, et pourquoi ouvrir la porte de la méta-

---

(1) Voici la thèse en sa teneur authentique :
« *Peccatum philosophicum, quantumvis grave, in illo qui vel Deum ignorat, vel de Deo non cogitat, non est offensa Dei.* »
(2) Sainte-Beuve, *Port-Royal*, t. V, p. 461.

physique à un paradoxe qu'on aurait horreur d'admettre dans la morale ?

Cette proposition n'était point entièrement neuve : Pascal avait déjà flétri quelque chose d'analogue dans la quatrième *Provinciale*. Elle n'était pas non plus spéciale au professeur de Dijon : car vers le même temps quelques Pères de Douai, de Marseille, ou d'ailleurs, en avaient soutenu d'approchantes. Mais enfin, celui-là eut la mauvaise chance de donner l'éveil et supporta le poids de l'attaque. Il arriva en effet que des extraits de ses cahiers furent envoyés à Arnauld, réfugié alors à Bruxelles; Arnauld n'en usa point d'abord, et se borna à communiquer la thèse à l'un de ses amis de Louvain, qui, l'ayant publiée, donna occasion à un autre docteur de formuler des thèses contraires marquées au coin du plus âpre augustinianisme. Une polémique s'ensuivit entre la Faculté et les jésuites de Louvain; toutefois la querelle aurait pu longtemps traîner dans l'obscurité d'une dispute d'école, quand soudain Arnauld, vers la fin de 1689, sortit de son silence et fit un éclat. Non content de poursuivre à Rome la condamnation du Péché philosophique, par quatre Dénonciations successives (1), il jetait l'alarme dans toute la chrétienté, criant à l'hérésie, et que les jésuites voulaient établir un nouveau dogme subversif de la morale. La Compagnie s'émut fort de la thèse malencontreuse par où l'un des siens l'avait compromise, et les jésuites français s'empressèrent de confier la défense de leur honneur théologique au

(1) *Nouvelle Hérésie dans la Morale, dénoncée au Pape et aux Évêques, aux Princes et aux Magistrats.*

P. Le Tellier, et en attendant au P. Bouhours (1). Telle fut l'origine des trois Lettres intitulées *Sentiment des Jésuites sur le Péché philosophique*, attribuées communément à Bouhours, mais dont il est certain que les deux dernières tiennent davantage de Le Tellier.

On aurait mauvaise grâce à donner trop de poids à ces petites feuilles. La première en particulier, la seule qui soit entièrement de Bouhours, n'offre rien de plus qu'un programme d'apologie, plutôt fait pour annoncer une réponse que pour servir de réponse. Encore est-il vrai, malgré l'exiguité de cette pièce et son peu d'importance doctrinale, que le fin jésuite y montre de l'esprit et de l'habileté. Battre en retraite, sans donner à l'ennemi trop d'avantage, est toujours une manœuvre délicate ; et c'était justement le cas, puisque l'insoutenable thèse du Péché philosophique ne laissait aux jésuites que la ressource du désaveu. Bouhours le fait en leur nom, ce désaveu, dès le premier mot et de la manière la moins équivoque : il déteste le Péché philosophique et dans ses conséquences et dans le simple énoncé de la thèse ; il a de la joie qu'on l'ait découvert, il n'est pas moins animé que le dénonciateur à le livrer à l'anathème. Franchise adroite par sa véhémence même, franchise surtout piquante parce qu'elle va frapper d'un coup oblique Arnauld et les siens : « Pressez, leur dit-il, la condamnation de la nouvelle hérésie ; nous ne ferons point après cela des distinctions de sens, pour

(1) « Les jésuites... ont chargé le P. Le Tellier de les désavouer [les thèses]. Cependant le P. Bouhours, pour arrêter par avance ces méchants effets, a fait afficher par tout Paris une petite lettre, etc. » (*Histoire des ouvrages des Sçavans*, février 1690.)

sauver le nôtre des anathèmes, nous ferons encore moins de protestations par-devant notaire contre ce que nous aurons signé. »

Mais ce n'est pas là tout : nonobstant la vigueur de son argumentation contre le Péché philosophique, il y a deux endroits où le dénonciateur prête le flanc. D'une part, incomplètement renseigné sur les cahiers du professeur de Dijon, il le charge outre mesure, en lui imputant des conséquences morales que le jésuite avait lui-même formellement répudiées. En second lieu, s'il combat victorieusement le Péché philosophique, il le fait par des armes suspectes et dont l'orthodoxie a droit de s'alarmer; opposant erreur à erreur, rigorisme à relâchement, il affecte de voir dans cette thèse, non seulement le sophisme isolé d'un particulier, mais bien le corollaire de la doctrine des jésuites touchant les péchés d'ignorance invincible ; en sorte qu'il veut qu'on étende à celle-ci la réprobation encourue par le Péché philosophique, que l'on tienne partant, selon le système augustinien, que la conscience de la faute n'est point requise pour être coupable (1). Bouhours signale ces deux points favorables à un retour offensif des jésuites (les Lettres ultérieures en tireront le parti convenable); puis il met fin à cette première escarmouche en relevant d'un ton aigre-doux les dévotes et charitables assurances dont Arnauld a coutume d'envelopper ses diatribes : « Du reste, Monsieur, vous jugez bien qu'après vous avoir rendu avis pour avis, nous ne man-

---

(1) « *Requiritur ad peccandum notitia facti, sed non notitia malitiæ.* »

querons pas de vous rendre au pied des autels vœux pour vœux, et que nous prierons Dieu avec tout le zèle possible qu'il vous comble de toutes sortes de grâces, surtout qu'il répande dans votre cœur la douceur et la charité, qu'il vous fasse connaître combien la mauvaise foi est opposée à la morale de Jésus-Christ, et enfin qu'il vous donne un esprit docile, humble et soumis aux décisions de l'Eglise. » Arnauld répliqua, dans sa troisième Dénonciation, sur le même ton, mais qui ne lui était pas aussi naturel et séant qu'à Bouhours. Plaisant échange de charités théologiques : on eût dit, répétée exactement entre les deux docteurs, la scène connue d'Arsinoé et de Célimène !

Il n'y a pas lieu d'insister sur la deuxième Lettre, qui ne tend qu'à laver le professeur de Dijon de la morale qu'on lui impute et à pallier le mauvais sens de sa thèse.

Quant à la troisième, — que la part principale en revienne à Bouhours ou bien à Le Tellier, — une noble et vigoureuse page la recommande à notre attention. Il n'est plus ici question du professeur de Dijon ni de ses écrits, et puisqu'aussi bien Arnauld s'est attaqué à la doctrine de l'ordre tout entier, c'est la doctrine de l'ordre dont on entreprend la justification. L'auteur de la Lettre établit en effet que la théologie des jésuites n'a que faire de cette fiction du Péché philosophique, car de deux choses l'une : ou l'homme fait mal et sait ce qu'il fait, dans ce cas c'est l'opinion commune des jésuites, qu'il y a péché *vrai, formel et théologique ;* ou il fait le mal à son insu, et alors le Péché philosophique n'est pas davantage en cause, attendu qu'il n'y a point de péché du tout. A cette doctrine si raisonnable de « l'ignorance invincible », le jansénisme se glorifiait en vain d'opposer le dogme monstrueux qui vous damne froidement pour un acte que vous ne savez pas illicite, que vous croyez excellent, que vous tenez pour obligatoire (1). Les jésuites avaient ici beau jeu, s'il est vrai que cette théologie soit persuasive, avec qui conspirent la raison et la conscience humaines. Aussi, dans le christianisme féroce de ses adversaires, l'auteur trouve l'occasion d'un beau mouvement, d'une prosopopée saisissante et qui peut aller de pair avec ces autres prosopopées théologiques de Pascal dans la quatorzième *Provinciale*, et de Boileau dans l'Épître sur l'*Amour de Dieu*.

Il suppose ces rigides réformateurs (c'est là, ajoute-t-il très finement, de ces cas métaphysiques et qui n'arrivent point) évangélisant les barbares du Canada ou du Japon : qu'arriverait-il, s'ils se mettaient à leur prêcher l'effroyable sévérité de leur foi, s'ils leur disaient :

« Il est vrai, mes frères, que vous ne saviez pas que toutes les choses dont vous venez de me parler fussent des crimes; cependant, pour les avoir faites, vous méritez le feu éternel. Ce que je vous dis là est un des fondements de notre loi. — Loi cruelle! diraient ces sauvages,

---

(1) On trouve dans la préface du t. XXXI des *OEuvres d'Arnauld* (éd. de 1780, in-4) ces trois thèses du D*r* Steyaert de Louvain, qui formulent la doctrine avec toute la précision possible :

« *Potest fieri ut quis peccet peccato vero, formali et theologico, etsi simpliciter nesciat se peccare.*

« *Potest fieri ut quis peccet, etc., etsi firmiter judicet se recte facere.*

« *Imo, etsi eadem firmitudine judicet se teneri ita facere, adeo ut peccaturus esset, ni faceret.* »

loi cruelle, qui veut qu'on lui obéisse sans la connaître !
Est-il croyable qu'une telle loi soit du vrai Dieu ?.. Que
votre Dieu nous menace, si vous voulez, des plus horribles supplices au cas que nous ne gardions pas ses
commandements, maintenant qu'on nous les a déclarés ;
qu'il nous punisse encore, et même durant toute l'éternité, pour les actions que nous savions bien qui offensaient l'auteur de la nature, personne ne le doit trouver
mauvais ; mais qu'il nous ait déjà condamnés à des
flammes éternelles pour des choses que nous ne savions
pas lui déplaire, cela est-il d'un maître équitable ? Et
après cela qui voudrait le servir ?.. »

Voilà d'éloquents sauvages, et qui raisonnent sensément. Les jansénistes peuvent bien dogmatiser, subtiliser. « Jugez, répond l'autre, quels progrès ferait l'Evangile avec de tels prédicateurs ! » et je ne sache pas d'argutie doctorale qui tienne contre ce simple argument
de missionnaire.

Il est superflu de s'attarder aux suites d'une controverse qui, de part et d'autre, se prolongea fastidieusement
dans quelques libelles. La question, aussi bien, avait
perdu dès 1690 beaucoup de son intérêt, Rome l'ayant
tranchée par une double sentence : la thèse de Dijon était
condamnée textuellement, ainsi que les jésuites s'y devaient attendre, mais en même temps plusieurs de ces
propositions inhumaines où s'opiniâtraient les disciples
de Jansénius. Ainsi s'apaisa peu à peu tout ce fracas,
et le Péché philosophique s'en alla rejoindre dans l'oubli
tant d'autres jouets qui ont amusé un instant la raison
humaine.

Bouhours ne se mêla plus de controverse (1) : il ne l'avait fait que deux fois dans sa vie, à vingt-trois ans d'intervalle. Mais ce n'est pas au nombre des pages qu'il faut ici mesurer l'œuvre : quelques feuilles volantes, les premiers essais de Bouhours, avaient suffi pour faire date chez les jésuites, et pour faire école. On sait comme en usaient ses devanciers, le détestable ton de leurs écrits polémiques: et voilà qu'il laissait après lui, formés par son exemple et par ses conseils, un groupe de religieux polis et discrets qui, sans être aucunement des écrivains supérieurs, savaient du moins s'aider de la plume, exprimaient en bons termes des choses raisonnables. Deux Pères surtout lui faisaient cortège, dont l'un occupe une place honorable entre les historiens français, l'autre, établi dans la charge de confesseur du roi, ne s'est rendu que trop fameux par la politique : Daniel et Le Tellier. Avant que d'écrire l'histoire ou de gouverner la conscience royale, ces satellites de Bouhours s'employaient à repousser les attaques jansénistes; Daniel publiait ses *Entretiens de Cléandre et d'Eudoxe* (1694), qui, tout en péchant par ce vice capital de réfuter les *Provinciales* avec un retard de quarante années, offraient toutefois des pages substantielles, sensées, presque éloquentes (2); Le Tellier, que nous avons vu associé à Bouhours dans l'affaire du Péché philosophique, avait déjà plaidé d'un style ferme, dans sa

---

(1) On peut citer pour mémoire une *Remontrance à Mgr l'Archevêque de Rouen* (1697), où il paraît qu'il collabora avec le P. Daniel : cela est insignifiant.
(2) Voyez surtout, cité par Sainte-Beuve en son *Port-Royal*, t. III, p. 129, un touchant passage de Daniel sur les jésuites missionnaires.

Défense des Nouveaux Chrétiens (1687), la cause des jésuites de la Chine. Tout cela certes ne pouvait passer pour chef-d'œuvre, mais cela était suffisant, estimable, et lisible aux lecteurs les plus délicats.

Cependant, à l'entrée du xviiie siècle, sur les pas de Daniel et de Le Tellier, voici venir une autre génération, les Buffier, les Lallemant, les Bougeant, les Tournemine, plus souples, plus alertes, unissant à un réel savoir je ne sais quoi d'aisé et de primesautier, vrais talents de journalistes ; c'est le temps que la Compagnie s'empare à son tour de la puissance de la presse périodique ; les *Mémoires de Trévoux* paraissent. Ainsi, les belles clartés de Port-Royal éteintes, à mesure que le jansénisme épaissit ses fumées et se démène tristement dans l'ombre, la Société de Jésus brille plus que jamais d'une pléiade d'écrivains ingénieux, incisifs, prêts à se défendre, prompts à assaillir, se faisant de l'esprit qu'ils ont une arme aussi bien qu'une parure.

Est-ce à dire que l'honneur d'un tel changement appartienne en définitive à Bouhours ? Parce que d'habiles gens sont venus après lui, faut-il estimer que c'est à cause de lui qu'ils furent tels ? Il y aurait à cela quelque sophisme. Que Bouhours fût un de ces initiateurs puissants qui mettent leur sceau sur les âmes et remuent jusqu'à l'avenir, non certes ; tout ce qu'on prétend, c'est que Bouhours, à son heure et dans sa sphère, ne fut pas non plus un personnage inutile ; qu'il donna une impulsion, qu'il exerça une influence dont on serait peut-être empêché de définir nettement l'étendue, mais que l'étude des faits et les témoignages contemporains nous montrent çà et là très sensible. Gardons-nous de le surfaire, mais reconnaissons-lui ce mérite d'avoir hâté et facilité, dans la polémique de son ordre, une évolution que le progrès du temps y rendait d'ailleurs nécessaire.

Et maintenant que l'on a jugé de son rôle effectif, on peut se demander quelle était au juste la portée de son talent, de quoi il était capable si les jésuites l'avaient produit plus souvent et de meilleure heure. Le P. Daniel, qui nous donne l'opinion des Pères familiers ou disciples de Bouhours, déplore que ses supérieurs ne l'aient pas deviné dès le temps des *Provinciales*, comme il atteignait à la maturité de la trentaine. J'entends bien qu'il eût mieux fait qu'Annat et les autres ; mais, tout considéré, est-ce un malheur pour les siens, est-ce un bonheur pour lui de n'avoir pas affronté le choc de Pascal ? N'en déplaise à Daniel, aujourd'hui la question se pose à peine. Avec ses menues habiletés et ses élégances fragiles, Bouhours, comme on dit, n'était pas de force, et se fût brisé comme verre.

Au fond, c'est un homme de beaucoup d'esprit, qui sait parfaitement bien écrire, deux conditions suffisantes pour guerroyer agréablement de la plume ; mais ce n'est que cela, et en vérité il faut autre chose pour faire un polémiste supérieur. Il y a une ardeur de sang, une longueur de souffle, une impétuosité d'âme qui lui manque ; il s'irrite, et n'a pas le secret de s'indigner ; il raille finement, mais ne fait point de ces morsures sanglantes ni de ces marques au fer chaud ; des mots éloquents lui échappent, mais cette éloquence soutenue, simple et forte, qui vient du cœur et qui prend aux entrailles, cette éloquence-là n'est point la sienne. Louez en lui, tant qu'il vous plaira, des idées fines et la correction attique de la forme. J'y voudrais sentir davantage le feu sacré, la passion communicative sans laquelle on est condamné à rester froid et à laisser froid. Il est vrai, les écrivains qui ont cela ne sont pas chose commune ; et quand la nature a tant fait que d'en susciter un dans quelque grande lutte intellectuelle, elle prend du temps, elle ne se hâte pas de lui donner un antagoniste à sa mesure. Il s'arrange ainsi des duels où les vrais combattants sont espacés par des siècles : Pascal frappe, attendez de Maistre.

Mais Pascal hors de cause, et aussi le grand Arnauld — celui-ci le dialecticien de Sorbonne par excellence, triomphant dans l'argumentation doctorale, — Bouhours était de trempe à ne le point céder aux bonnes plumes de Port-Royal, à mettre plus d'une fois peut-être l'avantage et les rieurs de son côté. Supposé qu'on l'eût attaché à cette besogne ingrate, il aurait fait sûrement un bon « polémiste de corvée » (1), comme était Nicole à Port-Royal : raisonneur moins délié que celui-ci, mais plus vivement plaisant, plus expert en délicatesses de style, doué, ce semble, de facultés équivalentes, quoique dissemblables.

Mais ceci n'est pas sans un peu de conjecture, puisque dans le fait Bouhours ne fut qu'un polémiste d'occasion, et que les occasions lui furent rares. Ou plutôt son talent polémique prit sa pente ailleurs, se joua

(1) Sainte-Beuve, sur Nicole.

plus à l'aise en de plus humbles régions. Au lieu de poursuivre péniblement le jansénisme dans la théologie, il ne cessa pas de le harceler sur la grammaire ; diligent et subtil anatomiste du langage de ces messieurs, il railla la pesanteur ou la rudesse des termes qu'ils affectionnaient, il gourmanda leurs constructions louches, il s'émerveilla avant Voltaire de leurs phrases à longue queue et des robustes poumons qu'il fallait pour les lire sans perdre haleine. Il mit dans toutes ces critiques bien de l'ingéniosité, les assaisonnant par des anecdotes malignes (1), les tournant parfois en petits dialogues divertissants (2) ; bref, où quelque autre eût fait la mine d'un pédant vétilleux, il sut avoir raison avec enjouement et se moquer sans aigreur. Peut-être est-ce là l'espèce de satire pour laquelle il était véritablement né. Encore que le bon Père se flattât d'une connaissance particulière des choses de la théologie, j'avoue que je me fie bien autrement à son expérience de grammairien. Le pied lui glisse ailleurs ; sur ce terrain de la grammaire, il va d'un pas agile ; il vous mène agréablement et sûrement ; il est chez lui.

---

(1) Voy. au chap. I, des *Doutes sur la Langue française*, p. 24, ce qu'il rapporte touchant l'origine de l'adjectif *incharitable*.
(2) Voy. *ibid.*, pp. 25-28, le dialogue entre l'auteur, l'Abbé, la Marquise et le Chevalier.

CHAPITRE III

BOUHOURS GRAMMAIRIEN.

La grammaire expérimentale au xviie siècle ; Vaugelas et son école. — Bouhours disciple et continuateur de Vaugelas : ce qu'il y ajoute. — Principes généraux de Bouhours : souveraineté de l'usage fondé 1° sur la conversation des honnêtes gens, 2° sur le style des bons auteurs. — La société polie, et particulièrement la cour, toute-puissante en matière de langage. — Quel est l'idéal du parler français sous le règne de Louis XIV : contraste avec les préférences des modernes. — Réception d'un mot au xviie siècle. — Bouhours, interprète scrupuleux du goût régnant; côté étroit et arbitraire de sa critique. — Le choix des mots. Les mots nouveaux. — Les vieux mots. — Les mots populaires. — Les mots érudits. — Restrictions multiples apportées à l'emploi de certains termes. — Plusieurs mots embellis et agrandis par le renouvellement de leur sens. — Les nuances de l'expression fixées, les synonymes définis.

On peut, sans crainte d'ennui, feuilleter les trois volumes qui, joints à un petit nombre d'opuscules et de fragments, composent l'œuvre grammaticale de Bouhours (1) : l'esprit y règne, et je ne sais pas, après les

---

(1) Les *Doutes sur la Langue française*, 1674. — Les *Remarques nouvelles*, etc., 1675 ; et la *Suite des Remarques nouvelles*, 1692. — En outre, les morceaux suivants : 1° *La Langue française*, qui est le second des *Entretiens d'Ariste et d'Eugène*, 1671. 2° La substance du chapitre III des *Lettres à la Marquise de *** sur le sujet de la Princesse de Clèves*, 1678. 3° La *Critique de l'Imitation de J.-C.* traduite par le Sr de Beuil [Saci], 1688, laquelle est purement grammaticale. 4° Une *Explication de divers termes français que beaucoup de gens confondent* (dans les *Mémoires de Trévoux*, 1701).

Remarques de Vaugelas, de monument plus attrayant de cette époque où la grammaire française eut la singularité de n'être point aride.

Entre les essais laborieux, systématiques et bizarres de nos linguistes du xvie siècle, Dubois-Silvius, Maigret, Ramus, Henri Estienne, et les premières compilations méthodiques exécutées par l'abbé Régnier-Desmarais et par le P. Buffier au commencement du xviiie, une école de grammairiens prit naissance, telle qu'on n'en a point vu qui exerçât d'aussi bonne grâce un pouvoir aussi efficace. Eloignés pareillement de l'investigation historique des modernes, par où la genèse d'une langue se reconstitue depuis l'embryon, et de cette analyse philosophique, déjà familière à Port-Royal, qui l'anatomise en ses dernières fibres et finit par la résoudre en idées abstraites ; assez dédaigneux du passé, très peu curieux de l'absolu ; doctes, mais plus observateurs ; traitant la grammaire moins sur le pied d'une science rigide que comme un art souple et ondoyant, ces philologues ne prétendaient autre chose que d'être les véridiques interprètes de l'usage. Ils n'échafaudaient point de système ; ils s'appliquaient à rédiger la coutume présente de la langue. Ils n'écrivirent pas proprement de livres ; mais couchant en marge des livres d'autrui leurs réflexions et leurs doutes, tenant registre des façons de parler du grand monde, ils rassemblaient un jour ces feuilles volantes et donnaient modestement

— Enfin nous savons par les *Mémoires de Trévoux* (février 1704, supplément) que plusieurs articles du *Dictionnaire de Trévoux* sont entièrement de la main de Bouhours.

au public un recueil d' « Observations » ou de «Remarques sur la langue ».

Cette école vint à son heure, achever et promulguer la réforme qui s'était opérée dans les lettres françaises. Malherbe ayant poli et ennobli le vers, la prose ayant reçu de puristes comme Coëffeteau une rectitude, une netteté jusque-là inconnues, de Balzac le nombre et l'artifice savant de la période : c'était le temps que la langue mûre sentait la plénitude de son génie, qu'elle aspirait, après des turbulences de jeunesse, à se rasseoir, à s'ordonner, à se fixer, et que, répondant à ce grand besoin d'ordre, l'hôtel de Rambouillet d'une part, l'Académie de l'autre faisaient d'autorité la police du discours. Un homme parut alors, en qui se résumaient excellemment et l'Académie et l'hôtel de Rambouillet, un homme dont la modeste gloire est attachée à la durée de la langue française : Vaugelas.

Par son procédé de critique minutieuse, Malherbe le premier avait donné quelque idée de la méthode empirique en grammaire : Vaugelas la crée définitivement, et l'applique avec un tact incomparable. Le sceptique Le Vayer, par humeur d'indépendance, le barbon Dupleix, par entêtement des vieilles modes, eurent beau contester : les *Remarques sur la Langue française* (1647) obtinrent d'abord un applaudissement universel, et leur auteur depuis longtemps n'était plus qu'on les consultait encore à la façon d'un oracle. D'ailleurs ce grammairien sans rival laissa une lignée, et la liste est longue des faiseurs de Remarques et d'Observations qui, dans le cours du siècle, l'imitèrent avec plus ou moins de bonheur et d'habileté. Quatre noms du moins sont demeurés de cette multitude : Patru, Thomas Corneille, les annotateurs et reviseurs de Vaugelas; Ménage, qui suppléait à la pauvreté de son goût par une érudition alors inusitée ; enfin celui qu'on peut dire à bon droit le plus considérable et le plus renommé, Bouhours (1).

Celui-ci avait, comme il le dit ingénuement, « une extrême passion pour la langue française » ; passion qui s'était peut-être bien éveillée à la lecture de Vaugelas, qui se confondait du moins avec le culte naïf qu'il rendait à la mémoire de ce prince des grammairiens. Il ne le connut point en personne, mais il vivait dans un monde plein de son souvenir ; Patru surtout, devenu l'ami de l'un après avoir été le conseiller de l'autre, leur fut une sorte de lien et dut apparemment communiquer au jésuite la tradition de l'auteur des *Remarques*. Ainsi, admirateur déclaré de Vaugelas, tout pénétré de son esprit, Bouhours eut à la fois cette hardiesse et cette modestie d'en vouloir être le continuateur (2). Dire

---

(1) La nomenclature complète de cette école montre à quel point le monde d'alors, sans distinction de sexe, de condition et de profession, était occupé de grammaire. Sans parler des quatre auteurs précités, l'on eut successivement : les *Nouvelles Observations sur la Langue franç.* de Mlle Buffet (1668); les *Nouvelles Remarques, etc.* de l'avocat Bérain (1675); le *Génie de la Langue franç.* de d'Aizy (1685); les *Réflexions sur l'Usage présent de la Langue franç.*, du médecin Audry de Boisregard (1689); les *Nouv. Observations ou Guerre civile des Français sur la Langue* de l'avocat grenoblois Aleman (1688); et *les Mots à la mode* du négociateur de Callières (1691).

(2) On lit dans une thèse (p. 159) sur *Valentin Conrart*, soutenue en 1883 par M. Bourgoin, cette phrase surprenante : « Ménage a eu un disciple, le P. Bouhours, mais il n'a heureusement pas fait école. La curiosité valait encore moins que le purisme ». — Ainsi le puriste Bouhours, Bouhours qui railla si plaisamment les étymologies et le fatras de Ménage, Bouhours que Ménage en revanche

qu'il le continua, c'est marquer précisément l'étendue de son mérite, il vient le second, et partant ne saurait disputer d'originalité ni d'influence avec le fondateur de la méthode ; mais il ne se borne pas aussi à répéter ou commenter servilement les leçons du maître ; il y ajoute, et, tout en se guidant sur les fameuses *Remarques*, ne laisse pas d'aller plus loin et de découvrir du nouveau.

Bouhours en effet représente, dans l'histoire de la grammaire française, une période très voisine du règne de Vaugelas, mais déjà sensiblement différente.

Dans cet espace de trente années qui les séparent, la réforme, mise en train par Vaugelas, a fait du chemin ; le goût s'est affiné, l'oreille a appris des délicatesses nouvelles ; le style a perdu avec ses dernières rudesses quelque chose de sa vigueur primitive ; la phrase, qu'on laissait naguère se développer avec ampleur, s'allège maintenant, s'écourte, et prend des élégances plus maniables. Si les grandes lignes de la langue sont arrêtées dans Vaugelas, elle attend de Bouhours cette certaine ciselure et polissure de détail qui parfait l'œuvre. Enfin, comme l'un personnifie l'art grammatical de cette époque de Louis XIII, marquée du fier génie de Corneille, l'autre, grammairien du grand siècle finissant, fait songer à l'exquise perfection de Racine, fait déjà pressentir la manière alerte, vive et coupée qui caracté-

---

traitait de singe de Vaugelas, n'était pas le disciple de Vaugelas, mais de Ménage ? Cela ne se discute pas ; et il faut croire ou à quelque étrange lapsus de M. Bourgoin, ou qu'il parle de Bouhours sans l'avoir lu.

rise le génie du siècle prochain, celle de Montesquieu, celle de Voltaire.

Au reste, une entière ressemblance dans le tour d'esprit, un même point de départ, des rencontres multipliées ; tellement qu'il serait difficile d'étudier le grammairien dans Bouhours, sans répéter à son sujet ce que d'autres ont énoncé avec autorité de Vaugelas : redites qui ne seront pas tout à fait superflues, si l'on réussit à démêler, parmi la doctrine héritée du maître, l'apport personnel du disciple.

Pour Bouhours, aussi bien que pour Vaugelas, l'usage est l'arbitre infaillible et la loi souveraine. L'analogie même, dont le propre est de créer, à côté de l'usage qui conserve ou qui détruit, ne joue qu'un rôle insignifiant : puissance effacée et opprimée, qui ne peut rien sans le bon plaisir de l'usage et contre qui l'usage peut tout (1), si bien qu'on assurerait de celui-ci en toute vérité qu'il est « le roi et le tyran des langues » (2). Or, il existe pour s'instruire des volontés de ce maître deux voies distinctes, en premier lieu « le commerce des honnêtes gens », secondement « la lecture des bons livres ». Les livres aident bien à parler « juste » ou purement, c'est-à-dire à observer une exactitude dans la

(1) Il n'est pas jusqu'aux plus grossières bévues que l'usage, d'après Vaugelas, ne légitime. Ainsi, l'habitude ayant prévalu parmi les dames ignorantes de l'étymologie de dire *recouvert* pour *recouvré*, *éminent* pour *imminent*, il est d'avis qu'il faut parler de la sorte, en dépit du barbarisme.
(2) Les phrases entre guillemets sont de Bouhours, la plupart tirées de son *Entretien* sur la Langue française.

liaison des mots, un ordre concerté dans les pensées, à quoi la conversation ne saurait s'astreindre. Mais la conversation possède une autorité supérieure : elle est gardienne et maîtresse des éléments mêmes du discours ; elle fait, défait les mots à sa guise ; et par là elle donne des lois à l'écrivain, et seule lui enseigne « à parler noblement et naturellement tout ensemble ».

Cela s'entend des « belles conversations », mais lesquelles ? Le parler de la province est en mépris ; celui du peuple est chose vile, et qui ne compte pas. Reste la bonne compagnie, mélange rare de ce qu'il y a de plus éclairé à la cour et de plus poli à la ville ; et comme la politesse du bourgeois est d'imiter le plus possible l'urbanité du grand seigneur, il s'ensuit que la cour, en dernière analyse, est le foyer duquel toute élégance de parole émane. Cette souveraineté de la cour en fait de langage, est-elle d'ailleurs si injustifiable ? Certes il est de sots marquis, comme il est de fausses précieuses : et c'est justement le talent du grammairien de les discerner d'avec les bons modèles. Il n'en demeure pas moins vrai que la familiarité royale et les règles de l'étiquette donnent au langage du courtisan un certain tour noble et relevé ; que l'habitude de calculer ses expressions et de tout dire sans appuyer y jette des finesses et des nuances ; enfin ce serait miracle, si la galanterie, l'assiduité auprès des femmes n'y insinuait aussi une douceur et une délicatesse particulières. Ce n'est donc pas simple paradoxe de flatterie, qu'un homme né tienne de sa naissance une grâce spéciale pour bien parler. A entendre Bouhours, « il se voit à la cour plusieurs personnes qui, sans jamais avoir beaucoup étudié les maîtres, parlent comme les maîtres et peut-être *mieux que les maîtres* ». Dès lors il est naturel que la langue classique se règle sur le goût de la cour, qu'elle se constitue, tout de même que la société, aristocratiquement, et qu'un grammairien de métier condamne une expression par ce seul motif, « qu'elle déplaît à des personnes d'un rang si relevé que les honnêtes gens doivent faire scrupule de s'en servir ».

Il semble que l'instinct des plus puissants écrivains de nos jours a été de faire du français un idiome abondant, touffu et coloré; peu dépendant des fantaisies de l'usage mondain; ne répugnant point au néologisme utile; d'ailleurs enraciné profondément dans le passé, et fort nourri des sucs du terroir populaire. Mais l'idéal de la langue, au xvii⁰ siècle, est quelque chose de noble, de net et de choisi, où il n'entre rien qu'une femme d'esprit n'entende de prime abord, rien que le plus raffiné courtisan n'ait pu dire, hier, dans les galeries de Versailles.

Qu'un moderne soit contraint par les exigences de sa pensée à créer un vocable nouveau : soit qu'il ait recours à la dérivation latine, soit qu'il mette en jeu la seule force plastique de la langue, soit qu'il fouille le résor du vieux langage ou même celui des patois, si son mot est intelligible, expressif et bien sonnant à l'oreille, il est bon et légitime ; il n'a pas à devenir français, il l'est de fait, et bien sévère qui lui demanderait d'autres titres. Les choses, au temps de Bouhours, n'allaient point si simplement. Le mot une fois né, — je le suppose de bon lieu et viable, — il lui restait tout à faire pour acquérir le droit de vivre. Et auparavant, que d'épreuves et de hasards ! Il faut d'abord que l'auteur du mot le présente aux « honnêtes gens », discrètement toutefois, et sans afficher sa paternité : car tout ce qui porte trop saillant le cachet de l'individu, risquerait d'indisposer ce public épris de distinction autant qu'ennemi de la singularité. Le mot circule, on le tâte, on étudie sa physionomie. C'est un grand point s'il est agréé des femmes. Mais aussi trop d'engoûment peut être pernicieux, car l'engoûment est sujet à passer, et le mot du même coup. Cependant le jour vient où quelqu'un se hasarde à l'imprimer, moyennant la précaution des italiques, ou bien d'un *pour ainsi parler*, d'un *si j'ose dire* ou de tout autre « adoucissement » analogue. L'œil s'y accoutume comme a déjà fait l'oreille. Enfin, après plus ou moins de délais et d'aventures, le mot, s'il est « né sous une constellation heureuse », entre décidément dans l'usage. Et notez que les termes rajeunis sont traités sur le même pied que les neufs, n'y ayant point de différence, observe Bouhours, entre les mots récents et des mots en désuétude « qui sont à notre égard comme s'ils n'étaient pas ». Or, le nombre de ceux-ci n'est pas médiocre, et s'accroît quotidiennement par le caprice de la bonne compagnie, laquelle n'a qu'à négliger un peu de temps la plus belle diction du monde, pour la faire tomber en roture.

Ces rebuts et ces délaissements ne sont pas du fait de Bouhours, mais Bouhours les enregistre en greffier trop fidèle. Le rôle d'un grammairien, si respectueux qu'on le veuille de la coutume, comporterait mieux, ce semble, que cette constatation indifférente des faits. De prêter main-forte à tant d'excellents mots qui ont peine à entrer, à tant d'autres qui sont en péril de sortir, est-ce donc forfaire à l'usage, ou si c'est lui rendre service ? Mais l'usage lui-même n'est pas toujours cette puissance impérieuse, ce courant rapide et droit auquel il faut qu'on se laisse entraîner : il a souvent des pentes insensibles et des fluctuations incertaines. Où un homme de goût condamne, un autre, aussi homme de goût, approuve : qui comptera, qui pèsera les suffrages? Dans le doute, ne siérait-il pas que le grammairien embrassât le parti le plus libéral? D'ailleurs, il est de l'office du grammairien de « tirer l'horoscope des mots » naissants ; et un horoscope favorable a parfois décidé d'une belle destinée. Bouhours lui-même a pronostiqué le succès du verbe *brusquer*, que l'on commençait à peine à dire; et il y a de certains mots si spécieux qu'il ose les admirer, même avant la pleine sanction de l'usage. Mais ce sont là des hardiesses extraordinaires, trop tôt effacées par sa timidité habituelle. En principe, Bouhours n'aime point à se compromettre ; il attend le cri public, et d'être poussé par la foule, tant il a peur de courir une aventure (1).

Cette circonspection, louable quand il s'agit de mots gauches ou difformes, comme *assassinateur*, *coronateur*, *inamissibilité*, l'induit plus souvent à des scrupules déraisonnables. On s'étonne, par exemple, de

---

(1) Il dit quelque part : « Je fus bien surpris, quand je sus qu'on m'*accusait* d'avoir inventé une phrase. Comme *ma conscience ne me reprochait rien* là-dessus... »

voir le même grammairien recevoir sans peine plusieurs mots importés d'Italie sous Mazarin : *bravoure, réussite, disculper* (1), ou ceux-ci tirés du latin : *gratitude, quiétude, minutie, férocité, affabilité,* toutes expressions récentes, vierges du moins du parler usuel et enfouies jusque-là dans le français demi-latin de quelque érudit de la Renaissance, — et répudier pêle-mêle : *prosateur, offenseur, captif, calvitie, aménité, fatuité,* etc., non moins utiles à coup sûr, et aussi bien faits que les autres. Il a du penchant pour *sagacité*; comment ne pas faire grâce à *efficacité* ? Parce que la locution *bien mériter de...* est calquée sur le latin, est-ce une raison suffisante de l'imputer à faute à Ménage ? Toutes ces décisions, à parler franc, sont bizarres. Encore se peuvent-elles soutenir par la nécessité où était la langue, à peine reconquise sur le latinisme, de se garder d'une invasion nouvelle; mais si l'on conçoit la réserve du grammairien à l'endroit de ces mots savants, qui circulent dans une langue à la façon de corps étrangers dans un organisme, du moins devrait-il accueillir plus favorablement ceux qui, formés de la substance même de l'idiome, en attestent la vitalité.

Bouhours, ici encore, se montre d'une rigueur immodérée. Il lui déplaît qu'on ait fait *ambitionner* d'*ambition,* et de *clairvoyant clairvoyance*. On dirait que les noms formés à l'aide de l'*in* privatif, peut-être à cause de l'abus qu'en fait Port-Royal, lui sont

---

(1) De *bravura, riuscita, discolpare*. — L'ancien français avait de son propre fonds *descouper,* repris plus tard à l'italien sous une autre forme.

généralement suspects ; je ne dis pas seulement *incorrompu, incharitable, inconvertible,* pour lesquels l'événement lui a donné raison ; mais l'*impardonnable* de Segrais, l'*invaincu* de Corneille, *ineffaçable, inexpérimenté, intolérance, inconduite, inattention,* que de noms mal à propos sacrifiés ! De même les substantifs en *ment,* d'une dérivation si naturelle et d'un si universel emploi : s'il en admet plusieurs, il raye tout net *enivrement, déchirement, resserrement, prosternement, brisement,* etc., et cette belle et chrétienne expression de Saci, « glorieux *rabaissement* », n'est rien à ses yeux qu'une témérité barbare.

Au fond, Bouhours n'est pas porté d'un grand zèle pour l'enrichissement de la langue. Que si on l'oblige d'y reconnaître des lacunes manifestes, il s'en console à peu de frais, faisant réflexion que *piété* manquait à l'hébreu, et que les Latins n'avaient point de mot pour exprimer *reconnaissance* ou *remerciement.* « L'abondance, ajoute-t-il, n'est pas toujours la marque de la perfection des langues. Elles s'enrichissent à mesure qu'elles se corrompent, si leur richesse consiste précisément dans la multitude des mots... Au reste, les mots que nous n'avons pas sont remplacés par des expressions si belles et si heureuses, qu'on n'a pas sujet de regretter ce qui nous manque (1). » Passe pour cette théorie, si elle n'avait d'autre effet que d'entraver le néologisme ; le pis est qu'elle favorise merveilleusement l'épuration, c'est-à-dire l'appauvrissement systématique de la langue : « On en a retranché, dit Ariste, une

---

(1) *La Langue française* (*Entr. d'Ariste et d'Eugène, II*).

infinité de mots et de phrases, et apparemment cela ne l'a pas enrichie? — Ne pensez pas vous en moquer, réplique Eugène, c'est par ce retranchement qu'on l'a perfectionnée et qu'on en a fait une langue également noble et délicate... On démêle l'or de la terre, et on lui ôte sa crasse pour le rendre pur ; on donne mille coups de ciseau à une pièce de marbre pour en faire une belle statue ; il faut tailler et nettoyer un diamant, afin qu'il ait cette pureté et ce feu qui fait tout son prix. Ainsi, pour polir, pour épurer, pour embellir notre langue, il a fallu nécessairement en retrancher tout ce qu'elle avait de rude et de barbare... »

Les comparaisons sont jolies : mais quoi ! si la scorie entraîne avec elle une part du métal, si le ciseau mutile la statue, si le diamant à force d'être usé se réduit à rien, vantera-t-on le bienfait de ce retranchement?

C'est pitié en effet de voir avec quelle ruineuse facilité la langue se dépouille du meilleur de son patrimoine. Pour un mot démodé qu'elle daigne reprendre, ou qu'elle veut bien garder encore dans le style soutenu (1), combien n'en perd-elle pas de gaieté de cœur ! Ecoutez Bouhours : *fors,* avec son grand air que n'ont pas ses synonymes, « est devenu bas et méchant » ; *quant à...,* si commode, *quasi*, charmant sous la plume de Mme de Sévigné, ont vieilli ; *discord,* tout noble qu'il est dans Corneille, est déchu du vers comme de la prose ; on ne

---

(1) *Accoutumance* revient sur l'eau. — *A présent,* condamné par Vaugelas, se dit maintenant à la cour. — *Angoisse* « a vieilli, mais est encore beau dans le sérieux », comme « ces vieux domestiques qui paraissent n'être plus bons à rien, et qui ne laissent pas d'être bons à quelque chose dans le besoin. »(Bouhours, *Rem.nouv.,* passim.

dit plus *délecter*, *desservir*, ni *accueillir*, *étrangeté* ni *défaveur*; enfin, qui le croirait? ces mots irréparables, tant ils sont naïvement français, ces mots qu'il semble qu'on ne puisse arracher au français sans blessure : *suave*, et *gentil*, et *courtois*, un beau jour les voilà jetés au rebut comme archaïsmes : vraies mutilations de la langue, vraies barbaries de l'usage, où la complicité passive des grammairiens n'est pas ce qui fâche le moins.

Cependant, hormis Molière et La Fontaine, qui suivant simplement leur génie, continuaient la vieille veine gauloise, hormis les solitaires de Port-Royal, peu soucieux d'atticisme et qui retardaient volontiers sur le style actuel, toute la littérature obéissait docilement à cette tyrannie des Académistes et des « honnêtes gens ». Depuis Dupleix et Le Vayer, réfractaires à Vaugelas, peu de protestations, et tardives; celles-là, il est vrai, d'autant plus significatives, qu'elles partent de génies sages qui, soumis de fait à la réforme, ne peuvent se défendre de contempler avec un douloureux retour tant de dégâts qu'elle a faits. C'est d'abord La Bruyère qui, dans son chapitre *de quelques Usages*, après un dénombrement mélancolique des pertes de la langue, laisse échapper ses regrets sous la forme respectueuse d'un doute : « ... Est-ce faire pour le progrès d'une langue que de déférer à l'usage? Serait-il mieux de secouer le joug de son empire *si despotique* ? Faudrait-il dans une langue vivante écouter la seule raison, qui prévient les équivoques, suit la racine des mots.., si la raison, d'ailleurs, veut qu'on suive l'usage? » C'est Fénelon qui, plus hardiment, dans sa *Lettre à l'Académie française*, s'empare des expressions de Bouhours, mais afin de conclure en sens opposé : « Notre langue manque d'un grand nombre de mots et de phrases, il me semble même qu'on l'a gênée et appauvrie depuis cent ans en voulant la purifier. Il est vrai qu'elle était encore un peu informe et trop verbeuse ; mais le vieux langage se fait regretter, quand nous le retrouvons dans Amyot, dans le cardinal d'Ossat, dans les ouvrages les plus enjoués et les plus sérieux... On a retranché, si je ne me trompe, plus de mots qu'on n'en a introduit. D'ailleurs, *je voudrais n'en perdre aucun*, et en acquérir de nouveaux (1). »

Il manque à Bouhours d'avoir eu de ces tendresses et de ces pitiés pour les beaux mots vieillissants, d'avoir tempéré par le respect de la tradition son idolâtrie de l'usage. Mais étant posé que l'usage est omnipotent et impeccable, ses pires caprices sont sacrés ; et tout ce qui a cessé une fois de lui plaire, Bouhours le condamne sans examen et le sacrifie sans regret.

Que s'il fait bon marché des mots gothiques, à plus forte raison écarte-t-il les mots roturiers ou devenus tels, les mots peuple, et qui ont pris sur les lèvres de l'artisan ou du campagnard un goût insupportable aux personnes polies. « Bas et populaire », il n'est pas pour un mot de stigmate plus flétrissant. C'est le temps où Boileau veut bien appeler un chat un chat, mais

---

(1) Joignez le témoignage du puriste d'Olivet, qui disait à son tour : « On a voulu épurer notre langue. Peut-être a-t-on fait comme ces médecins qui, à force de saigner et de purger, précipitent leur malade dans un état de faiblesse d'où il a bien de la peine à revenir. »

non pas qu'on traduise ignoblement par *âne* le substantif grec ὄνος, ni qu'un interprète d'Homère maintienne au fidèle Eumée sa qualité de *porcher* ; où il note de « bassesse » le verbe *bruire* ; où Louis XIV, plus scrupuleux que Boileau, se choque de la locution *rebrousser chemin*, trop rustique et gauloise. On trouve dans Bouhours, touchant ces dégoûts de la belle langue, les plus curieux renseignements. Nous apprenons de lui que *parents* au sens étymologique de « père et mère » n'est pas noble, que le verbe *tracasser*, que l'expression adverbiale *à l'aveugle*, que le gallicisme énergique *faire les dégoûtés*, et même cet autre *faire merveilles* sont des dictions bonnes pour la populace ; il va sans dire que *vergogne* ne se peut souffrir ; enfin « parler proverbes », ainsi que font les rustres, c'est de quoi disqualifier un bel esprit : les honnêtes gens ont leurs proverbes à eux, qui sont les sentences, comme le peuple a ses sentences, qui sont les proverbes (1). Et ne vous plaignez pas que tant de délicatesse aille épuisant la langue. La langue, si vous en croyez Bouhours, ne s'appauvrit nullement ; car enfin, « on n'est pas moins riche, pour avoir tout son bien en pierreries ! »

---

(1) Voltaire, qui se souvient quelquefois de Bouhours, dit pareillement : « Les maximes sont nobles, sages et utiles ; elles sont faites pour les hommes d'esprit et de goût, pour la bonne compagnie. Les proverbes ne sont que pour le vulgaire... » (*Ecrivains du Siècle de Louis XIV*, art. Boileau.) — D'ailleurs, ce mépris de la classe aristocratique pour les proverbes date de loin. Quand les trouvères en citent dans quelque chanson de geste, ils ne manquent guère de s'excuser auprès de leur noble auditoire par ce vers ou autre équivalent :

« Com li vilains le dit en reprovier ».

Voy. *les Epopées françaises* de M. L. Gautier, 1re part, liv. I, ch. IX.

Mais toute rareté n'est pas joyau, et Bouhours ne veut pas non plus dans la langue de ces vocables de provenance étrangère, de signification technique, qui sentent le philologue ou l'antiquaire. Non qu'il ait une aversion particulière pour le mot propre ; mais d'étonner les « honnêtes gens » par un appareil d'érudition, cela ne lui semble guère moins choquant que de les dégoûter par une trivialité populaire. Cette « couleur locale » qui flatte si fort le goût moderne, c'est justement ce que le xviie siècle évite le plus qu'il peut. Qu'un écrivain d'aujourd'hui veuille décrire une nature ou une civilisation extraordinaires, il tâche d'exciter en nous à l'aide de mots précis et neufs des sensations neuves et fortes ; mais l'écrivain classique, au lieu de déranger les habitudes d'imagination de son lecteur, accommode le sujet aux mœurs ambiantes et aux conventions du temps ; il laisse les termes propres aux gens de métier ; et s'il a à parler de quelque objet singulier, exotique, suranné, il l'exprime par équivalent, ou en termes généraux, ou par périphrase. C'est ainsi que Bouhours écrira volontiers *coupe* au lieu de *calice*, et qu'il mettra un *vase* où le latin dit une *amphore*. Par le même principe, il recommande que les noms de personne étrangers, auxquels l'oreille française n'est pas faite, soient sauvés par une circonlocution. Nommer *Parrhasius, Lycophron, Protagoras,* cela n'est pas trop du grand monde : on fera bien de chercher à la place quelque tour ingénieu-

---

(1) De même, Bussy reproche à Boileau d'avoir employé dans sa Satire X, non seulement les termes d'*astrolabe* et de *parallaxe*, mais le mot *axe* !

sement vague. Maharbal, dans Bossuet, deviendra avantageusement « *un brave Africain* », et Annibal, « *le plus rusé capitaine qui fut jamais* ». C'est déjà cette théorie de la périphrase, dont les versificateurs du xviiie siècle vont faire les terribles applications que l'on sait.

Voilà donc le vocabulaire purgé des mots trop neufs et des mots trop vieux, des populaires et des érudits. Il y a plus. Certains mots reçus par Bouhours ne le sont que sous condition, privés d'une partie de leur sens, réduits, si l'on peut dire, à leur minimum de volume et d'énergie. C'est une de ses vues favorites, qu'une quantité d'expressions, élégantes au figuré, ne doivent pas s'employer dans leur acception propre et originelle. L'observation parfois tombe juste; mais qui soupçonnerait que, d'après Bouhours, *fléchir, foudroyer, édifier* (1), ne valent rien hors du sens métaphorique? A contre-biais, *évaporation, effusion*, ne sont susceptibles que du sens physique : plus d'« *évaporation* d'esprit » ni d'«*effusion* de cœur ». Le verbe *affectionner* veut absolument après lui un nom de chose. *Primitif* est mauvais, hormis deux significations consacrées. Il faut s'abstenir d'*impatient* dans la belle acception latine : « *impatient* du joug ». De même ces adjectifs : *insatiable, incurable, ambitieux*, quelque commodément qu'ils semblent s'adapter à un régime, « ne souffrent pas de queue »; et c'est mal parler que de dire : « *insatiable* de biens », « *incurable* à tous remèdes », « *ambitieux* d'honneurs ».

(1) Ainsi *fléchir* le bras, une église *foudroyée*, l'*édification* du Temple, seraient autant d'expressions vicieuses.

Ajoutez que les mots sont soumis à une sorte de régime de castes, plusieurs qu'on ne veut pas complètement abolir étant relégués dans un rang inférieur ou immobilisés dans un coin étroit de la langue. Ainsi *débonnaireté, suavité, indélébile* sont exclusivement du langage mystique. Il faut réserver *purification* à la Bible. *Gracieux, antique,* au moins dans l'étendue entière de leur sens, appartiennent à la poésie. D'autres, tels que *hobereau, émerillonné,* ne se souffrent que dans la conversation et sur le ton de la plaisanterie. Enfin, dernier raffinement! l'on en voit, comme *mignon,* qui ont une grâce particulière dans la bouche des dames.

Mais l'usage dont Bouhours est l'interprète ne se borne pas à gêner les mots par ces rigueurs minutieuses; s'il les trie avec un soin extrême, s'il les veut peu nombreux, il les fait aussi valoir en perfection. La langue, si frugale, est en même temps exquise. Dans le style aussi bien qu'en tout le reste, le génie du siècle de Louis XIV fut moins en effet de créer une matière abondante et riche, que de donner aux plus simples choses un ordre et un éclat admirables. Du groupement de mots ordinaires on sut alors tirer des ressources infinies. Les tendresses que les poètes de la Pléiade croyaient mieux peindre, à la guise italienne, avec quelque diminutif puérilement mignard, Racine, sans violenter l'oreille, les exprime divinement par un tour de phrase créé. Et non seulement on possède l'art de ménager les mots; mais les mots eux-mêmes se *spiritualisent*; ils reçoivent plus d'âme : leur sens s'affine, ou s'approfondit, ou se transfigure par un emploi métaphorique.

Ce travail qui s'accomplit autour de lui, Bouhours l'observe en témoin sagace, et l'approuve. Timoré à l'excès quand il s'agit d'introduire des mots nouveaux, il écrit avec joie cette rénovation intérieure par où la langue s'enrichit sans se charger ; il applaudit à ces empreintes hardies, dont l'usage frappe des mots communs. Tels *fier*, changeant son sens primitif (le *ferus* latin) pour cette acception délicate qui nous permet l'alliance de mots « fier et tendre » ; *habile*, passant du sens de docte à celui d'adroit ; *fâcheux*, pour dire un importun ; *comédien*, un maître en l'art de feindre ; *entendu*, versé dans un art ; *brillant*, « une argumentation brillante ». Le substantif *tour* a pris une extension remarquable : « tour de visage », « cela a du tour ». *Soutenir, gâter, empoisonner, détruire* (Mithridate *détruit*, a dit Racine) sont devenus de beaux mots en devenant métaphoriques ; de même *s'embarquer* (dans une entreprise), *entrer* (dans la pensée de quelqu'un), *pousser* (un sujet), *donner* (dans un piège), et *mortifier*, et *sacrifier*, et *s'entêter*, et *raffiner*, et cent autres. *Savoir* le monde, *étudier* un homme, ont eu de la hardiesse en leur temps. Un *attachement*, pour dire une affaire de cœur, quelle charmante invention, et tout à fait digne de la galanterie française !

On continuerait longtemps d'énumérer, à la suite de Bouhours, les conquêtes que la langue faisait en profondeur, au moment même où elle resserrait ses limites. Mais ce n'est pas tout. Moins une langue possède de matériaux, plus elle doit s'efforcer qu'il n'y en ait point de banal ou d'inutile ; plus il importe que chaque mot soit doué d'une vertu distincte, que toute idée générale, au lieu de flotter d'un synonyme à l'autre, fixe dans chaque synonyme un de ses aspects divers. De là ces « définitions de mots », si fort prisées jadis qu'elles étaient devenues un divertissement de bonne compagnie, que Bussy exilé y occupait des soirées, que les femmes d'esprit s'en proposaient et s'en envoyaient par lettres. La grammaire ici confinait à la psychologie, l'analyse des mots conduisant naturellement à celle des sentiments. Telle observation de Bouhours ne serait pas déplacée dans un recueil de réflexions morales ; et réciproquement, qu'est-ce que certaines pensées de La Bruyère, que de jolies définitions de mots ? Chez les prédécesseurs de Bouhours, Vaugelas, Ménage (1), nous trouvons peu de chose sur ce chapitre des synonymes ; l'esprit subtil et raisonneur du xviiie siècle s'y exerça au contraire à loisir : mais ainsi que Corbinelli, Bouhours avait déjà préparé les voies ; et si maint grammairien apporta ensuite à cette étude plus d'application et de méthode, nul n'y a surpassé le jésuite en finesse de vue et en industrie d'analyse.

J'avoue que là comme ailleurs il arrive à Bouhours de raffiner ; et, par exemple, c'est pousser un peu loin la passion de l'exactitude que d'avancer qu'on doive plutôt dire le *succès* d'une tragédie et la *réussite* d'une

---

(1) Voy. l'Introduction du *Dictionnaire des Synonymes* de M. Lafaye. Il nomme sur la même ligne Vaugelas, Ménage, et Bouhours : Bouhours, ce me semble, doit être distingué.

comédie, ou de chercher une différence entre « la beauté qui *passe* » et « la beauté qui *se passe* ». Mais on aime à l'entendre expliquer comment *misérable* et *malheureux*, « ces deux frères » jumeaux, ont eu en vieillissant « des destinées contraires »; et soit qu'il attache des significations distinctes à des mots de radical identique, comme *originel* et *original*, *promenoir* et *promenade*, *vacances* et *vacations*, *attache* et *attachement*, *relâche* et *relâchement*, *appareil* et *apparat*, *déshonnête* et *malhonnête*, *homme de la cour* et *homme de cour*, etc.; soit qu'il particularise les nuances diverses d'une même idée générale, en quoi *joli* diffère de *beau*, *vieux* d'*ancien*, un *bon office* d'un *service*, un *bon mot* d'un *beau mot*, une *sentence* d'une *maxime*, l'*élection* du *choix*, le *transport* de la *translation*, etc..: il se montre toujours le grammairien le plus avisé et le plus pénétrant du monde.

Dans la langue ainsi épurée et définie, rien d'arbitraire ne subsiste, rien de hasardé; tout est dit justement et proprement; l'art de la nuance supplée à la richesse du coloris. Supposez un peintre n'ayant sur sa palette qu'un choix restreint de couleurs, et peu éclatantes, mais qui sait en composer une gamme de tons harmonieux et fins : c'est à peu près l'image de l'écrivain, tel que le voit et tel que le veut Bouhours.

CHAPITRE IV

(SUITE DU PRÉCÉDENT).

Perfection de la syntaxe moderne réalisée dans Bouhours. — Ses vues touchant la pureté des phrases; — la régularité de la construction; — la netteté et l'exactitude du discours. — Un joli mot sur Bouhours grammairien. — Il est puriste, et en quelle manière. — Sa traduction du Nouveau Testament prise comme un spécimen de purisme. — Bouhours et Rivarol. Théorie générale de la langue française, comparée à l'espagnole et à l'italienne. — Ses caractères essentiels : naïveté, clarté, simplicité. — Histoire abrégée de la langue depuis les origines jusqu'au xvii° siècle. — Vues justes et hypothèses erronées. — Stabilité relative de la langue moderne, affirmée par Bouhours.

L'invention, le choix, la définition des mots occupent dans la théorie grammaticale de Bouhours une si large place, qu'il convenait d'y insister d'abord. C'est là ce qu'on pourrait appeler le *coloris* du langage; il reste à en étudier le *dessin*, à considérer cet ensemble de lois essentielles que Bouhours rapporte judicieusement à ces trois catégories : pureté des phrases (la *phrase* s'entend ici de toute alliance de mots), — régularité de la construction (c'est la syntaxe), — netteté du discours (1); — à quoi il joint, pour finir, quelques observations sur l'exactitude.

Si Vaugelas s'est pu glorifier d'avoir posé à cet égard

(1) Ce sont les chapitres ii, iii et iv des *Doutes sur la Langue*. Le chap. i a rapport aux *Mots*, et le chap. v à l'*Exactitude du style*.

« des principes qui n'auront pas moins de durée que notre empire », le mérite appartient à Bouhours d'avoir fait de ces principes mainte application nouvelle. Avec lui sont abolies les dernières licences, toutes les pièces du discours s'ajustent très exactement, et le style achève de s'organiser sur le plan qu'il a conservé, à peu de chose près, jusqu'à nous.

Sans doute notre vocabulaire a vu en deux siècles des révolutions et des métamorphoses; les mots ont changé et changeront; mais l'art même qui régit leur groupement s'est-il modifié? Depuis Vaugelas, fort peu. Point du tout depuis Bouhours. Cette phrase moderne, tendant à l'analyse et à la précision, trop déshabituée du large mouvement périodique par où Pascal et Bossuet ont un instant réalisé l'absolue perfection, mais dégagée et vive d'allure, se dessine déjà dans Bouhours, d'autant plus apparente qu'elle y contraste avec la phrase négligée et démesurément synthétique où s'attarde Port-Royal. Bouhours se propose de substituer décidément l'une à l'autre. Sa critique n'est donc pas simple jeu d'épilogueur dénigrant, c'est besogne efficace de réformateur. Marquons-en quelques points principaux.

Quant à la liaison des mots, Vaugelas n'en ayant point traité, Bouhours est le premier qui la soumette à un examen sérieux. Que les termes soient accouplés tant bien que mal en des expressions intelligibles, cela ne lui suffit point : ils doivent s'attirer par des affinités réciproques, s'unir suivant ces lois d'harmonie intime que la réflexion découvre à un esprit juste. Se payer d'un à-peu-près, passer condamnation sur une impropriété, c'est à quoi nulle autorité ne le peut résoudre. « *Rendre la guérison* », dit Malherbe : mais Malherbe est en faute, c'est la santé qui se *rend*. « *Acquérir des fluxions* », dit Balzac : non pas, car qui dit *acquérir* suppose une chose souhaitée et cherchée. « *Larmes inconsolables* », dit Lemaître de Saci : à tort, est-ce que l'on *console* des larmes? Ces petits redressements semblent peu de chose en soi : multipliez-les, vous aurez puissamment fait pour la bonne discipline de la langue.

Il y a surtout deux genres d'impropriétés que Bouhours combat d'un zèle infatigable : premièrement ce qu'on nomme le « parler par phrases », c'est-à-dire ces expressions affectées : « *sortir de l'honneur de votre souvenir* » (Voiture), « *tomber dans la sévérité de la justice* » (Port-Royal), « *être assujetti au trouble des passions* » (id.), dont l'apparente rondeur dissimule le vague ou l'embarras de la pensée ; ensuite les métaphores incohérentes, comme celles-ci, marquées au coin de Port-Royal : « des *désordres* qui *dévorent* la face de l'Eglise », « *assiégé* d'un *déluge* d'hérésies », « discours *arrosé* de *ferventes* prières », etc. Là-dessus Bouhours ne transige pas : la moindre disparate, quand l'usage même aurait l'air d'y consentir, lui est une chose monstrueuse, attendu que « l'esprit, comme il dit très justement, ne trouve pas son compte dans ces images qui le dissipent et lui font prendre le change » (1).

(1) Cette règle de la métaphore suivie n'était pas toujours exactement observée, même par les bons écrivains du xviie siècle. Elle a plus d'importance encore aujourd'hui que le style, plus matériel et haut en couleur, s'adresse davantage à l'imagination. Le maître de nos écrivains coloristes, Théophile Gautier, se rencontrait

Voici une autre réforme sanctionnée par Bouhours. De tout temps le français, à l'imitation du latin, avait usé de l'accumulation des synonymes, et Vaugelas approuvait ce redoublement de la même idée, le comparait à un second coup de pinceau qui achève la ressemblance. Mais Bouhours, inaugurant la précision du langage moderne, se sépare ici de Vaugelas ; il ne permet plus ces redondances, telles que « *bornes et limites* », « *vaincu et surmonté* », et professe nettement que « notre langue est plus exacte que la langue latine et la langue grecque pour les synonymes ».

Au regard de la construction, il ne fait souvent que répéter Vaugelas, d'autres fois il le développe. Je ne parle pas seulement de quelques tours spéciaux, ignorés ou mal accueillis du premier, et que nous trouvons chez l'autre gratifiés du droit de cité ; mais sur certains points de syntaxe Bouhours est plus exigeant que son maître. Ainsi, c'était un usage constant, même chez Amyot, même chez Coëffeteau, de donner un seul régime à deux verbes se construisant différemment (1); Vaugelas, qui s'avisa de l'irrégularité, n'osait pourtant la condamner et se bornait à la déconseiller aux écrivains parfaits. Or, ce conseil de perfection, Bouhours l'érige en règle obligatoire, laissant dérisoirement la liberté du solécisme aux retardataires de Port-Royal. L'ellipse d'ailleurs, en ce cas manifestement vicieuse, lui déplaît encore que légitime. Lui que nous avons vu effacer de

sur ce point avec Bouhours; il disait plaisamment : « Je suis très fort.., et je fais *des métaphores qui se suivent*. Tout est là ! »

(1) Vaugelas donne cette phrase pour exemple : « *Il embrassa et donna la bénédiction à son fils.* »

la langue, par amour de la précision, les dernières traces du pléonasme, la peur du style « estropié » lui fait fuir le laconisme. Il admet difficilement que le verbe, exprimé dans un premier membre de phrase, soit sous-entendu dans un autre (1). De même, ces locutions vives et rapides, où l'on voit une proposition immédiatement gouvernée par un substantif, lui semblent, à lui, « furieusement abrégées »; au lieu de dire, avec l'auteur de *la Princesse de Clèves* : « *l'opinion qu*'elle avait sacrifié », « *le bruit que* j'étais amoureux », « *l'impatience de* se justifier », il voudrait ces soudures logiques : l'opinion *qu'elle a que..*, le bruit *qui courait que..*, l'impatience *où elle était de...*: raffinement bizarre (si raffiner un peu n'était son péché d'habitude), à quoi la langue perdrait de la concision, sans qu'on voie bien ce qu'elle gagnerait en clarté. On sait meilleur gré à Bouhours du soin qu'il met à purger le style des incidentes mal liées, des participes « en l'air » et qui ne se rapportent à rien, enfin de toutes ces variétés de phrases peu ou point construites que se permettaient trop souvent les écrivains de Port-Royal.

Mais c'est peu que chaque phrase contente l'esprit et par le travail du détail et par l'équilibre de l'ensemble; il faut que tout y plaise au premier coup d'œil; « rien à la lecture ne doit faire de la peine; la pensée se doit voir comme la lumière du soleil, sans qu'on y fasse effort ». Bouhours, en conséquence, proscrit l'emploi confus des

---

(1) Ainsi il désapprouve cette phrase de Saci : « *J'ai été nu, et vous m'avez habillé; malade, et vous m'avez visité; prisonnier, et vous êtes venu me consoler.* »

il, des *eux*, des *lui* se rapportant à des personnes différentes ; l'emmêlement des pronoms possessifs ; les antécédents trop éloignés de leurs relatifs ; les constructions équivoques ; même jusqu'à certains arrangements de mots qui peuvent produire un semblant d'obscurité. Il s'accuse lui-même d'avoir écrit dans ses *Entretiens* : « le maître *du monde le plus impérieux* », bien que « la fausse idée attachée à cette phrase ne fasse que passer par l'esprit : mais cela même est trop. » Surtout les longues parenthèses, les incidentes multipliées, les périodes à perdre haleine (Bouhours se donne le plaisir d'en citer plusieurs d'Arnauld, ou des amis d'Arnauld) sont ce qu'on peut imaginer de plus contraire à la netteté de la langue ; car le style français, à l'opposé du grec et du latin, veut être bref et coupé : définition remarquable où se trouve déjà contenue la formule du discours moderne.

Bouhours note aussi les *que* et les *qui* redoublés ; et, sans en faire précisément une faute, il les range, au dernier chapitre des *Doutes*, parmi ces « négligences », ces menues défectuosités de style qui font moins de peine à l'esprit qu'elles n'offensent l'oreille. C'est dans ce chapitre qu'il enseigne les dernières finesses de l'art : à éviter les répétitions fréquentes d'une même particule dans une période, d'un même mot spécieux ou fort dans une page ; à fuir les rimes, les consonances et les hiatus ; enfin à rompre, suivant le précepte de Vaugelas, toute cadence poétique fourvoyée dans la prose. « *On fait beaucoup quand on aime beaucoup* », « *Prenez plaisir à consulter les sages* », dit Saci traduisant l'*Imi-*

tation. Vous demandez ce que ces phrases si simples peuvent avoir d'incorrect? Prenez garde qu'elles se scandent comme des vers de dix pieds! et nul moyen, pour Bouhours, d'absoudre cela. Ce dernier trait s'accorde bien avec l'ensemble du système : ayant débuté par des rigueurs outrées sur le chapitre des mots, Bouhours finit, sur la cadence des phrases, par un scrupule.

Un critique du xviiie siècle a dit joliment : « On peut comparer le P. Bouhours, en matière de langage, à ces directeurs trop rigides qui troublent les consciences pour vouloir trop les épurer (1). » Et de son vivant, par une boutade moins révérencieuse, certain ami (2) l'avait surnommé « l'empeseur des Muses ». Il y a bien du vrai dans ces deux jugements. A parler sans figure, Bouhours offre à nos yeux le type achevé du purisme, ce mot étant pris ensemble pour une critique et pour un éloge. Le puriste, en effet, connaît parfaitement sa langue et empêche qu'on en mésuse; mais le malheur est qu'en prétendant la parler constamment le mieux possible, il se prive d'une infinité de manières de la bien parler. Il en extrait une sorte de quintessence, et tient tout le reste pour un résidu méprisable. Il tend par un sentier ardu et étroit à un idéal de perfection, — qui n'est autre pour Bouhours que l'usage de la société polie, — et à droite, à gauche, tout lui est précipice.

Où l'on voit de façon frappante combien une langue se dessèche par le purisme et se décolore, c'est quand

---

(1) Sabatier de Castres, *les Trois Siècles littéraires de la France* 1772.
(2) L'abbé de La Chambre.

un puriste se mêle de traduire un écrivain étranger d'une imagination riche et d'un tour d'esprit original : il advient alors que le traducteur, rigide et compassé qu'il est, au lieu d'entrer dans le génie de son auteur, plie l'auteur à son propre goût; il le dépayse, il le *modernise*, il l'affuble de sa diction comme d'une livrée banale (1).

Prenons pour exemple le *Nouveau Testament* de Bouhours, cet ouvrage si correct et poli, par lequel les jésuites pensaient faire oublier la Version de Mons et qui tient encore un bon rang parmi les traductions françaises de l'Ecriture, quoique sensiblement inférieur au travail de Saci. Bossuet pourtant blâmait dans ce dernier des tours trop recherchés, trop d'industrie dans les paroles, une affectation de politesse « qui n'est pas du Saint-Esprit ». Mais s'il est vrai que messieurs de Port-Royal altèrent souvent par une redondance oratoire la naïveté de l'original, s'il leur arrive d'apprêter et de guinder l'Evangile, du moins ils n'en égayent pas la gravité chrétienne, ils ne l'enjolivent pas; ils ne font pas, comme Bouhours s'en est attiré le reproche, parler le Seigneur « à la rabutine ».

L'ingénieux jésuite se félicite, en sa préface, d'avoir donné de l'Ecriture une traduction « aussi pure qu'elle le peut être » ; et de fait, c'est là le pur langage de la cour. On dirait qu'il ne cherche pas de quel ton s'est

(1) A vrai dire, tout le xviie siècle (et aussi le xviiie) a été *puriste* en matière de traduction : et voilà pourquoi il ne reste pas de cette époque si fertile en chefs-d'œuvre une seule traduction française de poète grec ou latin, qui soit digne de vivre. Voyez, à ce propos, les réflexions de P.-L. Courier dans la belle *Préface* de sa traduction d'Hérodote.

énoncé l'évangéliste, mais comment parlerait un personnage du bel air qui aurait à conter la même chose. La préoccupation est visible, aux premiers mots du premier chapitre. « *Abraham genuit Isaac* », dit saint Mathieu. Assurément, ce n'est point par le verbe *engendrer* que la langue actuelle a coutume de signifier les généalogies, et qui dirait que M. Colbert a engendré M. de Seignelay, parlerait fort incongrûment : Bouhours se gardera donc d'écrire qu'Abraham engendra Isaac: « *Abraham fut père d'Isaac* », à la bonne heure ! « Aimez votre prochain », se peut-il une locution plus claire et plus naturelle? Bouhours cependant la remplace — il n'est pas trop question de « prochain » à la cour, — et préfère cette infidélité tortillée : « Aimez *ceux avec qui vous avez quelque liaison* » Ailleurs, le *Beati pacifici* devient : « Heureux *ceux qui ont l'esprit* pacifique », car de dire « les pacifiques » comme on dit « les grands » ou « les anciens », cela serait trop osé. Les Pharisiens ne sont plus « *repleti insipientia* » (Luc, v, 11), selon l'énergique hébraïsme; ils demeurent « *tout interdits* ». « *Cum adhuc tenebræ essent* », lit-on ailleurs (Jean, xx, 1); « *on ne voyait goutte* », écrit lestement Bouhours (1). Ainsi disparaissent les termes consacrés, s'évanouissent les vives figures orientales; partout des gentillesses de style, des

---

(1) La plupart de ces observations grammaticales se trouvent, entre beaucoup d'autres, dans un manuscrit anonyme de la Bibliothèque nationale (Fr. 24736) : *Remarques sur le N. T. du P. Bouhours*. C'est un recueil de passages extraits de la 1re partie de la traduction de Bouhours (les Evangiles), et critiqués en général avec beaucoup de sagacité et de bon sens.

tours coquets, de jolis gallicismes ; bref une traduction de l'Evangile agréable, coulante, exacte même, à laquelle rien ne manque à peu près; que l'air évangélique.

Mais ne gourmandons pas trop aussi le purisme de Bouhours. Quelque travers qu'on y reprenne d'ailleurs, ce purisme-là est bien français : il respecte les irrégularités naïves, il recherche le gallicisme, il fait profession de déférer en tout à l'usage, mais ne prétend pas rendre des oracles au nom de la raison abstraite et n'a pas encore dégénéré en pédanterie sèche et ergoteuse. Ce serait faire injure à Bouhours de l'assimiler à tel éplucheur de mots qui venait à sa suite (1), ou de le confondre avec ces « grammairiens rectilignes » (2) qui bientôt foisonnèrent. Son purisme, à lui, procède de Vaugelas et conduit à Voltaire. Encore, s'il eût fait les *Commentaires sur Corneille,* je m'assure que, l'auteur des *Doutes* l'aurait pris sur un ton plus respectueux avec le poète du *Cid* : car il n'est ni tranchant ni suffisant; il révère le génie; il n'impose son opinion à personne. Enfin, il se rétracte de si bonne foi et se condamne de si bonne grâce, l'errata général par lequel il termine son œuvre de grammairien (3) a quelque chose de si honnêtement modeste, que cette candeur fait bien passer sur quelques étroitesses de critique ou quelques

(1) Comme l'abbé Tallemant. Voir à ce propos, dans la Corresp. de Racine, une lettre de Racine à Boileau, du 4 août 1687.
(2) Sainte-Beuve. — En tête de ces grammairiens rectilignes, se placent d'Olivet et Condillac. La pierre de touche est sûre : ils sont choqués par la belle ellipse de Racine :

« Je t'aimais inconstant, *qu'aurais-je fait* fidèle ? »

(3) A la fin de la *Suite des Remarques nouvelles sur la Langue.*

duretés mal justifiées à l'endroit de Port-Royal : on écarte les scrupules et les chicanes, et l'on a devant soi un observateur attentif et fin, l'un de ceux qui ont le mieux connu et le plus aimé la langue française.

Il en a d'ailleurs exprimé le génie dans un tableau charmant, et qui, malgré les modes changeantes et le travail de l'âge, n'a pas cessé d'être fidèle. On sait comment réussit au même sujet le ferme et brillant pinceau de Rivarol, et le *Mémoire sur l'Universalité de la Langue française* n'est pas encore en oubli. Bouhours, dans le second *Entretien d'Ariste et d'Eugène*, a bien du rapport avec Rivarol, et le précédait d'un siècle. Il profita lui-même de ce qu'avaient déjà ébauché Henri Estienne en sa *Précellence du Langage français sur l'italien*, Louis Le Laboureur en ses *Avantages de la Langue française sur la latine*; mais ces essais partiels n'ôtent rien à son originalité : si c'est une vue d'ensemble que l'on veut, et une philosophie complète de la langue, Bouhours est le premier qui puisse nous satisfaire (1).

Après avoir constaté la merveilleuse diffusion du français dans l'univers, Bouhours se met à le comparer avec les deux langues sœurs ; et de ce contraste ingénieusement ménagé ressort le lumineux génie de notre idiome :

« Les langues, dit-il, ont été inventées pour exprimer les conceptions de notre esprit, et chaque langue est un art particulier de rendre ces conceptions sensibles et de

(1) Entre Bouhours et Rivarol, l'académicien Charpentier composa un volumineux traité de l'*Excellence de la Langue française*; on y relèverait parmi bien du fatras quelques pages intéressantes.

les peindre ; de sorte que, comme les talents des peintres sont divers, les génies des langues le sont aussi. Il y a des peintres qui excellent en portraits et qui expriment jusqu'aux nuances et aux sentiments des personnes. Il y en a d'autres qui, quelque habiles qu'ils soient, ont de la peine à attraper cet air qui distingue un visage de l'autre : leurs couleurs sont éclatantes, leurs traits sont hardis.., mais leurs portraits ne sont pas fort ressemblants. Il en est de même des langues : il y en a quelques-unes qui ne sont pas heureuses à peindre les pensées au naturel. Telle est entre autres la langue espagnole. Elle fait les objets plus grands qu'ils ne sont, et va plus loin que la nature ; elle ne garde nulle mesure en ses métaphores, elle aime passionnément l'hyperbole (ne dit-elle pas un *cœur géant*, un *archi-cœur*?)... La langue italienne ne réussit guère mieux à copier les pensées : elle n'enfle peut-être pas tant les choses, mais elle les embellit davantage. Elle songe plus à faire de belles peintures que de bons portraits, et pourvu que ses tableaux plaisent, elle ne se soucie pas trop qu'ils ressemblent... Car cette langue, ne pouvant donner aux choses un certain air qui leur est propre, elle les orne et les enrichit autant qu'elle peut. Mais ces ornements et ces enrichissements ne sont pas de véritables beautés. »

Entre le faste et la grandiloquence de l'une et les futiles mignardises de l'autre, la langue française est la seule, au gré de Bouhours, « qui sache bien peindre d'après nature, et qui exprime les choses précisément comme elles sont ». Elle n'aime point les exagérations, qui « altèrent la vérité » ; c'est pourquoi elle se prive de superlatifs et de diminutifs (1) — *grandissime, bellissime* sont des dictions monstrueuses en la langue, et les *rossignolet*, les *doucelet*, les *mignardelette* et *blondelette* n'y furent qu'une mode passagère. — De même, « elle use sobrement des hyperboles, parce que ce sont des figures ennemies de la vérité ». Réservée sur la métaphore, « elle ne s'en sert que quand elle ne peut s'en passer, ou que les mots métaphoriques sont devenus propres par l'usage. Surtout elle ne peut supporter les métaphores trop hardies »; elle ne tire pas les siennes de trop loin; elle ne les pousse pas trop loin aussi. Et ces métaphores continuées en allégories, qui font les délices de l'espagnol et de l'italien, sont chez elle des extravagances. Bien plus, « sa poésie n'est guère moins éloignée que sa prose des façons de parler figurées..; et le langage des poètes français n'est pas comme celui des autres poètes, fort différent du commun langage (2) ».

La plus vraie des langues en est aussi la plus claire; et cette clarté proverbiale, qui sait rendre lumineuse la brièveté même, est une chose où Bouhours ne manque pas d'insister. Elle paraît, à ses yeux, dans l'emploi con-

---

(1) Comparez Rivarol (*Mémoire sur l'Universalité de la Langue française*) : « Si on ne lui trouve pas [au français] *les diminutifs* et *les mignardises* de la langue italienne, son allure est plus mâle. Dégagée de tous les protocoles [il y faut comprendre sans doute les *superlatifs*] que la bassesse invente pour la vanité.., elle en est plus faite pour la conversation... Elle est de toutes les langues la seule qui ait une probité attachée à son génie. »

(2) Cf. Rivarol : « Les métaphores des poètes étrangers ont toujours un degré de plus que les nôtres ; ils serrent leur style figuré de plus près et leur poésie est plus haute en couleur. Il est généralement vrai que les figures orientales étaient folles, que celles des Grecs et des Latins ont été hardies, et que les nôtres sont simplement justes. »

tinu des articles et des pronoms; elle éclate dans cet ordre logique du discours, dont le français a le privilège d'être esclave : « Les Grecs et les Latins ont un tour irrégulier; il finissent le plus souvent leurs périodes par où la raison veut qu'on les commence... Les Italiens et les Espagnols font à peu près le même : l'élégance de ces langues consiste en partie dans cet arrangement bizarre ou plutôt dans ce désordre et cette transposition étrange de mots. Il n'y a que la langue française qui suive la nature pas à pas... La merveille est que dans la poésie même, où toutes les langues ont plus de liberté, elle garde cet ordre [naturel] autant qu'elle peut (1). »

C'est cette lucidité qui la rend merveilleusement propre et à la discussion des affaires et à l'analyse des sentiments. « Langue d'Etat », disait Charles-Quint (2). « La langue du cœur », ajoute Bouhours: non pas des sens remués, ni de l'imagination échauffée : cela est le fait d'autres langues qui, plus attachées aux dehors des choses, enfoncent moins aussi dans l'âme; « le cœur ne sent point ce qu'elles disent, et elles ne disent point ce que le cœur sent. » Jugement peu équitable à première vue, quand on se souvient de Pétrarque, du Tasse, de sainte Thérèse; définition exquise, si l'on fait réflexion qu'au moment où la formulait Bouhours, La Rochefoucauld

---

(1) Cf. Rivarol : « Ce qui distingue notre langue des langues anciennes et modernes, c'est l'ordre et la construction de la phrase. Cet ordre doit toujours être direct et nécessairement clair... La syntaxe française est incorruptible, c'est de là que résulte cette admirable clarté, base éternelle de la langue : *ce qui n'est pas clair n'est pas français.* » — Cf. aussi Voltaire, au mot LANGUES du *Dict. phil.*

(2) Cf. Rivarol : « Sûre, *sociale, raisonnable*, ce n'est plus la langue française, c'est la langue humaine. »

avait donné les *Maximes*, Racine composé *Andromaque*, Mme de Sévigné commençait à écrire à sa fille !

Enfin, cette langue qui ne sait pas mentir a pour dernier caractère de dire le vrai simplement. Elle est ennemie née de toute étrangeté ; « elle souffrirait plutôt des barbarismes que des afféteries ; et si elle était capable d'affecter quelque chose, ce serait un peu de négligence... *Bella ancor ch'incolta* ». Sa simplicité est d'abord sensible en la prononciation : car « son premier soin est de contenter l'esprit, et non pas de chatouiller l'oreille ». Tandis que le castillan vous enfle la bouche de « termes vastes, résonnants », pleins « de pompe et d'ostentation » ; que l'italien vous amuse au gazouillement de ses diminutifs, à ses syllabes voluptueusement modulées, à son perpétuel cliquetis de rimes et d'allitérations, le français, avec « ses mots d'une longueur raisonnable », peu sonores, peu variés d'accent, ornés toutefois « de cet *e* muet que les autres langues n'ont pas » et qui donne à notre rime une grâce singulière, se distingue par une harmonie sérieuse et mâle. Les autres peuples, selon Bouhours — qu'on peut bien accuser ici de quelque vanité nationale, — « chantent, râlent, déclament, soupirent, sifflent : il n'y a proprement que les Français qui parlent. » C'est encore en vertu de cette simplicité que la langue hait les mots composés comme *charme-souci*, *suce-fleurs*, et autres inventions de la Pléiade ; qu'elle fuit les « phrases » ; qu'elle n'aime pas les périodes trop arrondies ; qu'enfin tout ornement lui est à charge, qui sent trop l'étude et l'apprêt. « Pour plaire, il ne faut point avoir trop d'envie de plaire. Le beau langage ressemble à une eau pure et nette, qui n'a point de goût, qui coule de source, qui va où sa pente naturelle la porte, et non pas à ces eaux artificielles qu'on fait venir avec violence dans les jardins des grands et qui y font mille différentes figures. Car la langue française hait encore tous les ornements excessifs : elle voudrait presque que ses paroles fussent toutes nues, pour s'exprimer plus simplement; elle ne se pare qu'autant que la nécessité et la bienséance le demandent. »

A vrai dire, cette beauté maigre et « nue », cette eau limpide et « qui n'a pas de goût » paraîtrait aux modernes, et non sans raison, un symbole assez peu attrayant de simplicité. C'est ici la mode d'un siècle plutôt que l'immuable complexion de l'esprit français. De fait, on ne conçoit pas nécessairement le français avec ce caractère de simplicité outrée, non plus qu'avec cet air noble et majestueux que Bouhours lui suppose essentiel. Mais Bouhours, en traçant l'image de notre langue, la copie telle qu'elle est devant ses yeux, avec certaines particularités accessoires et transitoires : l'important est qu'il en saisit aussi les grandes lignes et la physionomie permanente. La langue française, en effet, peut bien passer de la noblesse aristocratique à la familiarité populaire, elle peut être colorée plus ou moins ; mais le jour où elle ne serait plus la langue « vraie » et la langue « claire » par excellence, le jour où l'idéal de Bouhours cesserait d'être en cela réalisé, il n'y aurait plus de langue française.

Qu'Ariste et Eugène louent magnifiquement la langue

adulte et revêtue de cette politesse classique qui les enchante, il n'y a rien là d'étrange ; le singulier et l'inattendu, c'est qu'ils s'intéressent aussi à ses origines, qu'ils la suivent jusqu'en « ces siècles grossiers » tant méprisés de Boileau, qu'ils mêlent en un mot dans leurs dialogues mondains une histoire abrégée du vieux français.

Ils ne faisaient au reste que remplir un programme déjà tracé par Vaugelas. Celui-ci expose, à la fin de la préface de ses *Remarques*, ce qu'aurait pu faire « un homme éloquent », exploitant cette veine historique : « ... Descendant du général au particulier de notre langue, ne l'eût-il pas considérée en tous les états différents où elle a été ? N'eût-il pas dit depuis quel temps elle a commencé à sortir comme d'un chaos ?... N'eût-il pas représenté notre langue comme en son berceau, ne faisant encore que bégayer, et ensuite son progrès, et comme ses divers âges, jusqu'à ce qu'enfin elle est parvenue à ce comble de perfection où nous la voyons aujourd'hui ?... La gloire en est réservée à une personne qui médite notre rhétorique : c'est celui qui doit être ce Quintilien français, que j'ai souhaité à la fin de mes Remarques. »

Le Quintilien français (entendez Patru) était fort nonchalant, et n'exécuta rien : Bouhours s'avisa de le remplacer.

Bouhours n'était point un homme de patiente et profonde recherche ; mais incapable de remonter aux sources originales, son érudition allait jusqu'à connaître ces grands érudits qui dès le xviᵉ siècle jetèrent les bases de notre grammaire historique. Ainsi, comme Vaugelas lui avait suggéré le dessein de cet essai, les Henri Estienne, les Fauchet, les Pasquier lui en fournirent tous les matériaux, lui-même ajoutant de son fonds ce talent de coordonner et de présenter les choses en quoi réside, selon l'expression moderne, l'art du vulgarisateur. Maintenant que par l'étude exacte des textes, par la sûreté des méthodes philologiques, la formation des idiomes romans nous est connue avec une précision en quelque sorte mathématique, il est clair que ces pages de Bouhours sont destituées de valeur : ce qui s'y trouve de vrai nous semble banal, ce qu'il y a de faux, trop faiblement appuyé pour donner prise à la réfutation; un intérêt toutefois s'y attache, c'est qu'elles nous sont un document unique des idées que se pouvait faire, sur l'histoire de la langue française, un esprit docte et curieux du xviie siècle.

Ces idées sont plus justes, elles reposent sur une connaissance du passé moins imparfaite qu'on le pourrait croire. Non seulement à partir d'Amyot et de Ronsard, qu'il est à même d'étudier directement, Bouhours donne des variations du langage un exposé succinct, mais net et satisfaisant; non seulement il marque, d'après H. Estienne, les emprunts que notre vocabulaire du moyen âge fit à la vénerie et à la fauconnerie : mais à la suite de Pasquier, de Fauchet, il explore les origines; il considère comment s'est effectuée la romanisation de la Gaule; il s'arrête aux monuments primitifs de notre langue, citant le Code de Guillaume le Conquérant, citant ces Serments de 842, dont force philologues n'avaient pas célébré encore l'antiquité vénérable. Bouhours arrive ainsi au point où le français prend naissance, espèce de « jargon » composé « de gaulois, de latin et de tudesque ». Mais, s'il discerne les éléments du mélange, il se trompe sensiblement sur leurs proportions respectives. Tandis qu'il exagère la part du celtique, lequel n'a laissé dans le roman que des traces négligeables, qu'il exagère surtout celle des idiomes germaniques, qui l'ont enrichi de quelque matière, mais sans altérer nullement sa forme et sa structure intime, il méconnaît l'importance dominante du latin populaire, où notre français cependant est contenu tout entier, comme l'homme mûr l'est dans le jeune homme. L'article, les auxiliaires *être* et *avoir* lui semblent chez nous d'importation tudesque : hypothèse que suffiraient à ruiner, je ne dis pas les inscriptions et les chartes de la basse latinité, mais certains textes classiques qui sont entre les mains de tout le monde : qu'est-ce que le *ille* emphatique, si fréquent chez les comiques romains, qu'un acheminement à l'article? et lorsqu'on rencontre dans Cicéron, dans Tite-Live la forme périphrastique *habeo dictum*, n'a-t-on pas un exemple anticipé de notre auxiliaire *avoir*?

Mais au temps de Bouhours, on a peu l'idée de cette loi d'évolution continue, suivant laquelle le germe analytique contenu dans le latin s'est développé librement dans les langues romanes. Et des années aussi passeront, avant que la phonétique ait déterminé le mécanisme précis par où les mots latins peu à peu sont devenus mots français. Bouhours voit bien en gros que *Deus*, *homo, mori* revivent, un peu modifiés, dans notre idiome ; mais à ces modifications si intéressantes il ne découvre d'autre raison qu'un hasard, un caprice, tout au plus un artifice d'euphonie. A ce qu'il pense, nos aïeux ont dit indifféremment *Dieu* et *Diex* ; ils ont prononcé d'abord *hom*, puis *home*, parce que cela est plus doux ; à l'infinitif *mori*, ils ont ajouté un *r*, ce qui a fait *mourir* : on l'eût fort surpris sans doute, si on lui avait fait observer que *Diex*, cas-sujet, correspond à *Deus*, comme *Dieu*, cas-régime, à *Deum ;* que *hom* diffère de *home* tout de même que *homo* fait de *hominem* ; que *mourir* ne se peut du tout dériver de *mori*, mais bien d'une forme archaïque et populaire *morire* ; et qu'enfin, partout où il pense apercevoir le jeu du fortuit et de l'arbitraire, règnent des lois d'une constance et d'une simplicité merveilleuses, que l'instinct du peuple a trouvées, et au prix desquelles les inventions concertées des savants font pitié.

Mais parce qu'il ne possède pas la clé de cet ordre, Bouhours le tient pour un désordre et « une pure barbarie ». Faut-il s'en étonner ? Un siècle occupé, comme le xviie, à créer ou parfaire la langue, n'a pas trop le loisir de spéculer sur le détail de ses vicissitudes passées. Si Vaugelas et les siens n'ont eu qu'une connaissance médiocre des transformations historiques du français, il y a du moins, dans cette histoire, un fait capital qui ne leur a pas échappé : ils ont eu conscience qu'» dater de leur siècle les grands changements prenaient fin, que la langue entrait dans une ère de stabilité relative :

« C'est, dit Bouhours, la nature des choses vivantes de

changer de temps en temps; et s'il y a quelques langues modernes qui ne changent point, elles doivent être comptées entre celles qui sont mortes. Je ne prétends donc pas que la nôtre ne change point du tout... Quelques mots et quelques façons de parler pourront s'établir ou s'abolir, selon la bizarrerie de l'usage ; mais ce changement sera tout au plus comme une légère maladie qui arrive dans la force de l'âge, et qui ne change ni le tempérament ni l'humeur. »

Bouhours a entrevu seulement quelque chose du passé de la langue française : mais il en a prédit, dans ce peu de mots, tout l'avenir.

CHAPITRE V

BOUHOURS CRITIQUE.

En quel sens il l'est : sa critique purement dogmatique, et non descriptive. — Place de Bouhours entre Boileau et Fénelon. — Campagne contre le faux goût italien : l'*Entretien* sur le *Bel Esprit*. — Que le bel esprit a pour fond le bon sens. Qu'il est simple, sobre et net. Que la modestie lui sied. — *La Manière de bien penser*. Les pensées « vraies ». Les pensées « claires ». — Nécessité de l'ornement : les pensées « sublimes », ou « agréables », ou « délicates ». — Définition de la délicatesse. — Les pensées « naturelles ». Bouhours définit le naturel dans les mêmes termes que Fénelon. — En quoi il est inférieur à Fénelon. Recherche de l'agrément ; le « vrai orné ». — Sa critique manque d'ampleur. — Indulgence pour les beaux esprits médiocres. — Estime pour la littérature futile. L'art des « Devises ». — Bouhours éclectique prudent, mitoyen entre les précieux et les classiques.

Si Bouhours, considéré sur le pied de grammairien, n'est que le second de Vaugelas : pour la curiosité variée, pour la souplesse et l'étendue d'esprit, Vaugelas lui cède sans comparaison. Les limites un peu étroites où celui-ci se renferme, Bouhours lui-même s'y tient sans déplaisir, mais d'autres fois il passe outre et se donne un plus vaste champ. Ses détracteurs l'ont voulu qualifier de peseur de syllabes, à qui il ne manque, pour parfaitement écrire, que de savoir penser : la vérité est qu'il pense, et finement ; qu'une belle idée ou une imagination brillante ne le touchent pas moins qu'une phrase faite avec art ; que chez lui, en un mot, le sens grammatical se complète le plus heureusement du monde par le goût littéraire. Déjà il annonçait l'un et l'autre dans les *Entretiens d'Ariste et d'Eugène.* Un peu plus tard, le gentilhomme bas-breton proposant ses *Doutes sur la Langue française* y promettait aussi des « doutes sur les pensées », qu'il ne jugeait pas moins curieux ni moins nécessaires. Le projet fut longtemps caressé, différé ; Eudoxe enfin — c'est le héros de *la Manière de bien penser* — dégagea la parole du bas-breton : et cela d'une façon qui assurait à Bouhours une brillante réputation de critique (1).

Au reste, appliqué à Bouhours, ce terme un peu vague de critique littéraire prend une signification restreinte qu'il convient de particulariser d'abord. En effet, les tra-travaux accessoires des compilateurs et des rhéteurs étant mis à part, la critique littéraire proprement dite se peut présenter à nos yeux sous deux formes tout à fait distinctes. Ici, dogmatique et absolue, elle a coutume de juger, non de peindre ; elle pose certains principes, d'où elle déduit des approbations et des blâmes ; elle envisage surtout le grand écrivain comme un modèle, le chef-

---

(1) Ses ouvrages relatifs à la critique littéraire sont : 1° le quatrième des *Entretiens d'Ariste et d'Eugène* (le Bel Esprit), 1671 ; 2° *la Manière de bien penser*, 1687 ; 3° les *Pensées ingénieuses des Anciens et des Modernes*, 1689, auxquelles il faut ajouter 4° les *Pensées ingénieuses des Pères de l'Eglise*, 1700. Enfin diverses préfaces de lui sont utiles à consulter.

d'œuvre comme un vivant exemple des règles du beau. Ailleurs, descriptive et positive, constatant des faits et mesurant des forces, elle étudie l'œuvre d'art ainsi qu'un physicien ferait un phénomène de la nature ; elle cherche dans un livre l'auteur, dans l'auteur un homme; elle écrit chapitre à chapitre cette histoire naturelle des esprits, véritable complément de l'histoire sociale, que le chancelier Bacon a le premier rêvée et définie.

Cette manière de critique, où notre temps a excellé, le xviie siècle l'ignore ou n'y voit qu'un amusement sans conséquence. « J'ai cette faiblesse, avoue Pellisson comme en s'excusant, d'étudier souvent dans les livres l'esprit de l'auteur beaucoup plus que la matière qu'il a traitée (1)... » Il ne se doutait guère que cette faiblesse-là, réduite en système, deviendrait par la suite une des formes les plus fécondes de l'activité intellectuelle.

Cependant, soit que l'un ou que l'autre prédomine de ces deux courants critiques, on ne les voit presque jamais sans un mélange réciproque. D'un côté, quelque désintéressée que soit l'exposition des faits de la littérature, il n'est pas possible que le sentiment de l'historien ne s'y fasse jour; et qui voudrait bannir de la critique les notions capitales de perfection et de défaut, de proportion et de désordre, celui-là sans doute ruinerait la critique de fond en comble. D'autre part, il y a des occasions où le plus déterminé faiseur de préceptes s'abandonne au charme d'observer et de peindre la vie, où le juge

---

(1) Cité par M. Marcou dans son *Etude sur la Vie et les Œuvres de Pellisson*, 1859.

insensiblement se fait portraitiste. C'est ainsi que le XVIIe siècle, bien que peu soucieux de notre moderne habileté descriptive, nous a néanmoins laissé dans ce genre plus d'un essai qui a son prix. Pétrone est délicieux, crayonné par Saint-Evremond. Les portraits littéraires de La Bruyère nous intéressent comme ferait une suite de vigoureuses eaux-fortes. De certains alexandrins de Boileau on voit des profils de poètes se détacher en relief, ainsi que de médailles bien frappées. Et à la manière dont Fénelon accommode une citation de Démosthène ou de Virgile, je sens tout Virgile, tout Démosthène dans une page de Fénelon.

Bouhours n'offre, à la vérité, rien de pareil, car ce n'est pas la peine de compter ici un joli morceau à propos du Tasse et quelques fines remarques, çà et là disséminées, sur Voiture) : il a aussi peu que possible la curiosité de l'historien et l'imagination du peintre ; et c'est uniquement à titre d'homme de goût, d'arbitre des ouvrages d'esprit, qu'il s'est fait sa place entre nos critiques littéraires.

Place d'autant plus apparente, que ceux-ci, au XVIIe siècle, n'abondent guère. Les deux génies critiques les plus puissants qu'ait produits la France, l'un qui brillait avant l'aube du grand siècle, l'autre qui en accompagna le déclin, Montaigne et Bayle, appartiennent proprement à la philosophie, plus curieux qu'ils étaient du jeu des idées que sensibles aux prestiges des belles-lettres. Saint-Evremond est un amateur délicat, qui a effleuré un peu toute chose, « à la française », sans laisser nulle part de marques bien profondes. Le

Bossu, d'Aubignac ne sortent pas de l'ingrate théorie. Conrart compile, Pellisson narre et loue, plutôt qu'ils ne critiquent. Quoi encore? Il faut en venir à Boileau et à sa suite. J'y compte Bouhours : au bord de la grande voie ouverte par le satirique, élargie bientôt par La Bruyère et par Fénelon, il chemine de son pas léger, comme aussi Rapin, chez qui l'on a pu relever de curieuses affinités avec Fénelon (1) ; mais tandis que, répandu sur trop de choses, esprit plus actif qu'original, Rapin n'obtint jamais dans le domaine critique une sérieuse autorité : de Bouhours au contraire, et de lui seul, on peut dire que sur plus d'un point, placé entre Boileau et Fénelon, il a efficacement secondé l'un, prévenu l'autre.

Dès 1671, un des *Entretiens d'Ariste et d'Eugène*, celui du *Bel Esprit*, exposait en raccourci tout son système littéraire. Cet Entretien, précédant de peu d'années la publication de *l'Art poétique* (2), en développait par avance les plus sages préceptes, tellement que mainte page de Bouhours serait pour maint vers du poète un excellent commentaire. Au surplus, Bouhours avait alors pour

---

(1) M. Dejob, *de Renato Rapino*.
(2) Publié en 1674, *l'Art poétique* était déjà connu par les récitations que Boileau en avait faites en plusieurs cercles. Mais il est douteux que Bouhours ait pu beaucoup profiter de ces lectures. L'achevé d'imprimer de ses *Entretiens* est du 15 janvier 1671 ; le texte de l'Entretien du *Bel Esprit* était donc arrêté complètement dans le courant de 1670, et à cette époque *l'Art poétique*, auquel Boileau ne commença de travailler qu'en 1669, ne devait pas être bien avancé.

se guider les satires du même Despréaux, les comédies de Molière : vifs éclairs de bon sens qui contribuèrent à lui ouvrir les yeux sur les fausses routes. Ajoutez qu'il connaissait très bien les Italiens et les Espagnols de la décadence, qu'ayant lu le cavalier Marin et et Balthazar Gracian(1), Achillini et Gongora, il avait principalement retenu de ce commerce l'horreur des *concetti* et des *agudezas*, des hyperboles emphatiques et des métaphores extravagantes, dont la contagion avait si longtemps empesté notre littérature. Ainsi, dès son début, malgré des sympathies déclarées pour Conrart et pour Mlle de Scudéry, Bouhours se rangeait en somme assez près de Boileau, entre les partisans de la nature et de la raison.

Le bel esprit, à son gré, n'est point celui qui se prouve

---

(1) Signalons dès maintenant une inexactitude commise au préjudice de Bouhours par M. Nisard, dans son *Histoire de la Littérature franç.*, l. IV, ch. II, § 1. Avec son parti-pris de discréditer le jésuite, d'en faire un classique de contrebande, un amateur frivole et de méchant goût, M. Nisard affirme qu' « il aime le précieux aisé dans Voiture, ne le hait pas aiguisé et subtil dans Gracian. » C'est vrai pour Voiture, auquel nous reviendrons tout à l'heure. Quant à Balthazar Gracian, Bouhours en parle à trois reprises dans les *Entretiens*, et voici comment : la première fois, il cite de lui deux phrases comme des modèles d'emphase inintelligible ; la seconde il stigmatise l'hyperbole de ce même Gracian appelant le cœur d'Alexandre un archi-cœur (*archi-coraçon*) ; enfin il prononce sur lui le jugement suivant : « Gracian est, parmi les Espagnols, un de ces génies *incompréhensibles*, il a beaucoup d'élévation, de subtilité..., mais on ne sait le plus souvent ce qu'il veut dire, et *il ne le sait pas peut-être lui-même ; quelques-uns de ses ouvrages ne semblent être faits que pour n'être point entendus.* » M. Nisard prend-il cela pour un éloge ? Le traducteur de Gracian, Amelot de La Houssaye, le prenait, lui, pour une « censure », à son avis moins « raisonnable que magistrale » (préface de *l'Homme de cour*, traduit de Gracian, 1685). La censure est déraisonnable, au point de vue de La Houssaye, par cela seul qu'elle est censure.

14*

par « une folie dite de bonne grâce, un madrigal, un couplet de chanson », qu'on attribue « aux diseurs de jolies choses » et à quiconque sait « l'art de faire agréablement un conte ou de bien tourner un vers »: Bouhours estime même que c'est un caractère ridicule que celui-là, et il ne sait s'il n'aimerait pas mieux « être un peu bête que de passer pour ce qu'on appelle communément bel esprit ». Bel esprit reçoit donc ici l'acception favorable et sérieuse qu'on lui voit chez Boileau, et qu'il gardera jusqu'à la fin du siècle. C'est proprement le génie : et Bouhours, décrivant les qualités de son bel esprit idéal, ne fait en somme qu'énumérer les caractères du génie français classique, définir, à l'usage de sa nation et de son temps, les éléments constitutifs du beau littéraire.

Or, quel est, dans son système, le principe où tout le reste se fonde? Point d'autre que la raison.

« Aimez donc la raison... » dit à son tour Boileau. « Tout doit tendre au bon sens... » Comparez l'auteur des *Entretiens* : « La véritable beauté de l'esprit consiste dans un discernement juste et délicat. Ce discernement fait connaître les choses telles qu'elles sont en elles-mêmes, sans qu'on demeure court comme le peuple, qui s'arrête à la superficie, ni aussi sans qu'on aille trop loin comme ces esprits raffinés qui, à force de subtiliser, s'évaporent en des imaginations vaines et chimériques... Le vrai bel esprit est inséparable du bon sens ; et c'est se méprendre, que de le confondre avec je ne sais quelle vivacité qui n'a rien de solide... Il a du solide et du brillant dans un égal degré : c'est, à le bien définir, *le bon sens qui brille.* »

La définition est assez jolie pour être retenue (1). Mais poursuivons: de cet axiome, que tout se doit subordonner à la raison, dérive en premier lieu cette loi de la forme simple, ce qu'on pourrait appeler la probité et la modestie de l'ornement:

« Quand on a de cette sorte d'esprit, on pense bien les choses, et on les exprime aussi bien qu'on les a pensées. On ramasse beaucoup de sens en peu de paroles : on dit tout ce qu'il faut dire, et on ne dit que ce qu'il faut dire. Un vrai bel esprit songe plus aux choses qu'aux mots : cependant il ne méprise pas les ornements du langage, mais il ne les recherche pas aussi : la politesse de son style n'en diminue pas la force... » Et plus loin : « Vous voyez bien que cette beauté doit être simple et naïve, sans fard et sans artifice; et vous devez juger par là de ces esprits qui sont toujours guindés, et qui ne veulent jamais rien dire qui ne surprenne et qui n'éblouisse. »

« Laissons à l'Italie », dira Boileau,

« De tous ces faux brillants l'éclatante folie. »

Excluons, continue Bouhours, du nombre des beaux esprits « ces discours éternels de beaux mots et de belles sentences, ces copistes et ces singes de Sénèque, ces Mancini, ces Malvezzi, ces Lorédans, qui courent toujours après les brillants et les *vivezze d'ingegno*... Il n'y a rien qui choque plus le bon sens que tout cela ; et c'est

---

(1) Elle n'est pas sans rapport avec la définition célèbre : *le beau est la splendeur du vrai*. — M. Nisard (*Hist. de la Litt. franç.*, l. IV, ch. II, § 1) chicane Bouhours sur cette définition ; il lui reproche d'avoir joint le *brillant* au *bon sens* : faudrait-il donc appeler bel esprit le bon sens qui ne brille pas?

à mon avis un plus grand défaut de briller trop que de ne briller pas assez. »

La sobriété ensuite est nécessaire, ou plutôt une manière de fertilité sage et « ménagée par le bon sens ». On se rappelle la plaisante tirade de Boileau, à propos de Scudéry et de son « abondance stérile ». Bouhours ne s'élève pas moins fort contre « cette grande fécondité qui dégénère en une abondance vicieuse, en une profusion de pensées fausses et inutiles », pareille qu'elle est « à celle de ces arbres qui, pour être trop chargés de fruits, en portent fort peu de bons ».

« Un vrai bel esprit est comme ces gens riches et sages, qui sont magnifiques en tout, et qui ne font jamais de folles dépenses. — A ce compte-là, ce ne serait pas un bel esprit que le cavalier Marin, car il ne s'est jamais vu une imagination plus fertile, ni moins réglée que la sienne... S'il parle d'un rossignol ou d'une rose, il en dit tout ce qu'on peut imaginer; bien loin de rejeter ce qui se présente, il va chercher ce qui ne se présente pas ; il épuise toujours son sujet... — Je vous confesse aussi que si l'on donnait des lettres de bel esprit, comme on en donne de noblesse, je ne serais jamais d'avis qu'on en donnât à ces sortes d'auteurs, qui ne ménagent ni leurs pensées, ni leurs paroles, et qui ne laissent rien à penser ni à dire sur les matières qu'ils traitent... »

Bouhours ne manque pas non plus de vanter cette alliance de l'originalité créatrice avec l'imitation réfléchie des grands maîtres, si familière à notre art classique : « En défendant le larcin à un bel esprit, je ne prétends pas lui interdire la lecture des bons livres, je ne prétends pas même que ses lectures lui soient inutiles. Je veux bien qu'il imite les grands modèles de l'antiquité, pourvu qu'il tâche de les surpasser en les imitant... Je veux bien aussi qu'il se serve dans les rencontres des pensées des bons auteurs, pourvu qu'il y ajoute des beautés nouvelles, et qu'à l'exemple des abeilles, non seulement il choisisse ce qu'il y a de bon dans les livres, mais encore qu'il se fasse propre ce qu'il choisit et qu'il le rende meilleur par l'usage qu'il en fait... »

Enfin, pour touche dernière à ce portrait du bel esprit, il ajoute la clarté, si fort prisée de Boileau. A certains cerveaux fumeux tels que l'Espagnol Gracian « dont les ouvrages ne semblent faits que pour n'être point entendus », il aime à opposer le génie net de Malherbe, « lisant ce qu'il avait composé à sa servante, avant que de le montrer aux gens de la cour » ; car « il ne doit y avoir ni obscurité ni embarras dans tout ce qui part d'un bel esprit : ses pensées, ses expressions doivent être si nobles et si nettes, que les plus intelligents l'admirent et que les plus simples l'entendent ».

Raisonnable, simple, sobre, clair, tel est donc le bel esprit d'après Bouhours, comme c'est aussi le poète selon Despréaux. Voilà le tableau achevé. Un dernier trait toutefois : il sied que le bel esprit soit embelli encore par cette dignité de caractère, par cette candeur modeste que Boileau, lui aussi, recommande au rimeur, et dont les bons écrivains du siècle de Louis XIV possédèrent si parfaitement le secret, depuis si parfaitement oublié ; il faut que la vanité de l'homme de lettres soit tempérée par la pudeur de l'honnête homme. Les *Entretiens* ont à ce propos une très agréable page : on la lit d'autant plus volontiers que le conseil y revêt la forme d'un portrait satirique, repris à nouveau, peut-être imité par La Bruyère, et qui nous décèle en Bouhours un fin moraliste, un observateur spirituel des travers du monde :

« Il ne faut pas, dit Eugène, s'en piquer [d'être bel esprit] ; il ne faut pas même se savoir trop bon gré d'être bel esprit, pour l'être effectivement : et si j'osais mettre la main à la peinture que vous avez faite, j'y ajouterais la modestie... — J'entre tout à fait dans votre sentiment, repartit Ariste, et je vous avoue que je ne hais rien tant que certains esprits qui s'en font extrêmement accroire. Ils ont dans leur mine, dans leurs gestes et jusques dans le ton de leur voix un air de fierté et de suffisance qui fait juger qu'ils sont fort contents d'eux-mêmes. Ils font profession de n'estimer rien et de trouver à redire à tout. Il ne se fait pas un ouvrage d'esprit qui ne leur fasse pitié : mais, en récompense, ils ne font rien qu'ils n'admirent. Ils prennent quelquefois un ton d'oracle et décident de tout souverainement dans les compagnies. Pour leurs ouvrages, ils en font un grand mystère, ou par affectation, ou pour exciter davantage la curiosité de ceux qui ont envie de les voir, ou parce qu'ils jugent peu de personnes capables d'en connaître le juste prix : ce sont des trésors cachés qu'ils ne communiquent qu'à trois ou quatre de leurs admirateurs (1).

(1) Cf. dans *les Caractères* de La Bruyère, chap. i, les portraits d'*Arsène* et de *Théocrine*.

« Il est une autre sorte d'esprits, continua Eugène, qui sont moins mystérieux, mais qui ne sont pas moins entêtés de leur mérite. Ils n'ont pas plus tôt fait une bagatelle qu'ils en régalent tout le monde. Ils sont toujours prêts à réciter leurs madrigaux ou leurs odes, pour s'attirer un peu de louange; ils se louent sans façon et se donnent de l'encens les premiers. Cependant les vrais beaux esprits sont de l'humeur des vrais braves, qui ne parlent jamais de ce qu'ils ont fait... — Je ne sais, dit Ariste, s'il n'y aurait point plus de modestie à n'affecter rien... Il ne faut pas qu'un bel esprit fasse toujours mystère de ses ouvrages, mais il ne faut pas aussi qu'il les montre partout; il ne doit ni se cacher par affectation, ni se produire par vanité. »

Les principes qu'on vient d'entendre exposer, d'une façon générale et un peu sommaire, à l'Ariste des *Entretiens* reçoivent dans *la Manière de bien penser* leur expression parfaite et leur entier développement. Outre que l'esprit de Bouhours s'était naturellement fortifié et mûri par l'étude, l'*Art poétique* avait paru dans l'intervalle, non sans profit pour son talent. Ce qui est certain, c'est que l'auteur des *Entretiens* faisait preuve cette fois d'un style assez ferme, d'un goût assez pur, d'une assez solide raison, pour que *la Manière de bien penser* fût considérée par plusieurs comme un digne pendant au poème de Despréaux.

Aussi bien, la fiction qui sert de cadre à ces leçons critiques fait assez voir le but qu'on s'y propose. Eudoxe et Philanthe sont « deux hommes de lettres que la science n'a point gâtés, et qui n'ont guère moins de politesse que d'érudition » ; liés d'amitié, mais d'un tour d'esprit tout à fait différent. Eudoxe (l'on sent l'intention étymologique) « a le goût très bon, et rien ne lui plaît dans les ouvrages ingénieux qui ne soit raisonnable et naturel. Il aime fort les Anciens, surtout les auteurs du siècle d'Auguste, qui selon lui est le siècle du bon sens. Cicéron, Virgile, Tite-Live, Horace sont ses héros. Pour Philanthe, tout ce qui est fleuri, tout ce qui brille le charme. Les Grecs et les Romains ne valent pas à son gré les Espagnols et les Italiens. Il admire entre autres Lope de Vègue et le Tasse ; et il est si entêté de la *Gerusalemme liberata* qu'il la préfère sans façon à l'Iliade et à l'Énéide. » Or, il arrive qu'un jour d'automne, Philanthe s'en vient visiter Eudoxe à sa maison de campagne : il le trouve « se promenant seul dans un petit bois et lisant les *Doutes sur la Langue française* » ; une causerie s'engage, et voilà la guerre, au premier mot de littérature, déclarée. Mais Bouhours, qui la conduit, n'a garde qu'elle soit éternelle. Tout tourne pour le mieux : quatre journées suffisent au triomphe du bon droit, et Philanthe, peu à peu vaincu et convaincu, fait sa paix avec Eudoxe aux dépens du bel esprit étranger :

« ... Je vous avoue franchement, mon cher Eudoxe, que je vois maintenant les choses avec d'autres yeux, et que mon goût n'est presque plus différent du vôtre. Je sens que la lecture des Italiens et des Espagnols ne me plaira pas tant qu'elle faisait. — Vous serez, interrompit Eudoxe, comme ces gens qui sont détrompés du monde et qui dans le commerce de la vie n'ont pas tant de plaisir que les autres. Mais assurez-vous que c'en est un grand que d'être détrompé... Je me réjouis que vous quittiez enfin vos fausses idées, et que vous ne soyez plus capable de préférer les pointes de Sénèque au bon sens de Cicéron, et le clinquant du Tasse à l'or de Virgile. »

Bouhours décidément se ressouvient de l'*Art poétique*.

Tout le procédé d'Eudoxe, en cette discussion, consiste à faire passer sous les yeux de Philanthe une foule de pensées bonnes ou mauvaises, tantôt sérieuses, tantôt badines, soigneusement choisies, analysées, éprouvées enfin à la pierre de touche du bon sens. Il y en a de latines, d'italiennes, d'espagnoles, aussi bien que de françaises. Car, quant à l'objection de Philanthe, que « chaque nation a son goût en esprit de même qu'en beauté et en habits », Eudoxe, attaché fermement au principe de la raison absolue, ne s'y arrête même pas : « comme si, dit-il, la justesse du sens n'était pas de toutes les langues, et que ce qui est mauvais de soi-même dût passer pour bon en aucun pays parmi les personnes raisonnables ! »

Mais de quel lien logique relier cette multitude infinie d'extraits? comment les réduire à un ordre satisfaisant? L'ordonnance sera fournie par une phrase de Cicéron, justifiant ainsi son admiration pour l'éloquence de Crassus : « *Sententiæ Crassi tam integræ, tam veræ, — tam novæ — tam sine pigmentis fucoque puerili...* » Bouhours observe, en effet, qu'une pensée est « ingénieuse » à proportion de sa ressemblance avec celles que loue l'orateur romain; c'est-à-dire qu'indépendamment de la clarté, qualité nécessaire et qui se présuppose, la pensée doit être vraie et solide, — qu'elle doit avoir quelque chose de neuf et de brillant par où elle frappe l'imagination, — enfin qu'elle doit rester naturelle et pure de toute affectation.

Bouhours s'occupe donc, dans le premier dialogue, de la justesse des pensées; sévère à ce sujet, et sévère au point de s'attaquer d'entrée de jeu au fameux « *Victrix causa diis placuit...* » de Lucain, que je crois bien que la postérité admirera toujours en dépit des chicanes d'Eudoxe. Il réfute plus heureusement quelques pensées bizarres de Nicole, de Malebranche (1). Il marque aussi

(1) En particulier, celle où l'auteur de *la Recherche de la Vérité*, donnant la main aux philosophes jansénistes, réduit l'amour du beau, le goût littéraire à une pure concupiscence, déclare que « toutes les manières d'écrire ne nous plaisent qu'à cause de la corruption secrète de notre cœur », et que par exemple, « si nous aimons dans une pièce bien écrite l'air noble et libre de certains auteurs, c'est que nous avons de la vanité... » Bouhours répond, plaidant ici *pro domo sua :* « Les ouvrages bien écrits plaisent aux personnes raisonnables, parce que dans les règles les belles choses doivent plaire... La vanité n'a pas plus de part au plaisir que donne la lecture de Virgile et de Cicéron, qu'elle n'en a au plaisir qu'on prend à voir d'excellents tableaux ou à entendre d'excellente musique. L'homme du monde le plus humble est touché de ces beautés comme un autre, pourvu qu'il ait de l'intelligence et du goût, etc. » Sainte-Beuve (*Port-Royal*, t. II, p. 163) estime que « cela s'appelle une page de bon sens, d'un bon sens net et vif, un peu menu et superficiel toutefois », qu'à cette théorie inhumaine, mais profonde, et qui est en somme celle de saint Augustin, il faudrait opposer des raisons puisées dans le christianisme, si on est chrétien, ou du moins, si on tranche du philosophe, dans la nature humaine; « mais point, ajoute-t-il, c'est déjà chez l'auteur jésuite la manière de Voltaire, la raillerie badine et qui court, etc... »

A ce propos, relevons une légère erreur de Sainte-Beuve : ce n'est point Malebranche, comme il dit (*loc. cit.*), que Bouhours désigne par le surnom de *Singe de Pascal*, c'est bien Nicole : les pensées citées par Bouhours se lisent en divers endroits des *Essais de morale*.

le plus ou moins d'exactitude requis en chaque genre littéraire ; dans quel degré l'équivoque est permise ; comment le vrai s'accommode de l'hyperbole, « qui ment sans tromper » ; de la métaphore, qui « est un voile transparent » ; de la fiction qui « imite et perfectionne la nature », au lieu que la fausseté « la gâte et la détruit entièrement » : toutefois c'est pécher contre la vérité — il faut prendre garde à cette vue assez peu commune au temps de Bouhours, — que de mêler dans un sujet chrétien les fictions de la fable païenne.

Le quatrième dialogue est pour guérir l'esprit de toute sorte d'obscurité ; l'on s'y édifie sur les pensées « à double face » et les « estropiées », sur le *galimatias* et le *phébus*, que Bouhours distingue très finement l'un de l'autre et dont il met sous nos yeux des exemples fort récréatifs. Cet amour de la clarté l'induit même à quereller un peu Tacite (1), à gourmander Tertullien ; mais il s'étale principalement sur une page choisie de l'abbé de Saint-Cyran (2), galimatias opaque où ce

---

(1) Comparez ce que Bouhours dit de Tacite dans *la Manière de bien penser*, passim, avec le jugement que Fénelon dans sa *Lettre à l'Acad. franç.*, VIII, porte sur le même historien.
(2) Sainte-Beuve (*Port-Royal*, t. II, p. 163*) cite les railleries de Bouhours sur ce morceau de Saint-Cyran, puis s'écrie : « Et voilà comme un homme de goût, un honnête homme, le P. Bouhours, osait juger cet autre personnage que nous révérons!.. » Certes il y a autre chose dans Saint-Cyran, que ce que Bouhours, avec son bon sens « un peu menu et superficiel », affecte d'y voir. Mais songez qu'un jésuite, ayant le moyen de ridiculiser le patriarche du jansénisme, ne pouvait guère manquer de le faire, et qu'au surplus Saint-Cyran, comme écrivain, est suffisamment ridicule. L'authenticité de la lettre en question a été niée par les jansénistes. Il est cependant avéré que les Pères de Louis-le-Grand possédaient les originaux de plusieurs lettres de Saint-Cyran, imprimées par le P. Pinthereau [Sr de Préville] en 1655. Même en admettant que le

sombre génie, qui ailleurs a ses éclairs, ne déploie rien que ténèbres.

Le second et le troisième dialogue forment le point culminant de l'ouvrage. On a vu que Bouhours ne se contente pas, en fait de pensées ingénieuses, du vrai tout pur ; il y veut encore je ne sais quoi d'extraordinaire qui en relève le prix. Or, ces ornements se réduisent à trois sortes. La pensée peut être « sublime » : il entend par là tout ce qui élève ou transporte l'intelligence, la noblesse soutenue du style aussi bien que ce sublime rapide jaillissant en deux ou trois mots simples des profondeurs de l'âme, et dont la Bible (1), dont Corneille lui fournit les exemples classiques. Ou bien la pensée est « agréable » : et il confond sous ce nom beaucoup trop vague les sentiments touchants qui vont au cœur, les tours naïfs qui chatouillent l'esprit, les peintures « fleuries et délicieuses » qui enchantent l'imagination. Enfin la pensée peut être « délicate ».

---

style en soit altéré çà et là par des inadvertances — un peu intéressées — de lecture, l'ensemble n'en garde pas moins la valeur d'un document sérieux.

(1) C'est ici le lieu de rappeler que Bouhours, d'accord avec Boileau, soutenait le sublime de la Bible contre les paradoxes érudits de l'évêque d'Avranches. « Le P. Bouhours trouvait un sublime merveilleux dans ces paroles du premier livre des *Machabées*, où l'auteur dit : *Et siluit terra in conspectu ejus...* Je l'avertis que ce qu'il appelait sublime était une expression fort ordinaire dans les écrits des Hébreux et des Hellénistes, et qui ne renfermait aucun sublime, etc. » (*Huetiana*.) Huet ne reconnaissait pas davantage de sublime dans le *Fiat lux* de la Genèse : ce que Boileau, dans la préface de sa traduction du *Traité du Sublime*, lui reproche fort vivement.

Ici Philanthe s'écrie : « Ah ! dites-moi, je vous prie, ce que c'est précisément que délicatesse ! On ne parle d'autre chose, et j'en parle à toute heure moi-même, sans en avoir une notion bien nette. » Mais Eudoxe, je veux dire Bouhours, ne nous laisse point en peine, car c'est justement son fort que la délicatesse. Tout en assurant qu' « il ne sait où prendre des termes pour s'expliquer » que « c'est là de ces choses qui, à force d'être subtiles, nous échappent lorsque nous pensons les tenir », il la définit avec une espèce de coquetterie, avec la délectation intime de l'homme qui s'écoute parler :

« Tâchons de nous former quelque idée de la délicatesse ingénieuse et ne nous contentons pas de dire qu'une pensée délicate est la plus fine production et comme la fleur de l'esprit : car ce n'est rien dire ; et dans un sujet si difficile on ne se tire pas d'affaire avec un synonyme ou avec une métaphore.

« Il faut, à mon avis, raisonner de la délicatesse des pensées qui entrent dans les ouvrages d'esprit par rapport à celle des ouvrages naturels. Les plus délicats sont ceux où la nature prend plaisir à travailler en petit, et dont la matière presque imperceptible fait qu'on doute si elle a dessein de montrer ou de cacher son adresse : tel est un insecte parfaitement bien formé, et d'autant plus digne d'admiration qu'il tombe moins sous la vue.

« Disons par analogie qu'une pensée où il y a de la délicatesse a cela de propre qu'elle est renfermée en peu de paroles, et que le sens qu'elle contient n'est pas si visible ni si marqué : il semble d'abord qu'elle le cache en partie, afin qu'on le cherche et qu'on le devine : ou du moins elle le laisse seulement entrevoir, pour nous donner le plaisir de le découvrir tout à fait quand nous avons de l'esprit (1). Car, comme il faut avoir de bons yeux, et employer même ceux de l'art, pour bien voir les chefs-d'œuvre de la nature, il n'appartient qu'aux personnes intelligentes de pénétrer tout le sens d'une pensée délicate. Ce petit mystère est comme l'âme de la délicatesse des pensées, en sorte que celles qui n'ont rien de mystérieux ne sont pas délicates proprement, quelque spirituelles qu'elles soient d'ailleurs. D'où l'on peut conclure que la délicatesse ajoute je ne sais quoi au sublime et à l'agréable, et que les pensées qui ne sont que nobles ou jolies ressemblent en quelque façon à ces héroïnes ou à ces bergères de roman, qui n'ont sur le visage ni masque ni crêpe. Je ne sais si vous m'entendez ; je ne m'entends presque pas moi-même, et je crains à tout moment de me perdre dans mes réflexions. »

Eudoxe se tait, Philanthe admire, et le lecteur moderne se demande s'il n'a point sous les yeux quelque article détaché du *Spectateur français* de Marivaux? Marivaux n'eût pas désavoué non plus cette page de

(1) Voltaire, au mot FINESSE du *Dictionnaire philosophique*, répète la définition de Bouhours presque mot pour mot : « La finesse, dans les ouvrages d'esprit comme dans la conversation, consiste dans l'art de ne pas exprimer directement sa pensée, mais de la laisser aisément apercevoir; c'est une énigme dont les gens d'esprit devinent tout d'un coup le mot. » Observez que « délicatesse » et « finesse » sont deux idées si voisines qu'elles se confondent; sauf que la délicatesse, suivant la remarque de Voltaire, exprime plus spécialement « des sentiments doux et agréables », la finesse convenant davantage à l'épigramme, la délicatesse au madrigal.

psychologie raffinée, où le plaisir que donne la délicatesse est si dextrement analysé par Eudoxe :

« Souvenez-vous, enseigne notre docteur, que rien n'est plus opposé à la véritable délicatesse que d'exprimer trop les choses, et que le grand art consiste à ne pas tout dire sur certains sujets, à glisser dessus plutôt que d'y appuyer; en un mot, à en laisser penser aux autres plus que l'on n'en dit... L'homme est naturellement si amoureux de ce qu'il produit, et cette action de notre âme, qui contrefait la création, l'éblouit et la trompe si insensiblement et si doucement, que les esprits judicieux observent qu'un des plus sûrs moyens de plaire n'est pas tant de dire et de penser, comme de faire penser et de faire dire. Ne faisant qu'ouvrir l'esprit du lecteur, vous lui donnez lieu de le faire agir; et il attribue ce qu'il pense et ce qu'il produit à un effet de son génie et de son habileté, bien que ce ne soit qu'une suite de l'adresse de l'auteur, qui ne fait que lui exposer ses images et lui préparer de quoi produire et de quoi raisonner. Que si, au contraire, on veut dire tout, non seulement on lui ôte un plaisir qui le charme et qui l'attire, mais on fait naître dans son cœur une indignation secrète, lui donnant sujet de croire qu'on se défie de sa capacité... »

Idées exquises à la fois et substantielles, toujours bonnes à méditer, mais que notre temps surtout aurait besoin que Bouhours lui rappelât, si certaine dissertation récente sur *la Discrétion dans l'art et les Sous-Entendus* n'avait énoncé les mêmes choses avec un charme d'expression qui eût ravi Bouhours, avec une plénitude et une fermeté de pensée qu'il aurait eu lieu d'envier (1).

Donc, voilà l'ornement — noble, agréable ou délicat — décrété obligatoire, et identifié avec le beau. Soit : mais à condition que l'ornement soit naturel. Dans l'instant que Bouhours, par recherche de l'ingénieux, semble s'écarter un peu de la franche raison classique, la fuite de l'affectation l'y ramène :

Ayez de l'esprit, recommande-t-il, mais gardez-vous

(1) C'est le chapitre II du livre de M. C. Martha : *la Délicatesse dans l'Art* (1884). Sous ce titre de *Discrétion* et de *Sous-Entendus*, l'auteur y traite précisément de ce que Bouhours entend par « délicatesse ». Il recherche la part du sous-entendu dans la peinture ; il le montre dans les lettres, et en particulier au théâtre ; il explique même ingénieusement, par ce besoin de sous-entendu naturel à l'esprit humain, la plupart des figures que la rhétorique a réduites en artifices de style. Je ne prétends point gâter en les résumant ces méditations esthétiques, beaucoup plus sérieusement approfondies que dans Bouhours, et rehaussées du plus aimable luxe d'exemples ; mais je ne puis m'empêcher d'en transcrire ici quelques phrases, qu'on aura plaisir, je pense, à rapprocher des aperçus d'Eudoxe : « L'art même le plus simple demande des finesses, des détours, dont la plupart, si on y regarde de près, reviennent à faire entendre ce qu'on ne dit pas... L'art aime les mystères, non pas les petits et frivoles raffinements, mais ces mystères tout naturels qui sont faits pour réjouir l'esprit et l'âme ; c'est par un certain mystère qu'on intéresse, qu'on retient, qu'on captive l'imagination. Dès qu'il n'y a rien à deviner, il n'y a plus d'intérêt ni de plaisir... » Et surtout la conclusion, à savoir « que dans l'art la simple représentation des choses ne suffit pas,... que l'esprit tient à jouir de sa propre activité, qu'il veut des pensées et des sentiments, qu'il aime à les deviner, à les saisir lui-même, qu'il sait gré à l'auteur de ce que celui-ci, par toutes sortes de raisons scrupuleuses, ne lui dit pas. » — Au résumé, si l'on se permettait de comparer ces deux maîtres de la délicatesse, on trouverait chez le moderne tout le goût de Bouhours, mais non pas chez Bouhours un tour d'imagination si pittoresque ni une égale gravité de pensée.

de trop d'esprit. Passez-vous la mesure, vous emportez-vous à la poursuite du beau, « l'enflure prend la place du grand et du sublime, l'agrément n'est qu'afféterie, et la délicatesse qu'un raffinement tout pur ». Le raffinement surtout est dangereux : il mène tout droit au galimatias. « N'oubliez pas que le raffinement est la pire des affectations, et que, comme dans le manège du monde il ne faut pas, selon Montaigne, manier les affaires trop subtilement ; on doit bien se garder de pensées trop fines dans les ouvrages d'esprit. Car enfin, s'il y a de la grossièreté à marquer trop ses pas en marchant, c'est peut-être un plus grand défaut de ne marcher que sur la pointe des pieds... »

Il n'est pas de conseil où Bouhours insiste plus fortement dans sa *Manière de bien penser*, que ce *ne quid nimis* littéraire. Il le répète, il le varie en cent façons. Ceci, observe-t-il, « est petit à force d'être grand ». « Cela serait beau, si cela l'était un peu moins ». Et le même écrivain qui tout à l'heure analysait la délicatesse avec des recherches dignes de Marivaux, rencontre, pour vanter le naturel, les idées et presque les termes qu'un Fénelon emploiera plus tard :

« Les pensées qui surprennent, qui enlèvent, qui piquent le plus, ou par la délicatesse, ou par la sublimité, ou par le simple agrément, sont vicieuses si elles ne sont naturelles...

« J'entends [par naturel] quelque chose qui n'est point recherché, ni tiré de loin ; que la nature du sujet présente, et qui naît pour ainsi dire du sujet même. J'entends je ne sais quelle beauté simple, sans fard et sans

242 LE PÈRE BOUHOURS.

artifice... On dirait qu'une pensée naturelle devrait venir à tout le monde ; on l'avait, ce semble, dans la tête avant que de la lire ; elle paraît aisée à trouver et ne coûte rien dès qu'on la rencontre ; elle vient moins, en quelque façon, de l'esprit de celui qui pense que de la chose dont on parle. »

L'auteur de la *Lettre à l'Académie française* a-t-il mieux dit ? A-t-il dit autre chose (1) ?

Et ce ne sont pas là des généralités vagues. Bouhours, armé de cette excellente critique, parcourt les littératures, élaguant sans pitié les ornements parasites, les fantaisies ambitieuses, tout ce qui lui paraît excéder la juste nature. Un texte suspect lui tombe-t-il entre les mains : c'est merveille de voir comme il le tâte et le dissèque, indiquant vivement l'affectation qui s'y étale, découvrant par une adroite analyse celle qui s'y trouve plus subtilement mêlée, attachant à une phrase, à un mot, de ces menues dissertations qui sont des modèles de sens et d'esprit. Les exubérances de l'imagination italienne lui fournissent surtout une ample matière. Même le Tasse ne lui impose pas ; il ose, quoique moins brutalement que Despréaux, porter la main sur la belle idole ; et ce

---

(1) « On veut trop de délicatesse : elle dégénère en subtilité. On veut trop éblouir et surprendre, on veut avoir plus d'esprit que son lecteur et le lui faire sentir... ; au lieu qu'il faudrait n'en avoir jamais plus que lui, et lui en donner même, sans paraître en avoir... Le goût exquis craint le trop en tout, sans en excepter l'esprit même... Je demande un poète aimable, proportionné au commun des hommes, qui fasse tout pour eux et rien pour lui. Je veux un sublime si familier, si doux et si simple que chacun soit d'abord tenté de croire qu'il l'aurait trouvé sans peine, quoique peu d'hommes soient capables de le trouver. Etc. » (*Lettre sur les Occupations de l'Académie française.* V. *Poétique.*)

n'est pas un médiocre honneur pour *la Manière de bien penser*, que les attaques qu'elle essuya du marquis Orsi et de tous ces beaux esprits de delà les monts, armés pour la défense de leur *Jérusalem délivrée* et de leur *Aminte* (1).

Ce n'est pourtant pas sans intention que j'ai dit de Bouhours qu'il marchait au bord de la route que tient Despréaux. A dire le vrai, il la côtoie seulement ; il y a un pied, et un pied ailleurs. Sans doute, si on se bornait à la plupart des citations précédentes, rien de plus nettement classique que sa doctrine : mais il y a de lui d'autres jugements assez différents, qu'on ne saurait taire : prenez une moyenne, vous aurez quelque chose de supérieur au goût de l'école précieuse, d'un peu inférieur toutefois à cette haute et magistrale critique dont nous avons coutume d'associer l'idée au nom de Despréaux ou bien de Fénelon. Bouhours aime sincèrement le vrai : mais vous surprendriez vite, sous cette affection tout honnête et légale, je ne sais

(1) Voltaire, qui attrape juste tout en courant, dit à ce sujet dans sa notice sur Bouhours, déjà citée : « S'il juge trop sévèrement en quelques endroits le Tasse et quelques autres auteurs italiens, il les condamne souvent avec raison... Ce petit livre de *la Manière de bien penser* blessa les Italiens et devint une querelle de nation. On sentait que les opinions de Bouhours, appuyées de celles de Boileau, pouvaient tenir lieu de lois. » Alliance de noms singulièrement honorable pour le jésuite ! — Ce que Voltaire a bien vu, M. Nisard (*loc. cit.*) ne l'a pas voulu voir. Il marque complaisamment les points où Bouhours pactise avec le précieux, point du tout ceux où le même Bouhours combat le précieux à outrance. De là une appréciation beaucoup trop sévère, en partie fondée sur des inexactitudes de fait qu'on a dû précédemment relever (Part. I, ch. vi, et Part. II, ch. iv).

quelle sympathie secrète, je ne sais quel faible inavoué pour la beauté façonnée et attifée : contraste notable avec Fénelon, qui aime la nature toute seule, et passionnément.

Ainsi les deux systèmes de critique coïncident sur une certaine étendue, mais ne se touchent plus par les points extrêmes. Fénelon a sur le naturel des maximes absolues, que l'on ne trouverait pas dans Bouhours. Bouhours a des complaisances pour les pensées ornées, auxquelles Fénelon ne souscrirait sûrement pas. Ces mots de « fleuri », de « délicat » reviennent sous la plume du jésuite avec une facilité qui se rend suspecte à la longue. Le bel esprit pour lui, c'est « le bon esprit fleuri »; ou bien le bel esprit « ressemble au Renaud du Tasse, qui avait des nerfs extrêmement forts sous une peau blanche et délicate (1) ». Fénelon se passerait bien de ces fleurs, de cette peau si blanche et délicate. Bouhours, de son côté, n'eût jamais professé que « la rareté est un défaut, et une pauvreté de la nature »; il n'aurait pas reproché à l'écrivain « d'habiller, d'orner de broderies » la vérité « nue ». Il préfère, je le veux, aux pointes de Sénèque l'éloquence magnifiquement abondante de Cicéron : serait-il homme à priser plus que les belles draperies cicéroniennes la nudité nerveuse de César, le costume serré et sévère de Démosthène ? En résumé, sa critique va moins droit que celle de Fénelon, et tend moins haut. A de certains endroits,

---

(1) Et la suite : « Sa solidité et sa pénétration ne l'empêchent pas de *concevoir finement* les choses, et de donner *un tour délicat* à tout ce qu'il pense... » (*Entretiens d'Ariste et d'Eugène, IV.*)

elle tourne au mauvais Fontenelle; et par la théorie du « vrai orné », qui poussée à bout transporterait des idées aux mots tout le travail d'écrire, elle donne un fâcheux avant-goût du « bon assaisonné », de la basse cuisine littéraire de l'abbé Trublet (1).

Ce n'est pas tout : cette critique, fine et subtile, est étroite. « Le censeur qui est grand dans sa censure se passionne pour ce qui est grand dans l'ouvrage : il méprise une exacte et scrupuleuse délicatesse. » Ainsi dit Fénelon, et il fait comme il dit. C'est à l'âme qu'il regarde d'abord un auteur. La qualité d'une pensée isolée lui fait bien moins de souci que la force logique du discours, l'ordre général d'où chaque pensée prend sa valeur, la véhémence et la sincérité de la passion. Bouhours, au contraire, apportant dans le métier de critique ses habitudes de grammairien, s'arrête au détail, ne voit le beau que par pièces : je me figure, devant le plus imposant édifice, un observateur minutieux qui tournerait son attention à la coupe des pierres ou à l'effet décoratif de quelques marbres. Même le sublime et le pathétique, Bouhours les rapetisse par l'explication qu'il en donne; au lieu d'y reconnaître la vive et simple

(1) Voy. M. Nisard, *Hist. de la Littérature française*, liv. IV, ch. II, § 2. — Les raisonnements de Trublet sont pleins de termes culinaires. Il tient que le bon en littérature est une bonne viande cuite à point; le beau, c'est cette bonne viande en ragoût; en sorte que l'écrivain de génie est un cuisinier qui confectionne supérieurement les ragoûts. Bouhours tombe une fois dans cette espèce de comparaisons qui eussent réjoui peut-être le bonhomme Chrysale; mais c'est du moins afin d'exprimer une opinion saine. Il n'est pas, comme Trublet, pour la cuisine épicée : « Un excellent potage de santé, dit-il, vaut mieux qu'une bisque pour les personnes de bon goût. » (*Manière de bien penser*, II.)

expression de la nature, le vrai révélé au génie par une directe intuition, il a l'air de les admirer comme le dernier effort de l'art et comme des ornements de prix plaqués sur un fonds de vérité commune. En revanche, beaucoup d'ingénieuses bagatelles, de colifichets sans conséquence prennent à ses yeux une importance démesurée. Ne parle-t-il point quelque part (1) des « madrigaux, chansons, rondeaux, sonnets,... et autres poèmes qui ont en petit l'invention et les agréments de l'épopée, sans que la lecture en soit ennuyeuse comme l'est celle de quelques-uns de nos poèmes épiques » ? Un Fénelon se plaira à illustrer de son aimable prose l'*OEdipe* de Sophocle ou les *Géorgiques* de Virgile; Bouhours s'attarde à examiner sérieusement je ne sais quel sonnet de *l'Avorton* (2), qui est au-dessous de toute critique. Fénelon se donnera carrière sur la tragédie, sur l'histoire, sur l'éloquence; Bouhours choisit, pour en faire un traité exprès — le plus long des *Entretiens d'Ariste et d'Eugène,* — l'art des devises!

Ce n'est pas qu'on veuille médire de la Devise : cette espèce de « métaphore peinte » (3), composée d'un *corps*, par où l'objet de la comparaison est figuré aux yeux, et d'une *âme*, c'est-à-dire de quelques paroles italiennes, espagnoles ou latines, qui donnent finement à entendre le sujet de cette comparaison, a quelque chose d'assez ingénieux pour occuper un moment la curiosité d'un homme d'esprit : elle eut assez de vogue en son temps

---

(1) Préface du *Recueil de vers choisis*, 1693.
(2) *Manière de bien penser*, IV.
(3) *Entretiens d'Ariste et d'Eugène*, VI.

pour mériter quelque mention de la critique. Issue des mœurs militaires du moyen âge, en rapport étroit avec le blason et le *cri* féodal, la devise avait été perfectionnée par les humanistes d'Italie et transformée en un véritable genre littéraire, qui eut ses législateurs et ses connaisseurs, sa vérité, ses élégances et ses règles. Motif de décoration galante aux fêtes de la cour, jeu de société aux ruelles précieuses, les devises prospérèrent en France jusqu'à la fin du grand siècle. Il y en eut de toute sorte : d'amoureuses, de pieuses, de laudatives; d'imprimées, de gravées et de peintes; pour les carrousels et pour les pompes funèbres, au frontispice des livres et sur le cachet des lettres. La marquise de Sévigné ne les haïssait pas ; des gens s'illustrèrent à en composer; les jésuites surtout y étaient passés maîtres, et l'on avait vu leur P. Ménestrier en compiler des volumes, leur P. Le Moyne les célébrer du même air qu'il eût fait la plus belle découverte de l'esprit humain. Bouhours donna donc, lui aussi, dans cette mode : à quoi il n'y aurait pas grand mal; mais il y donna avec des transports immodérés, une furie d'admiration, disons le mot, puérile.

Une devise sans défaut lui semble un chef-d'œuvre de l'art; et il déclare d'un grand sérieux que « cette science admirable » a une étendue presque infinie, que néanmoins elle est courte, parce qu'elle ne prend que « le fin des choses... et parce qu'elle instruit en un moment » ; que « loin de charger l'esprit de matières, elle ne le nourrit que d'essence » ; qu'elle « emprunte les beautés de la peinture et les charmes de la poésie » ;

pour conclure, « que la Devise est le moyen le plus excellent d'instruire un prince », car il y « apprend aisément et avec plaisir, non seulement la morale et la politique, mais encore l'histoire héroïque et l'histoire naturelle ». Voilà un enthousiasme singulièrement placé, et de bien grands mots pour quelle petite chose! Réduire l'histoire héroïque et l'histoire naturelle en devises! Cela fait songer à l'homme de Molière qui veut mettre en madrigaux toute l'histoire romaine... Il ne faudrait pas que Bouhours continuât longtemps dans cette voie, pour s'y rencontrer avec l'abbé Cotin.

La Manière de bien penser, exempte de telles fadaises, pleine d'ailleurs d'excellentes remarques partielles, n'en manque pas moins de ces vues d'ensemble qui seules permettent de saisir la supériorité caractéristique d'un génie, ce par quoi il diffère du peuple des jolis esprits. Non pas que Bouhours méconnaisse les grands hommes : il les nomme, les cite tous avec honneur, et même Pascal, ce qui est sans doute pour un jésuite de ce temps-là un bel effort de justice. Mais s'il ne leur fait pas l'indignité de les rabaisser au niveau de la foule, il les humilie autrement, faisant monter la foule jusqu'à eux.

On rapporte que Despréaux s'était plaint à Bouhours de n'être pas cité suffisamment dans *la Manière de bien penser;* Bouhours, dans ses *Pensées ingénieuses*, qui suivirent, croyait lui avoir donné satisfaction : « Hé bien, vous voyez que je ne vous ai pas oublié? — Il est vrai, mais vous m'avez mis là en bien méchante compagnie! » Je ne sais si l'anecdote est vraie; mais il est vraisemblable que Boileau avait médiocrement de joie à lire son nom, dans la table du volume, accolé à ceux de Fontenelle et de Mlle de Scudéry. Cette implacable « haine des sots livres », ce dédain des beaux esprits médiocres est précisément ce qui manque à Bouhours. Le grand Corneille, à son goût, « se connaît parfaitement en passions délicates »; mais ceci vous rappelle un peu l'éloge décerné à Fontenelle, lequel « pense toujours délicatement ». Despréaux est « un des meilleurs esprits de son siècle »; soit, mais Costar aussi est donné pour une autorité. La Rochefoucauld « a je ne sais quelle finesse que tous les bons auteurs n'ont pas »; mais les moindres bagatelles de Louis Le Laboureur « ont quelque chose qui enchante ». Supposé qu'un étranger n'eût pour s'éclairer sur la littérature du siècle de Louis XIV que ces deux volumes du jésuite : *la Manière de bien penser* et les *Pensées ingénieuses*, comment se reconnaîtrait-il en ce pêle-mêle de noms illustres et de réputations éphémères? Et quelles gloires à ses yeux brilleraient davantage? Racine avec ses tragédies, ou le chevalier de Cailly avec ses épigrammes? Madeleine de Scudéry, ou Pierre Corneille? Pascal, ou bien M. de Méré?

De vrai, le héros de Bouhours, celui qui éclipse tous les autres, c'est, je crois bien, Voiture. Celui-là a tous les dons en partage : il est naturel, il est brillant, il est la délicatesse même; il a la grâce et le je ne sais quoi; on l'exalte sans cesse : vient-il à faillir, la faute est excusée aussitôt, ou palliée, c'est l'ombre d'une faute, c'est une belle négligence... Cette admiration nous est une pierre de touche pour apprécier le goût de Bouhours, encore qu'elle ne doive pas trop nous étonner. Voiture en effet, si passé aujourd'hui, avait pour son siècle d'infinis prestiges : La Fontaine en faisait ses délices ; Mme de Sévigné disait tant pis à qui ne le goûtait pas ; Boileau même oubliait à son nom de froncer le sourcil. Mais si Boileau ne le dédaigne pas, Boileau du moins ne l'eût pas idolâtré : il fallait quelque préciosité pour mettre si haut ce joli homme, tandis qu'on avait le choix entre tant de demi-dieux.

Est-ce donc un précieux que Bouhours ? On l'a montré out à l'heure travaillant de concert avec les partisans de la raison classique. D'autre part, plusieurs n'hésitent pas à le ranger en cette famille de beaux esprits qui, échappant à l'influence de Boileau, relient l'hôtel Rambouillet au salon de Mme de Lambert et font une succession continue de Voiture et de Sarasin à Fontenelle, à La Motte, à Marivaux.

Le fait est que Bouhours appartient à l'un et à l'autre parti, et c'est dans cette physionomie double que réside justement son originalité. Ami de Boileau, ami de Sapho, son tour d'esprit est à l'avenant des habitudes de sa vie : il a le goût mêlé, comme il a le caractère conciliant. Trop sensé pour s'inféoder aux retardataires précieux, il n'a pas non plus assez de résolution pour s'en séparer nettement, et vit en paix avec tout le monde. Ce n'est pas un de ces critiques intrépides et novateurs, capables de maîtriser et de redresser le goût public ; c'est un esprit mitoyen, éclectique, docile aux diverses influences ambiantes, et ses écrits nous donnent, à le bien prendre, comme l'élixir et la fleur des opinions littéraires de la bonne compagnie de son temps.

CHAPITRE VI

(SUITE DU PRÉCÉDENT.)

Attitude de Bouhours dans la querelle des Anciens et des Modernes. Conception originale des « grands siècles » littéraires. — La théorie des « milieux » en germe dans Bouhours. Climat et tempérament. — Caractère à la fois ingénieux et superficiel des aperçus de Bouhours. — Ses réflexions sur le *Je ne sais quoi*.
Conclusion. Bouhours parfait artisan de style : son groupe littéraire.

Cette ambiguïté de goût fait présumer le rôle joué par Bouhours en cette querelle des Anciens et des Modernes qui passionna si fort les lettrés pendant le dernier tiers de son siècle. Tient-il pour les Anciens franchement, à la manière de Boileau, de La Fontaine et de Racine ? Doit-on le compter pour un allié de Desmarets, un précurseur des Perrault, des Fontenelle et des La Motte ? Ses *Entretiens* laisseraient la question indécise (1) ; mais son livre capital, *la Manière de bien*

---

(1) Voici même deux endroits qui sentent assez leur moderne : « Nous avons non seulement des Lettres, des Pièces de théâtre et des Satires qui valent bien celles des Grecs et des Romains; mais aussi des Harangues, des Panégyriques et des Plaidoyers qui approchent assez de l'éloquence d'Athènes et de Rome... » (*Entretien II.*) — « La passion du cardinal de Richelieu pour le théâtre... a fait naître dans notre siècle des poètes dramatiques qui effacent presque les anciens. » (*Entretien IV.*)

penser, le montre en ce culte de l'antiquité, sinon d'un zèle bien fervent, au moins d'une orthodoxie suffisante. L'on a déjà vu qu'au rebours de Philanthe, qui ne goûte pas comme il devrait les Grecs ni les Romains, Eudoxe le judicieux « aime fort les Anciens, surtout les auteurs du siècle d'Auguste, qui est selon lui le siècle du bon sens ». De même, après avoir inséré dans les *Pensées ingénieuses* une impertinente boutade de Fontenelle, à savoir que « l'admiration de l'antiquité n'est que pour faire dépit aux contemporains, et que tous les temps sont égaux », Bouhours a bien soin de la désavouer : « Les Anciens, dit-il, qui ont excellé en quelque chose sont des génies rares et qui n'ont guère leurs pareils, ou qui du moins ont l'avantage d'avoir été les premiers et d'être des modèles dans leur art. » Un peu avant, il a pris sur à compte ce vif jugement de Mme de Sévigné : « Les Anciens sont plus *beaux*, et nous plus *jolis* (1) » ; que s'il le tempère ensuite par ce mot de Pline le Jeune : « J'admire les Anciens, mais cela ne va pas à mépriser avec quelques-uns les esprits de notre temps », il n'y a rien ici, à tout prendre, que de sensé, rien à quoi Fénelon ne fût prêt à donner son assentiment (2). Enfin si, dans la préface de ses

---

(1) C'est ce qu'une autre marquise, celle-là de Marivaux, et qui est sans doute le prête-nom de Marivaux, traduira un demi-siècle plus tard à sa façon : «... Je vous comprends : nous sommes plus affectés, et les anciens plus grossiers. » (*La seconde Surprise de l'Amour*, act. II, sc. III.) On entend bien que Marivaux n'est pas pour les grossiers, et que le reproche d'affectation ne le fâcherait guère.

(2) « Je vois bien que je cours risque de déplaire aux admirateurs passionnés et des Anciens et des Modernes ; mais, sans vouloir fâcher ni les uns ni les autres, je me livre à la critique des deux côtés... » (Fénelon, *Lettre sur les Anciens et les Modernes*.)

Pensées ingénieuses des Pères, il ose contredire ouvertement ces « superstitieux de l'antiquité qui disent que tout le bon sens et la délicatesse étaient avant Jésus-Christ », il a non moins nettement déclaré dans la préface des *Historiens latins* de Corbinelli : « Les connaisseurs prendront plaisir à voir qu'une infinité de pensées dont les modernes se parent ont été dérobées aux Anciens, et cela seul pourra faire ouvrir les yeux sur le mérite de ces grands hommes, et guérir peut-être quelques esprits prévenus, qui n'ont pas pour l'antiquité tout le respect et toute l'admiration qu'elle mérite. »

Tout cela, certes, n'est point d'un contempteur des Anciens : pourtant il y aurait quelques observations à faire sur la façon dont il les entend et le degré où il les estime. Et d'abord, c'est une antiquité rétrécie et tronquée que l'antiquité de Bouhours : elle tient, ou peu s'en faut, dans la Rome d'Auguste. Quant à ces divines sources grecques d'où toute beauté s'est épandue sur le monde, il n'est pas de ces privilégiés, comme Racine et Despréaux, Bossuet et Fénelon, qui en approchent et qui s'en délectent : on peut douter même qu'il ait le moyen d'y puiser directement, j'entends une solide connaissance des lettres helléniques. Il cite bien de temps en temps Aristote, mais c'est peut-être habitude de professeur ; Homère lui est moins familier qu'il ne faudrait ; il se tait d'Euripide, de Platon ; et le peu de citations grecques où il s'aventure, vagues, dénuées du vif sentiment de l'original, décèlent un travail de seconde main et un savoir qui ne dépasse pas la surface.

Puis, à cette antiquité imparfaitement vue, Bouhours

rend des hommages qui ne sont point sans détours et sans réserves. Si loin qu'il aille dans l'admiration des Anciens, on dirait toujours qu'il manœuvre de façon à n'avoir pas sa retraite coupée. Il ne s'écrie pas d'enthousiasme; il mesure ses paroles : au moment où vous le croyez compromis, il vous a un *presque,* un *du moins,* un correctif ou une réticence qui sauve tout. Bien plus, dans le dessein, et jusque dans le titre de ses ouvrages, j'aperçois comme une arrière-pensée de mettre Anciens et Modernes sur la même ligne, d'égaler les mérites, d'effacer les démarcations. Esprit des Anciens, esprit des Modernes, il oppose continuellement l'un à l'autre, ou plutôt il les rapproche, il les entremêle ; et bien habile qui dans tout ce mélange discernerait ses véritables préférences !

On verrait volontiers dans cette impartialité le signe d'une vaste compréhension critique. Celui-là, en effet, semble à première vue bien proche du vrai, qui, tout en se gardant d'insulter par de misérables chicanes à la majesté des génies antiques, ne prétend pas non plus situer le beau parfait par-delà l'ère chrétienne, dans une région qu'il nous faille à jamais désespérer d'atteindre. Et pourtant cette première vue est trompeuse. Si en thèse absolue l'éclectisme de Bouhours paraît irréfutable, si cette éternelle et fatale prééminence de l'antiquité dans l'art tient en quelque façon du paradoxe: dans l'ordre pratique et relatif, — et comment mieux juger d'une idée, que par les fruits qu'elle porte ? — ce paradoxe, appuyé des plus fermes génies du xviie siècle, devenait une vérité très féconde.

Retour aux Anciens, que voulait dire cela, sinon retour à la nature ? Ainsi, par un singulier contraste, la tourbe des beaux esprits, infatués du moderne, traînait en réalité dans l'ornière ; et tel renouvelait en créateur les lettres françaises, qui se déclarait humblement l'esclave de l'antiquité. Du jour que Montaigne avait écrit : « Je vois que les bons et *anciens* écrivains ont évité l'affectation et la recherche, non seulement des fantastiques élévations espagnoles et pétrarchistes, mais des pointes mêmes plus douces et plus retenues qui sont l'ornement de tous les ouvrages poétiques *des siècles suivants* (1) », la question de la précellence des Anciens était posée et, pour tout ami de la beauté vraie, résolue ; et Boileau déclarant ensuite avec autorité : « Il n'y a que le goût ancien qui puisse former parmi nous des auteurs et des connaisseurs (2) », ne faisait que tirer du mot de Montaigne une conclusion pratique. Au fond, il s'agissait fort peu de savoir la plus ou moins grande quantité de génie départie à l'espèce humaine selon les lieux et les âges, et si, aussi bien, les Modernes n'avaient pas de puissants cerveaux à opposer aux Anciens : toute la question était, lequel valait mieux de se laisser conduire aux capricieuses clartés de l'Arioste, du Tasse, de Lope, ou bien de s'orienter plus sûrement par la contemplation d'Homère et de Virgile ; de gagner des premiers la contagion des modes passagères et des ajustements frivoles, ou d'apprendre chez les autres le mépris de tout ce qui n'est point la nature. Or, nul plus

(1) *Essais*, II, x (*De quelques Livres*).
(2) Boileau, cité par d'Olivet.

que Bouhours ne répugne aux « fantastiques élévations espagnoles et pétrarchistes » : en quoi il se rallie au parti des Anciens. Mais « ces pointes plus douces et plus retenues qui sont l'ornement de tous les ouvrages poétiques des siècles suivants », on ne peut dissimuler qu'il y soit porté d'une complaisance extrême : et par là il est moderne, faute de cet absolu et violent amour de la nature, qui ne souffre point de partage.

Au reste, je ne sais point trop mauvais gré à Bouhours de cet éclectisme ondoyant : plus zélé pour l'antiquité, il y a apparence qu'il n'eût pas émis, sur la distribution du génie et le développement de la civilisation dans le monde, les hautes et philosophiques idées contenues dans ses *Entretiens*. Au lieu de partager l'histoire des lettres en deux périodes tranchées, la première où l'esprit humain a jeté son plus vif éclat, la seconde où il n'a plus que des rayons voilés et des splendeurs de reflet, Bouhours imagine le génie littéraire se transmettant sans fin d'une race à une autre, comme passait de main en main le flambeau des coureurs antiques ; ici éteint, il se rallume ailleurs suivant une loi mystérieuse, et parmi des intervalles de ténèbres et des changements de climats, il accompagne éternellement la marche de l'humanité. Les Grecs de Périclès, puis les Romains d'Auguste ont été les porteurs de ce flambeau ; d'autres leur ont succédé : l'Italie de la Renaissance a eu son tour ; vienne le siècle de Louis XIV, c'est la France désormais qui éclaire le monde :

« Il y a des siècles ingénieux, et il ne faut pas être fort versé dans l'histoire et dans la chronologie pour savoir que le siècle d'Alexandre a été fécond en beaux esprits... C'est dans ce siècle qu'ont fleuri Anacréon, Socrate, Pindare, Euripide, Sophocle, Aristophane, Isocrate, Platon, Aristote et Démosthène (1). Tout le monde sait que le siècle d'Auguste a été parmi les Romains le siècle du bel esprit et du bon sens, des bons auteurs et des belles lettres. Le IVe siècle de l'Eglise a été un des plus fertiles en grands génies. Car, outre un Arius si célèbre par les maux qu'il a faits au monde chrétien..., un Julien l'Apostat, et un autre Julien disciple de Pélage..., sans parler de Thémistius le philosophe, et de Libanius le sophiste : il y a eu dans ce siècle-là un grand nombre de saints Pères, aussi considérables par la grandeur de leur esprit que par la sainteté de leur vie. C'est le siècle des Chysostome, des Jérôme, des Epiphane, des Ambroise et des Augustin (2). »

Bouhours s'arrête ici un moment, afin de rechercher

---

(1) On voit combien cette énumération laisse à désirer pour l'ordre et la précision : les noms y sont jetés comme au hasard, sans le moindre souci des rapports chronologiques et littéraires. Mais il ne faut pas demander à Bouhours une érudition bien exacte ; et ses idées ne sont après tout que d'agréables esquisses, où il est opportun que repasse une main plus ferme et plus sûre.

(2) Il est digne de remarque, qu'entre les deux grands siècles antiques et ceux de Léon X et de Louis XIV, qu'il mentionne plus loin, Bouhours a soin d'insérer ce quatrième siècle, admirable par l'épanouissement du génie chrétien au sein d'une société travaillée à la fois par la décadence et par la barbarie. Ce que Bouhours n'a fait qu'indiquer ici, comme à son ordinaire, devait fournir à un grand et bel esprit d'entre les modernes la matière d'une série d'essais brillants : au *Tableau de l'Eloquence chrétienne au quatrième siècle* de Villemain, les quelques lignes de Bouhours seraient la meilleure épigraphe.

les causes de ces floraisons soudaines du génie dans la suite des âges; puis, après en avoir essayé plusieurs, assez problématiques ou insuffisantes :

« On peut ajouter qu'il y a en tout cela je ne sais quelle fatalité, ou, pour parler plus chrétiennement, je ne sais quelle disposition de la Providence, où l'on ne voit goutte. Car cette barbarie ou cette politesse des esprits passe de pays en pays et de siècle en siècle par des voies qui nous sont souvent inconnues. En un temps une nation est grossière, et en un autre elle est ingénieuse. Du temps d'Alexandre les Grecs avaient plus d'esprit que les Romains : du temps de César les Romains avaient plus d'esprit que les Grecs.

« Le siècle passé était pour l'Italie un siècle de doctrine et de politesse; il lui a plus fourni de beaux esprits qu'elle n'en avait eus depuis le siècle d'Auguste. Le siècle présent est pour la France ce que le siècle passé était pour l'Italie ; on dirait que tout l'esprit et toute la science du monde soient maintenant parmi nous, et que tous les autres peuples soient barbares en comparaison des Français. »

Ainsi, cette notion des siècles littéraires, effleurée de nouveau par Charles Perrault dans son poème du *Siècle de Louis le Grand*, brillamment amplifiée par Voltaire au seuil du *Siècle de Louis XIV*, tombée depuis dans ce domaine commun de la critique où les idées qui ont fait fortune perdent leur marque d'origine, elle date en réalité des *Entretiens d'Ariste et d'Eugène;* et Bouhours, qui la laisse à d'autres, ne l'a, que je sache, reçue de personne. Ce n'est là, dira-t-on, qu'une vue générale, et dont la simplicité séduisante n'est pas sans un peu d'artifice. Mais ne trouve pas qui veut de ces choses simples, claires, aisément populaires. Bouhours, tout de même qu'un autre, pouvait instituer des comparaisons oiseuses entre Anciens et Modernes, s'attarder à des disputes de préséance ; il a fait mieux : comme le remarque l'élégant historien de cette querelle des Anciens et des Modernes (1), un parallèle de plus entre Corneille et Sophocle vaudrait-il pour nous la conception des grands siècles ?

Ce n'est pas d'ailleurs le seul aperçu original que renferme l'Entretien du *Bel Esprit* ; il s'y trouve encore, touchant l'essence du génie, la dépendance où il est des agents et des milieux matériels, des traces et des commencements d'idées qu'il est curieux de noter au passage.

Quant à ce problème insoluble et tentant de l'origine du génie, tout en débattant selon sa coutume le pour et le contre et se défendant de rien conclure, Bouhours penche visiblement pour une explication toute physique, qui n'eût pas déplu à un gassendiste, mais devait scandaliser un peu les psychologues de l'école cartésienne : « Ces qualités, dit-il, qui font le bel esprit... viennent d'un tempérament heureux et d'une certaine disposition des organes : ce sont des effets d'une tête bien faite et bien proportionnée, d'un cerveau bien tempéré, et rempli d'une substance délicate... » Sur quoi,

(1) H. Rigault, *Histoire de la Querelle des Anciens et des Modernes*, 1857 : voy. pp. 113-121.

venant au détail, il fait un extraordinaire amalgame de la bile, qui « donne le brillant et la pénétration », de la mélancolie, qui « donne le bon sens et la solidité », et du sang, » qui donne l'agrément et la délicatesse » (1). Il n'y a pas lieu d'insister sur cette physiologie : elle est telle qu'on la peut attendre et du temps et de l'homme ; mais l'hypothèse garde sa valeur, nonobstant le puéril fatras qui l'embarrasse. Elle reparaît à quelques pages de là, sous une forme plus plausible ; ou, pour mieux dire, le corollaire qui s'y rattache étroitement, savoir : l'influence de la race et du climat sur les produits de l'imagination humaine. Ariste vient de prétendre que « le bel esprit est de tous les pays », Eugène de lui objecter que « c'est une chose singulière qu'un bel esprit allemand ou moscovite » :

« J'avoue, interrompt Ariste, que les beaux esprits sont un peu plus rares dans les pays froids, parce que la nature y est plus languissante et plus morne, pour parler ainsi. — Avouez plutôt, dit Eugène, que le bel esprit, tel que vous l'avez défini, ne s'accommode point du tout avec les tempéraments grossiers et les corps massifs des peuples du Nord. Ce n'est pas que je veuille dire que tous les Septentrionaux soient bêtes : il y a de l'esprit et de la science en Allemagne et en Pologne comme ailleurs ; mais enfin on n'y connaît point notre bel esprit, ni cette belle science dont la politesse fait la principale

---

(1) La suite est encore plus surprenante : on y voit que les *esprits* du sang et de la bile, s'allumant dans le cerveau, y répandent une *splendeur sèche ;* que la flamme qui sort de ces esprits est la plus subtile et la plus ardente qui soit dans la nature ; et que c'est elle qui éclaire la raison et qui échauffe l'imagination en même temps.

partie... Je ne sais même si les beaux esprits espagnols et italiens sont de la nature des nôtres ; ils en ont bien quelques qualités et quelques traits ; mais je doute un peu qu'ils leur ressemblent tout à fait, et qu'ils aient précisément le caractère que vous avez établi. Car enfin, ce caractère est si propre à notre nation qu'il est presque impossible de le trouver hors de France ; soit que cela vienne en partie de *la température du climat,* soit que *notre humeur* y contribue quelque chose... »

Il ne faudrait pas presser beaucoup ces lignes, pour en tirer une formule explicite de cette « théorie des milieux » qui, tombée depuis en de plus vigoureuses mains, a été développée par la critique moderne et généralisée jusqu'au paradoxe. Mais je ne veux pas aussi hasarder d'y mettre plus qu'elles ne contiennent, ni perdre de vue ce principe essentiel qu'autre chose est de rencontrer par cas fortuit une pensée originale et de s'y amuser un instant, autre chose d'en exprimer par un effort créateur une longue suite de conséquences. Or, il faut l'avouer, Bouhours n'est point de ceux qui creusent à fond une idée ; il voit beaucoup de choses, d'un regard vif et prompt ; il pousse en tout sens des pointes curieuses, incapable d'appuyer ni d'enfoncer, soit faute de cette puissance de méditer, sans quoi l'invention même reste inféconde, soit aussi parce que la responsabilité d'une opinion lui fait peur, et qu'il est « de cette famille d'écrivains qui se plaisent à indiquer plutôt qu'à affirmer, qui aiment mieux paraître indécis que s'attirer des contradicteurs (1) ».

(1) H. Rigault, *loc. cit.*

Aussi, pour le dire en passant, n'est-ce point par l'effet du hasard, mais par une sorte d'instinct littéraire, que Bouhours adopta pour ses deux principaux et plus célèbres ouvrages cette forme du dialogue, si commodément élastique, à la faveur de laquelle un auteur peut avancer bien des choses dont il ne répond pas en rigueur, balancer l'une par l'autre, sans être tenu de prendre parti, des thèses contraires.

Cependant, quelques facilités que lui donne la fiction du dialogue, Bouhours n'y ose guère pour cela davantage, et ses personnages, façonnés à sa ressemblance, sont quasi aussi glissants, évasifs et précautionnés que lui-même. « Pour moi, dit Ariste quelque part, je n'aime guère à décider, ni à fâcher personne... » Voilà leur devise, aussi bien que de Bouhours. Une idée forte n'est jamais abordée par eux que de biais, ni embrassée que mollement, et s'il y en a où ils s'appliquent plus à loisir, c'est de certaines idées ténues, volatiles, moins des idées que des simulacres d'idées, qui font entrer le lecteur en doute si on lui explique les rapports des choses, ou bien si l'on raffine sur les mots.

Il faut lire en ce genre tout l'Entretien du *Je ne sais quoi :* cela est joli, prestigieux, mais cela tient en l'air et porte sur une vapeur. Ce chimérique et fugace objet, « qui ne serait plus si l'on savait ce que c'est », les deux interlocuteurs en font à l'envi l'anatomie, le vont chercher dans la peinture, dans la théologie, dans l'amour; *marivaudant* à perte de vue sur « ce grand mystère de la nature », et frayant en effet de fins sentiers où Marivaux en personne ne manquera pas de repasser à son tour (1).

Au fond, soit qu'ils traitent légèrement les choses sérieuses, ou sérieusement les légères, le résultat est le même ; et M. Rigault n'aurait pas tort — s'il ne prêtait au jésuite, pour le besoin de l'antithèse, plus de prétentions qu'il n'est juste — de comparer tout ce train d'idées à « des ombres élégantes et légères, dont la fuite rapide forme un contraste singulier avec l'ambition de Bouhours, qui croit sculpter pour la postérité ».

Faut-il maintenant conclure ? Inventive à coup sûr, et ingénieuse, la critique de Bouhours est toutefois plus, propre à suggérer des idées à un esprit actif, qu'à déga-

(1) Dans son *Cabinet du Philosophe* (2ᵉ feuille). Après Bouhours, qui avait dit du *je ne sais quoi* : « Il est bien plus aisé de *le sentir que de le connaître*. Ce ne serait plus un je ne sais quoi si l'on savait ce que c'est ; sa nature est d'être incompréhensible et inexplicable. On peut dire qu'il n'y a rien de plus connu, ni de plus inconnu dans le monde. Si par hasard on venait à apercevoir ce je ne sais quoi qui surprend, on ne serait peut-être pas si touché ni si enchanté qu'on est ; mais on ne l'a point encore découvert, et on ne e découvrira jamais apparemment... » — Marivaux, dans une sémillante allégorie, fera ainsi parler ce même *je ne sais quoi*, auquel il a tant d'obligations : « L'on me voit sans me connaître, sans pouvoir ni me saisir, ni me définir. On me perd de vue en me voyant : il faut *me sentir, et non me démêler*. Enfin, vous me voyez, et pourtant vous me cherchez ; et vous ne me trouverez jamais autrement, aussi ne serez-vous jamais las de me voir. » L'analogie est à coup sûr frappante. Ajoutez que Marivaux, tout comme Bouhours, discerne un *je ne sais quoi* amoureux, un *je ne sais quoi* pictural : il ne va pas, il est vrai, jusqu'au *je ne sais quoi* théologique, qui est la Grâce. — Voir, pour un plus grand détail, le livre de M. G. Larroumet : *Marivaux, sa Vie et ses Œuvres*, 1882.

Montesquieu aussi, dans son *Essai sur le Goût*, a traité du *je ne sais quoi*, en philosophe très galant.

ger une vérité nettement et à la mettre dans tout son jour : il y a des choses qu'il a dites le premier, mais toujours de façon si discrète, que le public ne commença de les entendre qu'après qu'un autre les eut répétées d'une voix plus forte. Et si nous passons de ses spéculations générales à ses jugements de détail en matière littéraire, comme il est vrai qu'à celles-là manque une certaine force de pensée, de même il faut avouer qu'en ceux-ci, quelque fins et sensés qu'ils soient, nous ne trouvons pas absolument cette fleur exquise de goût qui fait le charme éternel d'un Fénelon ou d'un Joubert. Voilà pour le critique. — Grammairien, Bouhours a l'autorité d'un maître, mais ce maître n'est en somme qu'un très bon élève de Vaugelas. — Polémiste, il le fut avec élégance mais fort peu, et s'arrêta presque à son coup d'essai.

Est-ce là tout ? Le principal reste à dire, un dernier talent qui multiplie en quelque sorte tous ces talents partiels, et qu'on aura suffisamment exprimé, en disant que Bouhours fut l'un des plus excellents artistes qui aient manié jamais la langue française. Non pas un grand écrivain : car c'est peu pour l'être que d'avoir de l'application, de l'esprit et du goût: il faut de l'âme. Mais, comme plusieurs disent aujourd'hui, un *styliste* : entendez quelqu'un de ceux-là dont Balzac fut chez nous le patriarche, qui aiment chèrement la forme, et

---

L'histoire du je ne sais quoi commence d'ailleurs avant Bouhours. Il fut en grande vogue dans les ruelles ; et déjà au XVIe siècle Mlle de Gournay, cette aïeule spirituelle des précieuses, avait dit que « l'amour, qui est je ne sçai quoy, doit sourdre aussi de je ne sçai quoy. »

qui viennent à certains jours nettoyer, polir et perfectionner l'instrument dont le génie s'emparera ensuite, afin de remuer nos pensées et nos passions.

Ses contemporains le jugeaient tel. On a déjà vu l'éloge significatif que La Bruyère faisait de lui en trois mots (1). Et quand le même La Bruyère déclarait au même chapitre : « L'on écrit régulièrement depuis vingt années (2); l'on est esclave de la construction, l'on a secoué le joug du latinisme et réduit le style à la phrase purement française ; l'on a presque retrouvé le nombre que Malherbe et Balzac avaient les premiers rencontré, et que tant d'auteurs depuis ont laissé perdre. L'on a mis enfin dans le discours tout l'ordre et toute la netteté dont il est capable, cela conduit insensiblement à y mettre de l'esprit » ; à qui croit-on qu'il songeait ? A Pellisson sans doute, à Bussy, à Fléchier, qui, après Pascal et avant La Bruyère, s'employaient à doter la foule lettrée d'une langue maniable et souple, élégante et spirituelle : sorte de « monnaie courante, dont les types réguliers et nets se multipliaient à l'infini, indépendamment de ces médailles à part que frappe le génie, et qu'il se réserve » (3). Mais d'abord, — les *Clefs* nous en donnent l'assurance expresse — à Bouhours. Car celui-ci n'était pas seulement l'observateur curieux de cette évolution de la langue, il y fut aussi, tout comme les autres, ouvrier

(1) Part. I, ch. II, p. 44.
(2) Par conséquent, à la date où écrivait l'auteur, depuis 1669: c'est à deux ans près l'époque où Bouhours débutait, par sa *Lettre à un Seigneur de la Cour*. — *L'Histoire de l'Académie française*, de Pellisson, est de 1652 ; l'*Histoire amoureuse des Gaules* (non publiée), de Bussy, de 1660 ; la première oraison funèbre de Fléchier, de 1672.
(3) Villemain, préf. de la 6ᵉ éd. du *Dictionnaire de l'Académie*.

agissant. Qu'on prenne à volonté un dialogue de Bouhours, un mémoire de Pellisson, une lettre de Bussy, une oraison de Fléchier : c'est partout la même industrie de style ; des périodes d'une juste étendue, assez brèves pour que le discours ne cesse jamais d'être clair et coulant, assez pleines pour que le plaisir de l'oreille soit ménagé ; des tours ingénieusement concertés ; une exactitude scrupuleuse dans l'assemblage des mots, une propriété recherchée dans le choix des termes ; bref, un art toujours égal et parfait, autant que peut être parfait l'art qui se montre et touche à l'artifice. Chacun d'ailleurs, sur ce fond commun de bien dire, met sa nuance originale : où Pellisson se distingue par une netteté polie et une grâce aisée de discussion, Bussy par ses vives saillies d'esprit, Fléchier par ses airs nobles et sa belle cadence, Bouhours a en propre je ne sais quoi de suave et de mollement fleuri dans l'extrême correction.

Plusieurs parties du mérite de Bouhours, et qui contribuèrent le plus à sa renommée, sont évanouies pour nous. Du séduisant causeur qu'on ne se lassait pas d'ouïr, de l'homme débonnaire qu'il faisait si bon connaître, que nous reste-t-il ? Et les sujets mêmes de ses livres, à quoi les comparer, qu'à ces étoffes fanées, qui plurent jadis et qui maintenant n'intéressent que comme les spécimens d'un art disparu ? Mais une chose subsiste encore et toujours subsistera de lui, c'est le parfait travail de son style. Là est son excellence foncière, là le secret, si ce n'est pas trop dire, de son humble immortalité. Par là, celui qui vécut le familier de

Bussy, de Fléchier, de Pellisson, doit n'en être pas séparé dans l'estime des lettrés modernes ; et si c'est lui faire honneur que de le mettre en telle compagnie, c'est surtout lui faire justice. Tous les quatre, on les imagine volontiers formant un groupe aux abords de ce panthéon idéal des grands écrivains, dont ils n'ont pas mérité tout à fait que les portes leur fussent ouvertes : dans le péristyle, à côté de Fléchier qui touche du pied le seuil, escorté de Bussy et de Pellisson, le Père Bouhours devise « en souriant », aimable jésuite entre des gens aimables.

APPENDICE

APPENDICE

I

CORRESPONDANCE DE BOUHOURS

Si l'on en juge par l'étendue et la qualité de ses relations, Bouhours dut échanger avec des contemporains marquants un assez grand nombre de lettres. De celles qui nous sont parvenues, sa correspondance avec Bussy-Rabutin constitue sans contredit la plus grande part, et la plus intéressante. Cette correspondance va de 1673 à 1693 ; elle comprend, dans l'excellente édition de la *Correspondance de Roger de Rabutin*, que nous devons aux soins de M. Lud. Lalanne, 24 lettres de Bouhours à Bussy (beaucoup d'autres sont perdues), 66 de Bussy à Bouhours, plus une douzaine de lettres ou apostilles de Louise de Rabutin (marquise de Coligny puis comtesse de Dalet) au même. Je renvoie, pour le tout, aux six volumes de M. Lalanne, en faisant observer que 10 lettres de Bussy lui ont échappé, dont on trouve la mention et l'analyse dans le catalogue des autographes de la collection Parison (1856) (1).

(1) On peut se référer au catalogue pour le détail. Voici du moins la suite chronologique de ces lettres, datées de Chaseu ou de Bussy, et dont la plupart appartiennent aux dernières années de Roger de Rabutin :

[1674], 22 juin. — 1675, 25 mai (avec un billet de Louise de Rabutin). — 1689, 1ᵉʳ janvier. — 1691, 16 janvier (avec un billet de Louise, devenue comtesse de Dalet). — 1691, 25 juin. — 1692,

Quant au reste de la correspondance du célèbre jésuite, on trouvera ci-après tout ce qu'il a été possible d'en recueillir. Plusieurs de ces menus documents se trouvent répandus en divers volumes anciens ou modernes, mais dont la plupart ne tombent pas tous les jours sous la main ; j'ai eu pour d'autres, — comme dit avec quelque fatuité notre petite érudition moderne, — la bonne fortune de l'inédit, ou plutôt de rencontrer des collectionneurs obligeants, singulièrement MM. Charavay, qui ont bien voulu me donner part à leurs richesses. Inédites ou non, j'ai pensé que ces lettres pouvant aider en quelque manière à la connaissance de Bouhours, il y avait avantage à les rassembler ici (1).

Mais, après tout, je ne voudrais pas donner dans le travers, particulier à ce temps-ci, de surfaire à outrance le plus mince document et de s'échauffer extraordinairement pour des misères. Si plusieurs des morceaux qui suivent ne sont pas dénués d'agrément littéraire (2), je conviens sans peine que tel autre, hormis les informations qu'il nous donne sur les amitiés ou les fréquentations de Bouhours, n'a rien que d'insignifiant.

25 mai. — 1692, 22 décembre. — 1693, 15 février. — 1693, 3 mars. — ... 3 juin.

La lettre du 25 mai 1692 a été publiée intégralement dans le *Bulletin du Bibliophile* de 1876, p. 253.

Le catalogue Parison mentionne, en outre, 7 intéressantes lettres inédites de Louise de Rabutin à Bouhours (1675-1692).

(1) J'omets seulement la prétendue lettre de Bouhours à Patru, laquelle figure dans le Recueil de Richelet, intitulé : *les plus belles Lettres des meilleurs Auteurs français*, 1680, et n'est autre chose que l'Épitre liminaire des *Remarques nouvelles sur la Langue française*; et une longue lettre du P. Ferrier, jésuite, à Bouhours (27 février 1663), qui se lit au tome III des *Mémoires* du P. Rapin, p. 223. Celle-ci ne roule que sur des matières théologiques : on y a fait allusion dans les premières pages de ce livre (Part. I, chap. I, p. 18).

(2) Notamment les lettres de Boileau et à Boileau ; les deux lettres de Racine ; quelques billets à Mlle de Scudéry et à Mme de Sablé.

Reste à définir son mérite épistolaire. Il n'est point commun, bien que nous ayons de Bouhours trop peu de choses et de trop courtes en ce genre, pour lui donner place entre nos principaux écrivains épistolaires. Bouhours écrivait par billets plutôt que par lettres. Quelques-uns de ces billets (lisez surtout sa correspondance avec Bussy) sont bien jolis, tout pleins de sel, et d'une langue exquise; au reste, peu de chaleur, nul abandon, rien de cette verve primesautière qui est le génie même de la lettre, qui fait le charme divin d'une marquise de Sévigné et perce de temps en temps sous le bel esprit plus travaillé de Bussy. Le malheur est que Bouhours, qui savait très bien son métier d'écrire, ignora constamment ce je ne sais quoi d'une plume qui se laisse aller et ne se pique de rien : mais cela ne s'apprend point. Il est auteur en tout ce qu'il écrit, presque jamais homme. S'il eût passé son temps à composer des lettres, peut-être qu'il nous donnerait l'idée d'une manière de Voiture allégé et assoupli, moins phrasier, moins guindé, quelque chose, si l'on veut, d'intermédiaire entre Voiture et Bussy; un grand écrivain épistolaire? non pas, mais un très agréable épistolier.

Il convient d'ajouter un mot sur la méthode que j'ai suivie dans la transcription des lettres suivantes. Toutes les fois que j'ai eu sous les yeux l'autographe ou une copie authentique de l'autographe, je m'y suis conformé strictement pour les particularités orthographiques, sauf en ce qui concerne la ponctuation, l'accentuation, et aussi la confusion, jadis habituelle, entre les *u* et les *v*, les *i* et les *j*; de pousser plus loin le scrupule, c'eût été, il me semble, puérilité pure et vaine fatigue pour le lecteur.

A

LETTRES ADRESSÉES A BOUHOURS (1)

1. DE BOSSUET (*Inédite*).

Catalogue communiqué par MM. Charavay.

Saint-Germain, 14 décembre 1671.

Ce qui m'a obligé, mon Révérend père, à vous faire présenter mon petit traitté (2), c'est l'estime particulière que je fais de vostre personne. Je m'estois bien attendu qu'un religieux si zelé loueroit le dessein d'un ouvrage si nécessaire, et je n'ay pas douté non plus de ce que la doctrine ne fust approuvée par un théologien aussi esclairé que vous ; mais qu'un homme dont la plume est si correcte et si délicate, bien loin d'estre rebuté par la simplicité de mon style, lui donne autant de louanges que vous faites, je n'aurois osé l'espérer.....

(1) Voici comment la plupart de ces lettres nous sont parvenues. Conservées dans la bibliothèque du collège Louis-le-Grand jusqu'à la dispersion des jésuites, elles passèrent alors dans les mains du jésuite Brotier, bibliothécaire du collège, avec plusieurs autres manuscrits modernes qu'il avait réclamés comme sa propriété personnelle. Brotier mort (1789), son neveu hérita de ses papiers, puis les donna pendant la période révolutionnaire, dont il périt victime, à son avocat Lebon. Lebon, à son tour, les vendit en 1811 par les soins de M. Parison, lequel en acquit pour lui-même un lot contenant, entre autres manuscrits, les lettres adressées aux PP. Labbe, Sirmond, Rapin, Bouhours, etc. A la mort de M. Parison (1856), son cabinet d'autographes fut dispersé, et depuis ce temps les lettres adressées à Bouhours et aux autres Pères circulent chez les collectionneurs et les marchands d'autographes. (Voy. la notice de M. Brunet sur M. Parison.)

(2) *Exposition de la Doctrine de l'Église catholique.*

II. DU MÊME.

T. XI des *Œuvres de Bossuet*, édit. Martin-Beaupré, 1860.

à Versailles, le 12 septembre 1676.

Votre Histoire (1), mon Révérend père, m'a servi d'un doux entretien pendant ma maladie. Je ne puis assez vous remercier de m'avoir fourni de quoi m'occuper d'une manière si agréable. Excusez si je ne vous témoigne pas de ma main la satisfaction que j'ai eue dans cette lecture. Un reste de faiblesse me le défend. Mais rien ne m'empêchera jamais, mon Révérend père, d'être à vous de tout mon cœur, avec une estime particulière.

J. BÉNIGNE, a. év. de Condom.

III. DE FLÉCHIER (*Inédite*).

Catalogues communiqués par MM. Charavay.

Versailles, ce 9 septembre [1676].

J'ay leu une partie de vostre admirable histoire (2), je l'ay leue non seulement avec satisfaction, mais encore avec délices; et je ne puis attendre davantage à vous tesmoigner la reconnoissance que j'ay et du présent que vous avez eu la bonté de m'en faire, et du plaisir que j'en ay desja receu. Rien n'est écrit si purement ni si judicieusement que cette vie, dont les évènements sont d'euxmesmes très curieux et très remarquables. Tout y est

---

(1) *Histoire de Pierre d'Aubusson, etc.*, 1676.
(2) *Id.*

peint si au naturel, et il y a tant de vivacité et de mouvement dans les récits, qu'on croit voir ce qu'on lit. Il estoit juste que vous nous donnassiés un modèle pour écrire l'histoire, comme vous nous en avez donné pour le dialogue (1), et que vous missiés vous mesme si heureusement en pratique les belles observations que vous avez faites sur la langue..... (2).

IV. DE RACINE.

T. VI des *Œuvres de J. Racine*, dans l'édit. des *Grands Ecrivains de la France* : lettre revue sur l'autographe, ainsi que la suivante, par l'éditeur, M. P. Mesnard (3). — Elles furent publiées pour la première fois dans un opuscule de Le Franc de Pompignan : *Lettre à M. Racine sur le Théâtre, etc.*, 1773.

[1676?]

Je vous envoie les quatre premiers actes de ma tragédie (4), et je vous enverrai le cinquième, dès que je l'aurai transcrit. Je vous supplie, mon révérend Père, de prendre la peine de les lire, et de marquer les fautes que je puis avoir faites contre la langue dont vous êtes un de nos plus excellents maîtres.

(1) *Entretiens d'Ariste et d'Eugène*, 1671.
(2) *Remarques nouvelles sur la Langue française*, 1675.
(3) M. P. Mesnard a substitué l'orthographe moderne à celle de Racine.
(4) *Phèdre?* d'après la conjecture plausible de M. P. Mesnard : ce qui fixerait la date de la lettre à 1676. Elle n'est sûrement pas postérieure, les dernières tragédies de Racine n'ayant été composées qu'après la mort de Rapin, de qui il est question dans ces lignes; elle n'est pas non plus antérieure à 1671, époque où Bouhours se fit connaître pour la première fois comme grammairien, dans les *Entretiens d'Ariste et d'Eugène*. Mais rien ne prouve qu'elle ne se rapporte pas à une année intermédiaire, et la tragédie en question pourrait être *Mithridate* ou bien *Iphigénie*.

Si vous y trouvez quelques fautes d'une autre nature, je vous prie d'avoir la bonté de me les marquer sans indulgence. Je vous prie encore de faire part de cette lecture au révérend Père Rapin, s'il veut bien y donner quelques moments.

Je suis votre très humble et très obéissant serviteur.

RACINE.

V. DU MÊME.

Comme pour la lettre précédente.

[janvier 1685.]

Je vous envoie, mon révérend Père, trois exemplaires de nos harangues académiques (1). Je vous prie de tout mon cœur d'en vouloir donner un au R. P. Rapin et un au R. P. de la Baune. J'ai bien peur que vous ne trouviez sur le papier bien des fautes, que ma prononciation vous avait déguisées; mais j'espère que vous les excuserez un peu, et que l'amitié que vous avez pour moi aidera peut-être autant à vous éblouir que ma déclamation l'a pu faire.

Je suis de tout mon cœur,

Votre très humble et très obéissant serviteur,

RACINE.

(1) Il ne peut être question que des discours prononcés à la réception de Thomas Corneille, le 2 janvier 1685 : (ce qui date la lettre), le discours de Racine à la réception de l'abbé Colbert (1678) n'ayant point été imprimé. (Paul Mesnard.)

VI. DE LA FONTAINE.

T. V des *Œuvres de La Fontaine*, dans la biblioth. elzévirienne; lettre revue par l'éditeur, M. Marty-Laveaux, sur un fac-similé de l'autographe. — Elle fut publiée pour la première fois par Walckenaer, dans son *La Fontaine* compact, 1835.

[novembre ou décembre 1687.]

Mon révérend Père, sans un rumatisme qui m'empesche presque de marcher et d'aller plus loin que la rue St-Honoré, j'aurois esté vous remercier du plaisir que m'ont fait vos dialogues (1); tout y est bien remarqué et d'un goust exquis. Tout y est parfaitement écrit; car vous estes un de nos maistres. Madame de la Sablière est aussi très satisfaite de cet ouvrage. Vostre traduction sur les quiétistes est aussi de bonne main (2); mais j'aurois voulu que vous eussiez employé vostre talent sur une autre matière que celle-là et ayant un autre original. Une chose qui est tout à fait de mon goust, simplement et élégamment écrite, et avec beaucoup de jugement, c'est l'éloge que vous avez fait du pauvre père Rapin (3). Cela me plaist fort.

Je suis, mon révérend Père,

Vostre très humble et très obéissant serviteur,

DE LA FONTAINE.

(1) *La Manière de bien penser dans les Ouvrages d'esprit. Dialogues.* Ce livre fut achevé d'imprimer fin octobre 1687, ce qui fournit la date de la lettre.

(2) *Le Quiétiste, ou les Illusions de la nouvelle Oraison de Quiétude*, 1687 (traduit de l'italien du P. Segneri). Voy. à la *Bibliographie*, B.

(3) Mort en novembre 1687. Le P. Bouhours publia aussitôt son Eloge, qui fut inséré plus tard dans le tome deuxième des *Carmina* du P. Rapin.

VII. DE BOILEAU-DESPRÉAUX.

Copie de l'autographe, communiquée par le P. Lauras. — Mais cette lettre a été imprimée déjà par H. Rigault, en note de la p. 229 de son *Histoire de la Querelle des Anciens et des Modernes*, 1856.

[octobre ou novembre 1697.] (1)

Comme il me paroist, mon révérend Père, par les paroles que le R. P. Tarteron a dites à mon frère le docteur de Sorbonne, et par d'autres choses qu'on m'a rapportées, qu'il y a un dessein formé dans vostre illustre compagnie de se déclarer contre moy, et qu'on a mesme desja défendu de lire mes ouvrages dans vostre collége, je souhaiterois fort de vous voir et de vous embrasser, afin qu'au moins avant le combat nous nous pardonnions nostre mort. Car, quoy qu'il puisse arriver, je puis vous assurer que je vous estimeray et vous aimeray toujours chèrement; aussi bien que le très révérend P. de la Chaize, que j'honore et que je respecte comme l'homme du monde à qui j'ay la plus sensible obligation. J'aurois esté vous dire tout cela chés vous, s'il y faisoit seur pour moi et si je vous y pouvois parler auprès du feu et sans courir risque d'estre entendu. Mais, cela ne se pouvant point, voyés si vous serés assés hasardeux pour venir disner demain avec moy. Supposés que vous ayés [assez] d'audace pour cela, mandés moy ce soir ou demain matin à quelle heure vous voulés que je vous envoye mon carrosse.

Adieu, mon très illustre adversaire, je vous réponds,

---

(1) La réponse de Bouhours (voy. B, VII) permet de dater cette lettre. D'ailleurs, on voit qu'il s'agit des premiers démêlés de Boileau avec les jésuites, qui eurent lieu à propos de son Épître sur l'Amour de Dieu, par conséquent vers la fin de 1697.

quoy qu'en veuille dire le P. Tarteron, que je suis très sincère, et surtout quand je vous dis que je suis
Vostre très humble et très obéissant serviteur,
DESPRÉAUX.

VIII. DU MÊME (*Inédite*).

Catalogue communiqué par MM. Charavay.

[janvier 1698.]

J'espère avoir demain des copies imprimées de mes trois Épistres (1) et vous en enverray aussitost. J'ay mis le mot de jésuites dans la préface, mais avec si peu d'affectation que si vostre illustre société, à mon avis, n'en est pas contente, ce ne sera pas ma faute. Du reste je soutiens dans mon Épistre la nécessité du vray amour de Dieu avec toute la vigueur que je puis ; mais en quoy cela peut-il regarder les jésuites qui donnent tous les jours, en plus d'un monde, tant de marques de cet amour qu'ils ont encore plus dans le cœur que sur les lèvres ? Je ne sçay pas s'il y a quelques auteurs chés vous qui n'admettent pas cette nécessité, mais je sçay bien qu'il y en a un fort grand nombre qui l'admettent. Ainsi tout ce qu'il faudroit en (*sic*) conclure de mon ouvrage, c'est que j'ay deffendu le sentiment de beaucoup de jésuites contre quelques jésuites. Enfin, mon révérend Père, je ne vous cacheray point que c'est en quelque sorte par l'ordre de Mgr l'archevesque de Paris que j'imprime cet ouvrage,

---

(1) L'épitre *A mes vers*, celle *A mon jardinier* et celle *A l'abbé Renaudot sur l'amour de Dieu*. Elles furent imprimées avec une préface, dans les premiers jours de 1698 (*Epitres nouvelles du Sr D.*, chez Thierry, in-4). Cela date la lettre.

que j'y ay corrigé trois endroits que le très révérend P. de la Chaize à qui je l'ay lu n'approuvoit pas, et que si vostre illustre société rompoit avec moy au sujet de mon Épistre, cela feroit un ridicule effect dans le monde, puisque cela donneroit occasion à beaucoup d'impertinans (*sic*) de dire que c'est qu'elle ne peut souffrir qu'on aime Dieu...

P. S. Au nom de Dieu, mon révérend Père, criés bien de vostre costé contre cette impertinente copie qu'on donne en mon nom (1) et qui m'a donné un des plus grands chagrins que j'aye eu de ma vie.

IX. DE BOURDALOUE.

Publiée sur l'autographe par M. E. de Barthélemy, dans le *Bulletin du Bibliophile*, année 1872, p. 494.

Ce 30 déc. [1684 — 1699] (2).

Je vous honore trop, mon révérend Père, pour n'avoir pas eu du chagrin de la manière dont vous receutes dernièrement ce que je voulus vous dire sur le restablissement de vostre santé, et, sans les sermons de l'Avent, je n'aurois pas esté si longtemps sans vous le tesmoigner. Je puis avoir tort en quelque chose, mais au moins du costé du cœur n'ay-je rien à me reprocher sur ce sujet de vostre personne ; et j'ose vous dire que pour peu que

---

(1) Cf. la préface des *Epîtres nouvelles* : « Dans le temps même que cette préface était sous la presse, on m'a apporté une misérable épître en vers, que quelque impertinent a fait imprimer, et qu'on veut faire passer pour mon ouvrage sur l'Amour de Dieu. Je suis donc obligé d'ajouter cet article, afin d'avertir le public que je n'ai fait d'Epître sur l'Amour de Dieu que celle qu'on trouvera ici, l'autre étant une pièce fausse et incomplète... »

(2) Ces deux années marquent le premier et le dernier avent prêchés par Bourdaloue. La lettre, où il est question de ses sermons de l'avent fut donc écrite dans l'intervalle.

vous m'eussiés fait de justice, vous auriés pu excuser l'un par l'autre (1). Mais, sans entreprendre de me justifier, il me suffit de vous avouer que mon peu d'attention à mes devoirs m'a fait souffrir et sentir en cette occasion ce que je n'aurois ni senti ni souffert, si j'avois eu pour vous moins d'estime et d'attachement que je n'en ay ; car, quoy qu'il arrive jamais, je seray tousjours constamment et invariablement, mon révérend Père,

Vostre bien humble et obéissant serviteur,

BOURDALOÜE.

X. DU MÊME (*Inédite*).

Catalogue communiqué par MM. Charavay.

ce mercredi, 27 de janvier [1700].

Tous les prédicateurs vous sont infiniment obligés du soin que vous avés pris de leur marquer dans les pères de l'Église (2) tout ce qu'il y a de plus propre à enrichir leurs sermons, et, quoy que je sois au bout de ma course, je ne laisse pas de prendre part à la reconnoissance qu'ils vous doivent.....

---

(1) Quelle était la cause de cette pique de Bouhours ? Probablement quelques critiques de grammaire mal reçues par l'illustre prédicateur : on sait que c'était là, entre eux, un sujet assez fréquent de petites brouilleries.
(2) Les *Pensées ingenieuses des Pères de l'Eglise*, 1700. D'où la date de la lettre.

APPENDICE. 283

XI. DU P. DE NOYELLES, GÉNÉRAL DE LA COMPAGNIE DE JÉSUS (*Inédite*).

Extraite des Archives du Gesù et communiquée par le P. Lauras·

9 décembre 1684.

Sancti Francisci Xaverii accepimus vitam (1), quam V. Rev. in optimo lumine collocavit; et sermonis puriore elegantia lectores mirifice pellexit, ut suavius tot exempla virtutum degustarent, nec dubitarent cibo tam bene condito se pascere. Unde nostram etiam percipiemus voluptatem, cujus erimus V. Rev. debitores, ut de doctioribus observationibus (2), de quibus omnibus ei gratias agimus immortales.

XII. DU P. DE LA COLOMBIÈRE, JÉSUITE (*Inédite*).

Catalogue communiqué par MM. Charavay.

Lyon, 1ᵉʳ juillet [1671?]

. . . .
. . . .

Si, dans la response que vous ferez aux lettres dont on vous menace, vous trouviez occasion de dauber ces messieurs (3) sur la conduite des ouvrages qu'ils ont donnés au public, il me semble que ce seroit une carrière admirable. Je n'ay rien vu de si ridicule en ma vie, par

(1) *La Vie de saint François Xavier*, etc., 1682.
(2) Les *Remarques nouvelles sur la Langue française*, 1675.
(3) MM. de Port-Royal.

exemple, d'attacher l'aventure de don Sébastien, roy de Portugal, à la vie de saint Barthélemy (1), et de raconter toute l'histoire de son passage en Affrique sous prétexte que ce saint prélat pria Dieu pour le succès de cette entreprise sans qu'il y ait eu d'autre part; cela me paroist si plaisant que je ne puis m'empescher d'en rire toutes les fois que j'y pense.....

B

LETTRES DE BOUHOURS

I. A MADAME DE SABLÉ (*Inédite*).

Catalogue communiqué par MM. Charavay.

octobre 1667.

Je n'avois pu jusqu'à présent vous trouver un escrivain ; ils sont plus rares que je ne pensois, ces messieurs-là, mesme dans le païs latin, où ils doivent estre fort communs. Si j'estois bon escrivain, j'aimerois mille fois mieux escrire sous vous que sous le plus grand docteur de l'université.....

II. A MADEMOISELLE DE SCUDÉRY (*Inédite*).

Copie de l'autographe (collect. Feuillet de Conches), communiquée par le P. Lauras.

8 janv. 1667.

J'ay bien de la confusion de ne vous avoir pas encore donné le bonjour cette année, mais j'en ay bien aussi,

(1) *Vie de Dom Barthélemy-des-Martyrs*, par Lemaître de Saci.

Mademoiselle, de n'avoir que des fleurs et encore des fleurs fausses à vous offrir, pour marque d'une amitié aussi solide et aussi véritable que la mienne. Ne jugez donc pas de moy, s'il vous plaist, par la nature de mon présent, mais jugez-en plustôt par la nature de l'affection qui l'accompagne et par la protestation sincère que je vous fais d'estre toute ma vie vostre très humble et très obéissant serviteur,

Bouhours.

III. A LA MÊME.

Extraite de *Mademoiselle de Scudéry, sa Vie et sa Correspondance*, par MM. Rathery et Boutron, 1872.

[1688?] (1)

J'ay laissé passer la foule pour vous donner le bonjour et vous renouveler les assurances de mes très humbles services. Si mon présent n'est pas fort beau, ni fort digne de vostre cabinet, il est au moins assez singulier et tout propre à faire figure sur le bord de vostre cheminée. Tel qu'il est, je vous prie, Mademoiselle, de l'agréer comme une marque de l'estime particulière que j'ay pour vostre personne et de l'affection véritable avec laquelle je seray toute ma vie vostre très obéissant serviteur,

Bouhours.

IV. A LA MÊME (*Inédite*).

Catalogue communiqué par MM. Charavay.

Persine, 4 octobre [1671].

Vous estes trop raisonnable, Mademoiselle, pour nous condamner sans nous entendre; il est vray que les appa-

(1) « La date est fournie par le catalogue de la vente Villenave, du 22 janvier 1850, où cette lettre figure. » (Rathery et Boutron.)

rences sont contre nous, mais quand on a autant de lumière et d'équité, on ne juge pas toujours sur les apparences..... Vos lettres et vostre paquet ne nous sont point parvenus..... Nous ne pouvons nous en consoler que par le plaisir que nous prenons à lire et à relire vostre admirable discours de la gloire (1); il est de la nature de ces ouvrages achevés où l'on découvre toujours de nouvelles grâces, et il faut que je die, malgré Cléante (2), du discours de la gloire ce que j'ay dit du discours qu'un de nos amis (3) a fait sur les œuvres de Sarrazin, je l'ay leu plusieurs fois et je l'ay toujours admiré. A propos de Cléante, vous sçavez sans doute, Mademoiselle, qu'on y fait response (4), et que je n'ay nulle part à cette response.....

V. A LA MÊME.

Publiée sur l'autographe par M. E. de Barthélemy, dans le *Bulletin du Bibliophile*, année 1872, p. 494.

à Paris, le 9ᵉ de novembre.

Il y a quatre ou cinq jours, Mademoiselle, que je suis revenu, j'ay pensé dire de l'autre monde, car je m'imagine que vous me croyez mort, et vous avez un peu sujet de le croire, à juger par les apparences. Il y a assez longtemps que je ne vous ay donné aucun signe de vie, mais en vérité je n'en ay pas esté capable, et je m'assure que,

(1) Ce *Discours de la Gloire* est celui auquel l'Académie française décerna, en 1671, le prix d'éloquence chrétienne fondé par Balzac. Cela date la lettre, aussi bien que les détails qui suivent sur *Cléante*.
(2) C'est Barbier d'Aucour, l'auteur de ces *Sentiments de Cléante sur les Entretiens d'Ariste et d'Eugène* où Bouhours est si vivement houspillé.
(3) Pellisson.
(4) L'abbé Montfaucon de Villars, dans son petit traité *de la Délicatesse*, 1671.

quand vous sçaurez combien j'ay souffert depuis plus de deux mois, vous me pardonnerez mon silence. Après tout, quelque violens que mes maux aient esté, ils ne m'ont pas empesché de penser à vous et de parler de vous non seulement avec ma sœur, mais avec M. et Mme du Gué-Laurent, que j'ay veus au pays d'où je viens, et auprès desquels je me suis fait honneur de vostre amitié. J'aurois desjà esté vous dire de leurs nouvelles et des miennes, si en arrivant je ne m'estois trouvé mal : dès que je seray un peu mieux et que je pourray avoir un carrosse, je feray mon devoir, et je prétens le faire [si bien toute ma vie que vous aurez toujours un peu de bonté pour moy. Je vous donne le bonjour, Mademoiselle, et suis vostre très humble et très obéissant serviteur,

BOUHOURS.

VI. A LA MÊME.

Fragment d'un billet inédit, communiqué par MM. Charavay.

Je suis si friand de tout ce qui vous échappe, Mademoiselle, que je ne puis m'en passer. Vous me faites un très grand plaisir de m'envoyer vostre nouveau madrigal.....

VII. A BOILEAU-DESPRÉAUX (1).

Publiée par M. Laverdet, dans le Supplément de la *Correspondance entre Boileau et Brossette*, 1857. Revue sur l'autographe.

[octobre ou novembre 1697] (2).

Je ne comprens rien, Monsieur, à ce que vous me dites, ni à ce qu'a dit le père Tarteron. Le dessein

---

(1) C'est la réponse à une lettre de Boileau lue précédemment (A, VII).
(2) Cette lettre se date par comparaison avec la lettre à Dom Féli-

formé m'est, je vous jure, inconnu, et je n'y vois pas la moindre apparence. Tous les jésuites qui ont de l'esprit vous estiment infiniment et les supérieurs sont trop sages pour deffendre de vous lire. Mais s'ils l'entreprenoient, je doute qu'ils en vinssent à bout, et je puis vous assurer que cela révolteroit tout le monde. J'ay esté en retraitte depuis ma guérison, et ensuite si occupé de la maladie et de la mort d'un de mes meilleurs amis que je n'ay pu vous aller rendre mes devoirs. J'iray demain volontiers disner avec vous et je m'en fais par avance un fort grand plaisir, comme l'homme du monde qui vous aime le plus tendrement et qui est le plus touché de l'honneur de vostre amitié.

BOUHOURS.

Ne m'envoyez pas vostre carrosse; il suffira que je l'aye pour le retour.

VIII. A SANTEUL.

Publiée dans le *Santeüilliana* (sic), La Haye, 1707, et dans les éditions postérieures.

Je suis touché sensiblement, mon pauvre Santeul, de tout ce que vous me mandez, et je ne manquerois pas de vous aller voir, si vous ne me le défendiez. Mais rien ne m'édifie plus que la manière dont vous prenez votre mal; et croiez-moi, mon cher Monsieur, cela vaut mieux que la santé. Il faut souffrir, il faut faire pénitence pour

---

bien, que l'on trouvera un peu plus loin : Bouhours s'excuse, dans l'une et dans l'autre, sur une retraite qu'il vient de faire, immédiadiatement suivie de la mort d'un de ses bons amis. Ajoutez que la querelle de Boileau avec les jésuites commençait à cette même époque (fin 1697).

être sauvé : je vas prier de tout mon cœur le grand saint Xavier pour vous, afin qu'il vous obtienne la patience et la force dont vous avez besoin dans vos douleurs. Je suis à vous entièrement.

BOUHOURS.

IX. A DOM FÉLIBIEN, BÉNÉDICTIN (*Inédite*).

Autographe communiqué par MM. Charavay.

à Paris, ce 28 de nov. 1697.

Mon révérend Père,

Ma retraite et la mort d'un de mes bons amis m'ont empesché de vous faire plus tost response. Je n'ay pas laissé de lire ce que vous m'avez fait l'honneur de m'envoyer et j'y ay reconnu d'abord que vous estiez fils de maistre (1), tant j'ay trouvé vostre stile bon, vos expressions nobles et pures, à des minucies près que je vous diray l'un de ces jours que j'iray à Saint-Denis. Je voudrois bien estre en état de voir tout l'ouvrage (2), mais après tout le temps que mes incommodités m'ont fait perdre, je n'en ay presque pas pour mes propres affaires, et d'ailleurs j'ay besoin de me ménager de peur des recheutes. Je suis de tout mon cœur, mon révérend Père,

Vostre très humble et trés obéissant serviteur,

BOUHOURS.

---

(1) Son père était André Félibien, l'historiographe du Roi ; critique d'art distingué, et connu surtout par ses *Entretiens sur la Vie et les Ouvrages des Peintres*.

(2) Apparemment l'*Histoire de l'Abbaye de Saint-Denys*, qui parut en 1706, avec privilège en date de 1703.

X. A*** (*Inédite.*)

Autographe communiqué par MM. Charavay.

[1700]

Vous estes trop honneste, Monsieur, d'en user comme vous faites; mais vous voulez bien que je vous prie de n'estre point généreux à demy. Il me revient qu'on se dechaisne fort contre moy et contre mon livre (1), et que certaines gens surtout trouvent ridicule que je cherche de l'esprit dans les pères. Vous verrez dans l'avertissement quel est mon dessein, et si j'ay tant de tort. Quoy qu'il en soit, je vous demande votre protection pour les pensées ingénieuses des pères et je vous conjure de ne pas abandonner l'homme du monde qui vous honore le plus. Je suis avec bien du respect et du meilleur de mon cœur, Monsieur, vostre très humble et très obéissant serviteur,

BOUHOURS.

(1) Les *Pensées ingénieuses des Pères de l'Eglise*, 1700 : ce qui date la lettre.

II

LETTRE DU P. VERJUS, JÉSUITE

Le P. Verjus écrit à l'« illustre et généreux Thémiste » (le P. P. de Lamoignon), à propos de la « visite qu'il se donna dernièrement l'honneur de rendre à Polycrène ». Ayant débuté par quelques gentillesses assez pesantes et alambiquées, il continue en ces termes :

« Voici ce que j'en ai pu apprendre [de Polycrène], après m'en être soigneusement enquis ce matin :

> Rachée était une jeune bergère,
> Qui tous les jours dansant sur la fougère,
>   Par les doux charmes de sa voix
> Des plus doux flageolets surpassait l'harmonie
> Et tous les doctes chants des pasteurs d'Arcadie,
>   Qu'on vantait si fort autrefois.
> Apollon à sa voix, quoiqu'il ne l'eût pas vue,
> Jugea cette beauté de mille attraits pourvue.
>   Mais, la voyant, il sentit emporté
>   Tout son reste de liberté.
> Il commença de suivre en tous lieux cette belle,
> Qui commença de même à le fuir en tous lieux.
> . . . .

(1) Inédite. — Mss. Conrart in-f°, t. XIII, p. 175 (Bibl. de l'Arsenal). J'ai abrégé par endroits cette longue fadaise, que son goût détestable n'empêche pas d'être curieuse.

Elle se croyait en sûreté par les différents détours dont elle avait embarrassé les vestiges de sa fuite....

> Mais qui peut tromper un amant,
> Et celui qui des dieux est le plus clairvoyant ?
> Apollon, transporté tout à coup devant elle
> Sur les ailes de son amour,
> Fit naître dans son cœur cette frayeur mortelle
> Que l'on voit à la tourterelle
> Que tient déjà de l'ongle un carnassier autour.
> . . . .

Mais la voix et la respiration lui manquant, le courage ne lui manqua pas. Se voyant sur le haut de la montagne, du côté qui est le plus escarpé et qui regarde le couchant, elle ramassa tout ce qui pouvait lui rester de forces pour se précipiter en bas d'un seul saut. Ce fut une douleur extrême à Apollon de voir ce beau corps tout froissé de sa chute verser de toutes parts des ruisseaux de sang, pendant que ses yeux, dans lesquels il avait vu tant de feu et de lumière, fondaient en larmes.... Sa compassion ayant pris la place de son amour, il voulut que la bergère, perdant son nom et sa forme, fût changée en une claire fontaine,... et que pour exprimer la diversité abondante de ses sources, elle s'appelât Polycrène, au lieu de Rachée, qui aussi bien n'était pas un nom qui répondît au mérite de la bergère.

> Console-toi, dit-il, trop aimable affligée,
> Et ne regrette point ta fortune passée.
> Tu vas avoir un sort plus doux et plus riant.
> Je ne suis pas le seul qui serai ton amant.
> Plus heureuse cent fois que ma chère Hippocrène,
> Tu seras des savants la divine fontaine
> D'où l'on verra puiser à cent chantres divers

Cette noble fureur qui produit les beaux vers.
Ta voix, qui m'enchanta par ses douces merveilles,
Sera comme autrefois le charme des oreilles ;
Tes murmures vaudront les plus rares chansons
Dont tu faisais aux bois de si belles leçons.

A mesure que le dieu parlait, on voyait la bergère perdre ce qu'elle avait de figure humaine ; ses deux yeux pleurants devinrent deux belles sources d'eau vive, qui mêlèrent aussitôt leurs cours avec celles de ses plaies, qui ne versaient plus au lieu de sang qu'une eau la plus claire du monde. Etc... »

L'allégorie se continue pour la plus grande gloire de Thémiste. Celui-ci, voyant la pudeur de la source encore menacée par le soleil, plante alentour des lauriers qui la défendent de ses feux ; et la métamorphose de Polycrène finit par de pompeux compliments à Lamoignon, gardien de la vertu et tuteur de l'innocence.

III

PIÈCES SATIRIQUES CONTRE BOUHOURS

I

ÉPIGRAMMES SUR LES PENSÉES INGÉNIEUSES
DES ANCIENS ET DES MODERNES. 1690 (1).

Père Bouhours, dans vos Pensées (2),
La plupart fort embarrassées,
A moi vous n'avez point pensé
Dans cette liste triomphante
De célèbres auteurs que votre livre chante,
Je ne vois pas mon nom placé.
Mais aussi dans le même rôle
Vous avez oublié Pascal,

---

(1) Bibl. nat. Mss. Chansonnier Clairambault, t. V, pp. 129, 130; et aussi Chansonnier Maurepas, t. VI, pp. 521-523.
Le titre manuscrit est libellé d'une façon très inexacte: il donne à croire que les épigrammes suivantes ont trait partie aux *Pensées ingénieuses*, partie à *la Manière de bien penser dans les Ouvrages d'esprit*. Mais, sans parler de la date de 1690 qui ne convient qu'aux *Pensées ingénieuses*, le texte même des épigrammes exclut nettement toute allusion à l'autre livre ; notamment la première pièce, où l'on reproche à Bouhours d'avoir « oublié Pascal » dans la « liste triomphante » des auteurs qu'il célèbre : or Pascal, omis effectivement dans les *Pensées ingénieuses*, est cité par trois fois dans *la Manière de bien penser*, et son nom s'y lit en toutes lettres à la table des matières.
(2) Les deux premières pièces, sous une forme un peu abrégée, et intitulées mal à propos: *Sur l'Art de bien penser*, figurent généralement dans les œuvres de Mme des Houlières, depuis la première édition complète des poésies de cette dame (1747, Paris,

Qui pourtant ne pensait pas mal ;
Un tel compagnon me console.

———

L'antipode d'un janséniste (1),
De divers bons auteurs assez mauvais copiste,
Fait voir, par le recueil qu'il vient de mettre au jour,
Qu'il lit et prose et vers de folie et d'amour :
C'est un plaisir plus doux que de prendre la peine
  De débrouiller saint Augustin,
Le dur Tertullien et l'obscur Origène,
Le bon Père sans doute y perdrait son latin.
Il vaut mieux commenter Ovide et La Fontaine,
Et les plus beaux endroits de Bussy-Rabutin.

———

Dans ce beau recueil de pensées
Que votre main a ramassées,
Vous en usez modérément.
Vous citez les livres des autres,
Sans avoir rien tiré des vôtres :
Que vous montrez de jugement !

———

David, 2 vol. in-12). — Cette attribution est erronée : Mme des Houlières, très complaisamment citée dans les *Pensées ingénieuses*, ne pouvait ni railler la frivolité du recueil, ni surtout se plaindre de « n'y pas voir son nom placé. » Quant au véritable auteur des épigrammes, un passage du *Menagiana* (1729, t. I) nous le fait supposer : « M. du Perrier, dit Ménage, est dans une grande colère de n'être pas parmi un si grand nombre d'illustres que le Père a cités. Il s'en est plaint lui-même au P. Bouhours, en le rencontrant dans les rues... Je tâcherai de les raccommoder. » Or, ce du Perrier était un poète amateur, lié avec Mme des Houlières dont les œuvres contiennent des ballades signées de lui : les épigrammes sur Bouhours, en réalité de du Perrier, se seront trouvées dans les papiers de son amie : ce qui explique la méprise de l'éditeur.
  (1) Voy. la note ci-dessus.

II

DIALOGUE ENTRE LE P. BOUHOURS ET UN PRÉTENDU JANSÉNISTE SUR LE PÉCHÉ PHILOSOPHIQUE. 1690 (1).

Tout le commencement de cette longue chanson, faite en triolets, n'est que la paraphrase ironique de la première Lettre publiée par Bouhours sous le titre : *Sentiments des Jésuites touchant le Péché philosophique.*

Voici les trois derniers couplets :

Ah! mon bon Père, croyez-moi,
Rentrez dans la galanterie :
C'est là votre plus bel emploi,
Ah! mon bon Père, croyez-moi,
Et laissez-là de bonne foi
Ce fatras de philosophie.

Aussi bien n'entendez-vous pas
Ces subtilités scolastiques,
Vous n'en fîtes jamais grand cas,
Aussi bien n'entendez-vous pas,
Vous aimez bien mieux faire amas
De ces fleurettes poétiques.

Qu'Arnault lise saint Augustin,
Que mille fois il le commente,
Il vous faut Bussy-Rabutin.
Qu'Arnault lise saint Augustin ;
Trouve-t-on dans ce vieux latin
Cette politesse charmante?

---

(1) Inédit. — Chans. Maurepas, t. XXVI, pp. 157-163.

III

AU R. P. BOUHOURS ET AUX JÉSUITES SUR LA MORT
DE M. ARNAULD [1694] (1).

Incomparable auteur, toi qui dans les ruelles
De tes doctes écrits as puisé les modèles,
Et de qui les billets, si tendrement écrits,
Font nargue hautement aux plus galans esprits,
Enfin Arnaud n'est plus, et ce vieux hérétique (2),
Que tu faisais l'objet de la haine publique,
Vient en rendant l'esprit, tout percé de tes traits,
Par son heureux trépas de fixer tes souhaits.
Et vous, savants auteurs d'un nouvel Evangile,
Docteurs accommodants à qui tout est facile,
Vous que les coups fourrés que portait ce docteur
Ont souvent fait trembler jusques au fond du cœur,
. . . .
. . . .
Triomphez! Qu'à présent les nouvelles doctrines
Par le trépas d'Arnaud sortent de leurs ruines !
Prêchez-nous désormais tout ce qu'il vous plaira!
Arnaud vient de mourir. Un chacun se taira.

(1) Inédit. — Chans. Clairambault, t. VI, pp. 332, 333. Je transcris en grande partie cette diatribe, pauvrement versifiée, mais où ne manque pas une certaine chaleur âcre. Ne serait-elle pas d'un M. Machuel auteur d'une autre pièce adressée à Boileau et commençant par ce vers :

Oui, ranime, il est temps, ta satirique audace!

Ce Machuel était un cuistre de collège, grand ennemi des jésuites.

(2) *Vieux hérétique* est l'expression même dont s'était servi, en parlant d'Arnauld, l'auteur de l'Avertissement de la nouvelle édition de la *Lettre à un Seigneur de la Cour* (1690).

Et toi, docte Bouhours, tu peux en assurance
Répandre sur ce mort toute ta médisance ;
Tu peux par tes écrits le noircir en tout lieu,
En faire un ennemi de la Grâce et de Dieu.
Déjà nous avons vu dedans plus d'un volume
Quel venin sur Arnaud peut répandre ta plume.
Attache à tes côtés Daniel et Le Tellier,
Et répands à loisir ton fiel sur le papier !
Que l'intérêt du ciel n'arrête point ton zèle ;
Qui déplaît à ton corps est pis qu'un infidèle.
Mais, pour couvrir Arnaud d'un opprobre éternel,
Fais taire le public et son ami Quesnel.

IV

SUR LA TRADUCTION DU NOUVEAU TESTAMENT
PAR LE P. BOUHOURS, JÉSUITE.

Extrait de la « *Suite des Noëls pour l'Avent de* 1696 » (1)

Bouhours, puriste habile,
Vint lui-même au berceau
Porter son Evangile
D'un français tout nouveau.

---

(1) En partie inédit. — Chans. Clairambault, t. VII, pp. 91-139, passim. Le compilateur dit en note : « Sur cet air réchauffé (l'air : *Les Bourgeois de Chartres et de Montlhéri*), on a fait, cette année, divers couplets à la cour et à la ville. » Inutile de faire observer que les couplets sur le N. T. du P. Bouhours sont de toutes mains : ces noëls allaient s'allongeant indéfiniment, au gré de la malignité des courtisans et des basochiens. — Sept seulement de ces couplets furent réunis et imprimés en une petite pièce in-12, aujourd'hui rarissime.

L'ouvrage méritait sous son nom de paraître ;
Car sans lui saurait-on, don, don,
Que *le diable emporta*, la, la,
Jésus, notre bon maître ?

Un pasteur grand et sage
En permit le débit ;
Mais louant peu l'ouvrage,
Au père il fit dépit.
Pourquoi vient-il donner, de Joseph et Marie,
D'un commerce soupçon, don, don,
Qui jamais n'exista, la, la,
Que dans sa fantaisie ?

Ce fier et sot émule
Des traducteurs de Mons (2)
Méritait la férule,
Plutôt que des chansons.
Avant qu'ils eussent eu, dit-il, *commerce ensemble*,
La mère du poupon, don, don,
Enceinte se trouva, la, la,
Messieurs, que vous en semble ?

Mons avait osé dire :
Aimez votre prochain.
Peut-on plus mal traduire
Et d'un français moins fin ?

---

(1) M. de Noailles, archevêque de Paris.
(2) Lemaître de Saci et autres MM. de Port-Royal, auteurs de la traduction du Nouveau Testament dite *Version de Mons* (1667).

Aimez ceux avec qui, dans la présente vie,
Vous avez liaison, don don ;
Du délicat, voilà, la, la,
En dépit de l'envie.

C'est un trait de prudence
Du bon père Bouhours,
Et dont la conséquence
A paru de nos jours.
Il n'a jamais aimé son ennemi Ménage ;
N'ayant point liaison, don, don,
Chrétiennement par là, la la,
Il pouvait faire rage.

Avecque l'Allemagne
Je n'ai point liaison,
Et j'ai contre l'Espagne
Une même raison ;
Rome, Lyon me sont connus comme Séville ;
Point de charité donc, don, don,
Avec tous ces gens-là, la, la,
L'excellent Evangile !

Avecque ce faux frère
Je ne saurais lier,
C'est un traître, un faussaire,
Un coquin à noyer.
Suis-je obligé d'aimer cet homme abominable ?
N'ayant point liaison, don, don,
Rien ne m'y contraindra, la, la,
O morale admirable !

Conseiller aux laïques
Le Nouveau Testament,
C'était être hérétiques,
Dénoncés nommément ;
A présent que Bouhours vient de nous le traduire,
Beurrière et marmiton, don, don,
Impunément pourra, la, la,
A toute heure le lire.

Qui traduit de la sorte
Et s'érige en auteur,
Que le diable l'emporte,
Je le dis sans aigreur ;
Car ce terme n'est plus dans le monde une injure ;
Bouhours dit sans façon, don, don,
Que le diable emporta, la, la,
L'auteur de la nature.

Hélas ! le pauvre père,
Il ne devait jamais
Quitter son caractère,
Après de si beaux faits.
Son talent fut toujours pour la galanterie :
Une traduction, don, don,
De cette force là, la, la,
Excédait son génie.

CHANSON SUR LE MÊME SUJET. 1697 (1)

On dit que de Bouhours
L'Evangile n'a point de cours,
Ce n'est qu'une médisance.
On dit que sa Révérence
A l'esprit un peu gâté
Et devrait garder silence,
C'est la pure vérité.

(1) Inédit. — Chans. Clairambault, t. VII, p. 242. Tiré d'une suite de couplets de même facture.

IV

ÉPITAPHE DE BOUHOURS

Cy gît le célèbre Bouhours,
Dont la plume élégante et pure
Fit parler le bon sens et la simple nature,
Et servit de modèle aux auteurs de nos jours.
Il n'eût point dû mourir, si la Parque traîtresse
Epargnait la vertu, l'esprit, la politesse,
Le savoir, la douceur, la sincère amitié ;
Mais l'aveugle qu'elle est ravit tout sans pitié.
Il faut subir ses lois, quelque chose qu'on fasse ;
Et de cette immortalité
Qu'on nous vante tant au Parnasse
Connaître enfin la vanité.
Bouhours nous laisse des ouvrages,
Dont la lecture a des appas
Qui se feront sentir jusques aux derniers âges ;
Mais hélas! faibles avantages,
Vous n'avez pu sauver que son nom du trépas !

(1) Les *Mémoires de Trévoux*, en insérant cette épitaphe à la suite de l'éloge du P. Bouhours, la donnent comme l'œuvre d'un de ses amis « homme d'esprit qui n'avait pas encore fait de vers. » Nous apprenons, par l'article nécrologique des *Nouvelles de la République des lettres*, que cet ami avait nom Artaud.

V

BIBLIOGRAPHIE DE BOUHOURS

A

OUVRAGES ORIGINAUX

1° Relation de la Mort d'Henri II, Duc de Longueville. Paris, 1663, in-4.

Réimprimé en 1684, dans les *Opuscules sur divers Sujets* (voy. ci-après, 14°).

2° Lettre à un Seigneur de la Cour sur la Requeste présentée au Roy par les Ecclésiastiques qui ont esté à Port-Royal. Seconde édition. Paris, Sébastien Mabre-Cramoisy, 1668, avec permission, in-4.

Réimprimé en 1684, dans les *Opuscules* (v. ci-après). — Autres éditions sous un titre un peu différent : Lettre à un Seigneur de la Cour en réponse au libelle intitulé : *Récrimination des Jésuites.* Paris, Vve Sébastien Mabre-Cramoisy, 1690, in-12. — Lettre, etc.

---

(1) Je me suis aidé, pour la plupart des indications suivantes, de la *Bibliothèque des Ecrivains de la Compagnie de Jésus* par les PP. de Backer et Sommervogel (2ᵉ édition, 1869, art. Bouhours). Cependant j'ai eu l'occasion de faire à cet excellent travail plusieurs additions et corrections importantes. La méthode que j'ai cru devoir suivre est telle : l'édition princeps de chaque ouvrage ou, à son défaut, la première connue est décrite le plus exactement possible ; les éditions remarquables à un titre quelconque reçoivent une mention spéciale ; les autres sont signalées en bloc suivant des divisions chronologiques.

précédée d'un *Avertissement sur cette nouvelle édition* par un ami de l'auteur. Paris, Urbain Coustelier, de l'imprimerie de Sébastien Mabre-Cramoisy, 1691, in-12.

3° Lettre à Messieurs de Port-Royal contre celle qu'ils ont escrite à Mgr l'Archevesque d'Ambrun pour justifier la *Lettre sur la Constance et le Courage qu'on doit avoir pour la Vérité*. Paris, Sébastien Mabre-Cramoisy, 1668, avec permission, in-4.

Réimprimé en 1684, dans les *Opuscules* (v. ci-après). — Autre édition en 1690, sous le titre : Lettre à Messieurs de Port-Royal sur leur Esprit de Révolte.

4° Les Entretiens d'Ariste et d'Eugène. Paris, Séb. Mabre-Cramoisy, 1671, avec privilège du Roy, in-4. (Le privilège, daté du 1er janvier 1670, est sans nom d'auteur.)

2e édit. Ibid., id., 1672, in-12 [avec plusieurs corrections, surtout au chapitre des Devises]. — 4e édit., « où les mots des devises sont expliquez ». Ibid. id., 1673, in-12. — 1683-1691 : 7 autres éditions (Paris, Amsterdam). — 1703-1768 : 7 autres éditions. — Svt. réimprimé à Grenoble, Lyon, Bruxelles, Leyde.

Traduit en italien par le P. Dominique Janno, S. J.

5° Pensées chrétiennes pour tous les jours du mois. Septième édition. Paris, Séb. Mabre-Cramoisy, 1672, in-12.

1674-1694, 3 autres éditions. — Depuis 1704 jusqu'à nos jours, réimpressions innombrables sous des titres divers, soit séparément, soit dans d'autres recueils. — Traduit dans toutes les langues de l'Europe.

6° Maximes chrétiennes. Paris, Sébastien Mabre-Cramoisy, 1673, in-12.

Réimprimé plusieurs fois. — Traduit en italien.

7° Doutes sur la Langue françoise, proposez à Messieurs de l'Académie françoise par un Gentilhomme de Province. Paris, Séb. Mabre-Cramoisy, 1674, avec privilège, in-12. (Le priv., daté du 14 février 1674, ne contient pas le nom de l'auteur.)

1674-1682 : 4 autres éditions (Avignon, La Haye, Paris).

8° Remarques nouvelles sur la Langue françoise. Paris, Séb. Mabre-Cramoisy, 1675, avec privilège, in-4. (Le priv., daté du 1ᵉʳ mars 1675, contient le nom de Bouhours.)

2ᵉ édit. Ibid. id., 1676, in-12. — 1676-1693 : 5 autres éditions. (Bruxelles, Paris).

Longtemps après parut la

Suite des Remarques nouvelles sur la Langue françoise. Paris, George et Louis Josse, 1692, avec privilège, in-12. (Le priv., daté du 29 août 1691, contient le nom de Bouhours, qui se trouve aussi au bas de l'Épitre dédic. à l'abbé Regnier-Desmarais).

1693 : autre édition.

Les deux livres furent publiés dans la suite sous le titre commun : Remarques sur la Langue françoise, Paris, 1746, 2 vol. in-12.

9° Histoire de Pierre d'Aubusson de la Feuillade, Grand Maistre de Rhodes. Paris, Sébastien Mabre-Cramoisy, 1676, avec privilège, in-4. (Le priv., daté du 6 août 1676, contient le nom de Bouhours.)

2ᵉ édition. Ibid. id., 1677, in-12. — 1739-1851 : 5 autres édit. — Traduit en allemand et en anglais.

Un abrégé de cette *Histoire* a été publié à Lille. 1840-1865 : 6 éditions.

10° La Vie de Saint Ignace, Fondateur de la Compagnie

de Jésus. Paris, Sébastien Mabre-Cramoisy, 1679, av. approbation et privilège, in-4. (Le priv., daté du 25 juin 1679, contient le nom de Bouhours, qui se trouve aussi au bas de l'Epitre dédic. à la Reine.)

2ᵉ édition. Ibid. id., 1679, in-12. — 1680-1688 : 2 autres édit. (Liège, Lyon). — 1735-1758 : 4 édit. — 1815-1856 : une dizaine d'édit. (Liège, Paris, Avignon, Lyon). — Traduit en anglais, allemand et hollandais.

Un extrait de cette Vie a été publié à Limoges, 1859-1865.

11° Eloge de feu M. Patru. — Se trouve au-devant des « Plaidoyers et Œuvres diverses » de Patru. Paris, 1681, in-8 (et dans les éditions subséquentes).

12° La Vie de Saint François Xavier de la Compagnie de Jésus, Apôtre des Indes et du Japon. Paris, Séb. Mabre-Cramoisy, 1682, avec approb. et privilège, in-4. (Le priv., daté du 13 février 1682, contient le nom de Bouhours, qui se trouve d'ailleurs au bas de l'Epître dédic. au Roi.)

2ᵉ édition. Ibid, id., 1682, 2 vol. in-12. — 1683 : autre édit. (Liège). — 1715-1884 : vingt et quelques édit. (Paris, Liège, Avignon, Lyon, Louvain, Lille, Bruxelles). — Traduit en latin, allemand, anglais et hollandais.

Un abrégé de cette Vie a été publié à Lyon, Limoges, Paris Tours, Lille, 1828-1866.

13° Les Maximes de Saint Ignace, Fondateur de la Compagnie de Jésus, avec les Sentiments de Saint FrançoisXavier de la mesme Compagnie. Paris, Sébastien Mabre-Cramoisy, 1683, av. approb. et privilège, in-12. Le priv. contient le nom de Bouhours.)

1683-1701 : 3 autres édit. (Paris, Lyon). — 1718-1860 : 9 éditions. — Traduit en italien.

14° Opuscules sur divers Sujets. Paris, Sébastien

Mabre-Cramoisy, 1684, av. privilège, in-12. (Le priv., daté du 28 janvier 1682, contient le nom de l'auteur.)

C'est un recueil des trois opuscules détaillés ci-dessus (A. 1°, 2° et 3°) et des quatre autres détaillés ci-après (B. 1°, 2°, 3° et 5°). Il est précédé d'un Avertissement.

15° Vie de Laurence de Bellefont, Supérieure et Fondatrice du Monastère des Religieuses Bénédictines de Notre-Dame-des-Anges établi à Rouen. Paris, Sébastien Mabre-Cramoisy, 1686, av. privilège, in-8. (La permission du P. Provincial contient le nom de Bouhours, qui se trouve aussi au bas de l'Epitre au Roi.)

Autre édition, Paris, Pépie, 1691.

16° Vie du Père Rapin, de la Compagnie de Jésus. Paris, 1687. Pièce.

Se trouve aussi dans le 2ᵉ volume des *Carmina* du P. Rapin : R. Rapini S. J. Hortorum libri IV... tomus secundus. Parisiis, 1723.

17° La Manière de bien penser dans les Ouvrages d'esprit. Dialogues. Paris, Vve Sébastien Mabre-Cramoisy, 1687, av. privilège, in-4. (Le priv., daté du 30 juillet 1687, est sans nom d'auteur.)

2ᵉ édition, ibid. id., 1688, in-12 (avec quelques corrections). — 1700-1791 : 11 autres éditions.

Traduit en latin, italien, allemand, anglais.

18° Lettre à une Dame de Province sur les Dialogues d'Eudoxe et de Philanthe de la Manière de bien penser dans les Ouvrages d'esprit. Paris, Séb. Mabre-Cramoisy, 1688, in-12.

19° Critique de l'Imitation de Jésus-Christ traduite par le Sʳ de Beuil, imprimée à Paris chez Savreux, Desprez et autres [Bruxelles, Foppens], 1688, in-18.

APPENDICE. 309

20° Pensées ingénieuses des Anciens et des Modernes. Paris, Vve Séb. Mabre-Cramoisy, 1689, av. privilège, in-12.

1691 : 2 autres éditions (Amsterdam, Paris). — 1692 : Les Pensées, etc., recueillies par le P. B... Nouvelle édit. augmentée. — 1693-1784 : 17 autres éditions.

Traduit en latin par un jésuite allemand.

21° Sentiment des Jésuites touchant le Péché philosophique. Paris, Vve Séb. Mabre-Cramoisy, 1690, in-12, (avec permission du P. Provincial J. le Picart, datée de Paris, 13 février 1690). — Même titre, et au dessous : Seconde Lettre. Ibid. id. (av. permission du 17 mars). — Même titre, et au dessous : Troisième Lettre. Ibid. id. (av. permission du 10 avril).

La première Lettre est adressée « à l'Auteur du libelle intitulé : *Nouvelle Hérésie dans la Morale* » ; les deux autres « à un Homme de la Cour » (1).

Autres éditions de Dijon et de Belgique, 1690, 1691.

Sentimens des Jésuites sur le Péché philosophique. Paris, Pierre Ballard, 1694, av. privilège, in-12. (Le privilège, daté du 25 mars 1690, est sans nom d'auteur). — Ce volume comprend les trois lettres ci-dessus mentionnées, plus quatre autres attribuées au P. Le Tellier.

22° Recueil de vers choisis. Paris, George et Louis Josse, 1693, av. privilège, in-12. (Le priv., daté du 7 mars 1693, contient le nom de l'auteur).

Bouhours y a fourni, outre le choix et l'arrangement, une préface (et peut-être quelques vers de lui ?).

(1) La première Lettre est certainement, et tout entière, de Bouhours. Il est probable que le P. Le Tellier eut plus de part que lui aux deux suivantes. Le catalogue imprimé de la Bibliothèque nationale (1742) donne la 1re et la 3e au P. Bouhours, la 2e au P. Le Tellier.

2º édition. Ibid. id., 1693 [avec le nom de l'auteur]. — 3º édition. Ibid. id., 1701 [avec quelques modifications].

23° Une préface en tête du livre de J. Corbinelli « Les anciens Historiens latins réduits en Maximes. Paris, 1694 », in-12 (1).

Ce volume, malgré son titre, ne contient que le Tite-Live Les jésuites possédaient à Louis-le-Grand le manuscrit du Tacite (2 vol. in-4) qui devait y faire suite; ce manuscrit a passé depuis dans la bibliothèque du conseil d'Etat.

24° Une préface en tête des « Lettres de Messire Roger de Rabutin Comte de Bussy... Paris, 1697 », 4 vol. in-12.

Edition due aux soins de Bouhours.

25° (?) Remontrance à Monseigneur l'Archevêque de Reims... [1697]. Pièce in-4.

Bouhours aurait collaboré avec le P. Daniel.

26° Lettre à M. Simon, au sujet des deux Lettres du Sieur de Romainville écrites au P. Bouhours sur sa Traduction françoise des quatre Evangélistes, s. l. n. d. [1697], in-12.

27° Pensées ingénieuses des Pères de l'Eglise, par le P. B***. Deuxième édition. Paris, Louis Josse, 1700, avec approbation et privilège, in-12.

1702-1709 : 3 autres éditions. — Traduit en anglais.

28° Une préface en tête des « Réflexions sur l'Eloquence, par Antoine Arnauld. Nouvelle édition publiée

---

(1) Et non pas en tête de l' « Extrait de tous les beaux Endroits des Ouvrages les plus célèbres de ce temps » par le même, comme M. Rigault l'avance par erreur en son *Histoire de la Querelle des Anciens et des Modernes*.

avec des Lettres de M. de Sillery sur la même matière, Paris, Louis Josse, 1700, » in-12.

Edit. due aux soins de Bouhours.

29° Explication de divers Termes françois que beaucoup de gens confondent faute d'en avoir une notion nette. Dans les *Mémoires de Trévoux*, septembre 1701.

Réimprimé à part avec l'Eloge de Bouhours.

30° Paroles tirées de l'Ecriture Sainte, pour servir de consolation aux Personnes qui souffrent. Ouvrage postume (*sic*). Paris, P. A. Le Mercier, 1704, avec approb. et privil., in-24.

1704-1871 : une dizaine de rééditions. — Traduit en italien.

B

TRADUCTIONS

On doit à Bouhours plusieurs traductions d'ouvrages latins, italiens et espagnols, tous relatifs à des matières théologiques ou édifiantes :

1° Relation de la Sortie d'Espagne du P. Everard Nitard, Jésuite, Confesseur de la Reine. En espagnol et en françois. Paris, Séb. Cramoisy, 1666, in-12.

Réimprimé en 1684, dans les *Opuscules*. (Voyez ci-dessus, A, 14°.)

2° Panégyrique du R. P. Jean Paul Oliva, Général de la Compagnie de Jésus, dans la Béatification de Sainte Rose. Paris, Sébastien Mabre-Cramoisy, 1669, in-8.

Réimprimé, sous un titre un peu différent, dans les *Opuscules*.

3° Epitre dédicatoire de la dernière Édition des Conciles au Roy. Sur le latin du Père Cossart, Jésuite.

Réimprimé dans les *Opuscules*. La pièce originale est introuvable.

4° La Vérité de la Religion chrétienne. *De l'Italien de* M. le Marquis de Pianesse. Paris, Sébastien Mabre-Cramoisy, 1672, avec privilège, in-12. (Le priv., daté du 7 mars 1872, ne contient pas de nom d'auteur.)

1687-1718 : 3 autres éditions, dont l'une avec le nom de l'auteur.

5° Miracle du Bienheureux Stanislas Kostka, Novice de la Compagnie de Jésus. Sur l'original espagnol imprimé à Madrid, l'an 1674, avec l'approbation des Docteurs.

Réimprimé dans les *Opuscules*. La pièce originale est introuvable.

6° Le Quiétiste ou les Illusions de la nouvelle Oraison de Quiétude. Paris, Vve Séb. Mabre-Cramoisy, 1687, av. privil., in-12 (1).

7° Le Nouveau Testament de Notre Seigneur Jésus-Christ, traduit en françois Selon la Vulgate. Paris,

---

(1) Traduit de l'italien du P. Segneri. — Voy. à la *Correspondance* (A, VI) une lettre de La Fontaine qui semblerait décisive en faveur de cette attribution. Néanmoins le privilège est donné au nom de l'abbé ***, et sur l'exemplaire que j'ai vu, une main ancienne a écrit à la place des astérisques le nom de *Dumas* En fait, l'abbé Du Mas, Dr de Sorbonne, était fort ami de Bouhours, qui le patronnait et passe même pour n'être pas étranger à sa traduction de l'*Imitation de J.-C.* Il est très croyable que le jésuite l'ait aidé en celle-ci, ou du moins lui ait fourni l'Avertissement : ce qui concilierait tout. — L'on a attribué à tort cette traduction au P. Buffier, sans doute parce qu'il a traduit d'autres ouvrages du P. Segneri.

Louis Josse, [le 1ᵉʳ vol.] 1697 et [le 2ᵉ vol.] 1703, avec approb. et privilège, in-12. (Le priv. commun, daté du 27 octobre 1692, est sans nom d'auteur; les approbations, datées de 1696 [1ᵉʳ vol.] et de 1701 [2ᵉ vol.], de même.)

Ibid. id., 1704, 2 vol. in-16. — 3ᵉ édit. 1709, 2 vol. in-12. — Edition revue et corrigée. Ibid. id. 1734. — Le N. T... « avec des notes et la concordance des Evangélistes », 1740. — 1832-1865 : 7 rééditions.

C

OUVRAGES FAUSSEMENT ATTRIBUÉS A BOUHOURS

.*. Lettre à Madame la Marquise de*** sur le sujet de la Princesse de Clèves. Paris, Sébastien Mabre-Cramoisy, 1678, in-12.

Cet ouvrage, qui fut sur-le-champ attribué à Bouhours par un grand nombre de ses contemporains (Segrais, Mᵐᵉ de Sévigné, Bussy-Rabutin, de La Rivière), était en réalité du jeune Trousset de Valincour, ancien élève du P. Bouhours. Celui-ci a seulement fourni la substance des remarques sur le style, qui forment la Lettre troisième.

.*. Vie de François de Lorraine, Duc de Guise. 1681, in-12. (D'après le catalogue de la Bibliothèque de M. Bourret, Paris, 1735.)

Cette biographie paraît être aussi de Valincour.

.*. La Journée du Chrétien sanctifiée par la Prière et la Méditation. Dresde, 1797, in-8.

Ce livre est du P. de Ville, jésuite.

.*. Entretiens de Timante et de Philandre (1685).

C'est un violent libelle contre l'abbé de Rancé. Les jansénistes, et en particulier Antoine Arnauld, l'imputèrent à Bouhours; il est en réalité d'un écrivain protestant nommé Laroque.

.*. Discours sur la Bienséance avec des Maximes et des Réflexions très importantes. La Haye, 1689, in-12.

.*. L'Art de plaire dans la Conversation.

Cet ouvrage est d'Artaud, ami et admirateur de Bouhours.

.*. Pensées de Montaigne propres à former l'Esprit et les Mœurs. Paris, Anisson, 1704.

Du même auteur que le précédent.

.*. Réflexions d'un Académicien sur la Vie de Descartes La Haye [Rouen], 1692, in-12.

Cette critique de la *Vie de Descartes* de Baillet est en réalité du P. Boschet, jésuite.

.*. Enfin, l'on a donné à Bouhours (art. BOUHOURS, dans la Bibliothèque des Ecrivains de la Compagnie de Jésus, par les PP. de Backer et Sommervogel, de prétendues « Remarques du Docteur et du Prélat ». — Cet ouvrage est purement imaginaire; et la méprise est venue d'un passage mal interprété de Granet (*Réflexions sur les Ouvrages de littérature*, t. VIII, p. 321), où il s'agit réellement de l'édition des *Réflexions sur l'Eloquence* procurée par Bouhours (voy. plus haut, A, 28°), laquelle contient en effet, outre l'écrit d'Arnauld, des dissertations du P. Lamy (le Docteur) et de M. de Sillery (le Prélat) sur l'éloquence sacrée.

D

ÉCRITS DIVERS CONCERNANT BOUHOURS

.*. Avis importants au R. P. Recteur du Collège des Jésuites de Paris, etc. [par Quesnel], s. l., 1692, in-12.

.*. Lettre à l'Auteur des *Avis importants, etc.*, ou Apologie du P. Bouhours, s. l. n. d. [1700], in-12.

C'est la réponse des jésuites au pamphlet précédent.

.*. Le P. Bouhours, Jésuite, convaincu de ses Calomnies anciennes et nouvelles contre MM. de Port-Royal, etc... s. l., 1700, in-12.

Ce volume comprend : 1° (pp. III - CXXXVI) les deux pièces ci-dessus, plus une *Réponse* [de Quesnel] *à l'Apologie du P. Bouhours*, en forme d'Avertissement. 2°; (pp. 1 - 455) plusieurs factums jansénistes, déjà publiés séparément et distribués en 9 articles.

.*. Lettre au P. Quesnel en quelque lieu du monde qu'il soit, s. l. n. d. [1701], in-12.

C'est un petit pamphet contre Quesnel, à propos du libelle précédent.

.*. Jean danse mieux que Pierre, Pierre danse mieux que Jean, ils dansent bien tous les deux. A Tetonville, chez J. Patinet, 1719, 5 vol. in-12.

Les tomes I et II ont chacun un second titre qui porte : Histoire du Père La Chaise. Cologne, Pierre Marteau. — Le titre de départ des tomes III, IV et V porte : Dialogue entre le P. Bouhours et le P. Ménétrier.

Les Passe-temps des Jésuites, ou les Entretiens des PP. Bouhours et Ménestrier sur les défauts de leur Compagnie. Pampelune, chez les frères Ignace, 1721, 3 vol. in-12. — C'est la réimpression séparée des trois volumes précédents.

.*. Eloge historique du P. Bouhours, de la Compagnie de Jésus. Paris, 1702. Pièce in-4.

C'est le même que l'article nécrologique inséré dans les *Mémoires de Trévoux* de juin 1702.

VI

ICONOGRAPHIE DE BOUHOURS

A

TABLEAU

Il n'a été peint probablement qu'un seul portrait authentique de Bouhours (1), aujourd'hui perdu, mais que nous connaissons par la gravure. Ce tableau était de Jouvenet-le-Jeune, apparemment le portraitiste estimé qui fut le neveu du grand peintre d'histoire du même nom.

A en juger par l'estampe, Bouhours y était représenté assis, de trois quarts, tourné à gauche. Il montre les soixante-dix ans qu'il avait pour le moins à cette époque. La tête est forte et les traits gros; le front ample, carré et très dénudé; l'œil un peu fermé, mais intelligent, la lèvre épaisse, mais que plisse un demi-sourire, mettent quelque chose de spirituel dans la placidité de la physionomie. La main, d'un dessin défectueux, s'appuie sur un volume ouvert, portant en tête de la première page : *Les Evangiles*. Ce détail indique à peu près la date du portrait, Bouhours ayant publié en 1697 la première

(1) On voyait aussi au collège de Mongré, près Villefranche-sur-Saône, un portrait à l'huile du P. Bouhours, mais il était moderne et de fantaisie.

partie de sa traduction du Nouveau Testament. Je ne suppose pas que le portrait soit posthume.

B

ESTAMPES

1° In-f°. *Habert sc.* — *Jouvenet-le-Jeune p.* — C'est la reproduction au burin, d'ailleurs médiocre, du tableau de Jouvenet. Inscription :

Le R. P. Dominique Bouhours, de la Cie de Jésus, né à Paris, y est mort le 27 de mai 1702, âgé de 75 ans.

Et au-dessous, le quatrain suivant :

Aux charmes d'un génie aisé, poli, sublime,
Bouhours joignit encor la bonté, la candeur.
Si des plus beaux esprits il s'attira l'estime,
D'une foule d'amis il s'attacha le cœur.

La même planche servit plus tard à un nouveau tirage, rajeunie par un encadrement dont le style indique la seconde moitié du xviii° siècle. La main, le livre et le bas du corps ont disparu dans l'ovale de l'encadrement. Au lieu de l'inscription et du quatrain précités, on lit dans un cartouche : *Le P. Bouhours.*

2° In-8. [*Et. Gantrel sc.?*] — Portrait au burin, d'un travail très fin, mais d'une fidélité douteuse : le front est aminci, la tête allongée et comme dégrossie ; le buste est de trois quarts et tourné à droite. Médaillon ovale, reposant sur un socle, qui porte en un cartouche :

Tel fut Bouhours, l'amour des beaux esprits.

Maistre en l'art de bien dire, il en fut le modèle;
Qui veut de son génie un portrait plus fidèle,
   Le trouvera dans ses écrits.

Le seul exemplaire que j'aie vu de cette estampe ne porte pas de signature, et d'ailleurs ou n'en trouve point de semblable dans l'œuvre de Gantrel, conservé au Cabinet des estampes de la Bibl. nat. Toutefois, comme le P. Lelong (1) mentionne expressément parmi les portraits de Bouhours une gravure de ce même Gantrel, lequel travailla souvent pour les jésuites et spécialement pour le P. Bouhours (il illustra l'*Histoire d'Aubusson*), nous n'hésitons guère à lui attribuer le présent ouvrage, qui rappelle beaucoup sa manière.

Gantrel (comme l'indique le quatrain) n'aura pas travaillé *ad vivum* : de là le caractère idéalisé du portrait.

3° In-8. *Et. Desrochers sc.* — Gravé au burin par cet artiste, entre 1720 et 1730, pour sa galerie des savants illustres du xviie siècle. Il s'est sans doute inspiré de Habert ; mais le buste est tourné à droite. Cadre rectangulaire reposant sur un entablement. Dans un premier cartouche enroulé au bas du cadre, on lit :

Le R. P. Dominique Bouhours, jésuite, né à Paris,
   y est décédé le 27 de mai 1702, âgé de 75 ans.

Un cartouche inférieur porte le quatrain suivant :

   Cet écrivain, que l'on admire,
Possédoit le talent de polir un discours,
   Et la France doit à Bouhours
Le sublime et grand art de penser et d'écrire.

Il faut ranger à la suite deux autres estampes :

---

(1) Le P. Lelong cite Bonvicini, Desrochers, Gantrel et Habert. (*Bibliothèque historique de la France*, t. IV.)

In-8. *Krüqner sc.* — Détestable copie de l'estampe de Desrochers par un obscur artiste allemand. Dans un cartouche fixé sur l'entablement :

Dominicus Bouhours
S. J. Gallus
denatus an. 1702, æt. 75.

In-8. *Anonyme.* — Gravure au trait, datant d'une soixantaine d'années. La ressemblance y est tout à fait altérée. Au-dessous d'un médaillon ovale, l'inscription : D. BOUHOURS. Et au verso :

Dominique
Bouhours
Jésuite

D'après l'estampe gravée par E. Desrochers.

4° In-4. *B. Bonvicini sc.* — Cet Italien s'est inspiré de Habert (ou plutôt de Desrochers?). Gravure au burin, lourde et d'un mauvais travail. La tête, tournée à gauche, est laide et vulgaire. Médaillon ovale reposant sur un socle qui porte l'inscription :

P. Dominicus Bouhours Parisiensis
Societatis Jesu. Obiit ætatis suæ anno 75.

Cette estampe figure en frontispice au tome II des *Considerazioni del marchese GG. Orsi sopra la Maniera di ben pensare*, etc. (2 vol. in-4. Modène, 1735).

En somme, de ces six estampes, une seule doit faire foi, savoir celle de Habert, exécutée directement sur le tableau de Jouvenet: c'est d'après elle que M. H. Rondel a bien voulu dessiner, pour ce livre-ci, le portrait du

P. Bouhours. Les autres ne sont que des imitations plus ou moins mauvaises de Habert, hormis, je pense, l'ouvrage de Gantrel : mais celui-là, pour la fidélité, ne doit pas inspirer grande confiance.

C

GRAVURES RELATIVES AUX OUVRAGES DE BOUHOURS

1° Dans l'édition princeps des *Entretiens d'Ariste et d'Eugène* (in-4), un frontispice dessiné par F. Chauveau, gravé par L. Cossin ; plus cinq vignettes et autant de culs-de-lampe, en tête et à la fin de chaque Entretien.

L'estampe du frontispice, d'un assez joli travail, représente Ariste et Eugène costumés à la grecque et devisant sur une plage semée de coquillages ; dans le fond, la mer chargée de vaisseaux et le port de Dunkerque.

Quelques éditions subséquentes (Mabre-Cramoisy, in-12) sont ornées d'une réduction du même frontispice.

2° Dans l'édition princeps de l'*Histoire d'Aubusson* (in-4), un frontispice et deux planches dans le texte, dessinés par P. Sevin, gravés par E. Gantrel ; plus deux en-tête avec majuscules initiales, et divers culs-de-lampe, dessinés par P. Sevin, gravés par L. Cossin.

Le frontispice représente Pierre d'Aubusson, armé en chevalier de Malte, debout et nu-tête, la main gauche sur la garde de son épée, la droite élevant un bâton fleurdelisé ; il foule du pied un cadavre turc gisant parmi des armes et des dépouilles musulmanes ; une renommée, sonnant de la trompette, descend du ciel et le couronne de laurier ; dans le lointain, la mer et l'île de Rhodes.

Les deux autres planchés (p. 24 et p. 203) offrent les portraits en buste de Mahomet II et de Zizime, insérés dans des médaillons ovales : tous deux le turban en tête et magnifiquement accoutrés ; dans le pourtour des médaillons, le croissant de l'islam et une profusion d'objets emblématiques.

3° Dans l'édition princeps de *la Vie de Saint Ignace* (in-4), deux en-tête importants avec majuscules initiales et des culs-de-lampe.

4° Dans l'édition princeps de *la Vie de Saint François Xavier* (in-4), deux grands en-tête avec majuscules initiales et plusieurs culs-de-lampe.

5° Dans l'édition princeps du *Nouveau Testament... traduit en français* (in-12), un frontispice composé par M. Corneille, gravé par J. Mariette.

Le frontispice représente Jésus prêchant parmi le peuple. Il est assis sur un tertre, la main droite étendue, la gauche montrant le ciel : draperies tourmentées et attitude théâtrale. Un disciple est assis accroupi à ses pieds, deux autres debout derrière lui ; la foule à l'arrière-plan. Des arbres et des rochers encadrent la scène.

FIN

TABLE

Introduction..

PREMIÈRE PARTIE

L'HOMME ET L'ENTOURAGE

CHAPITRE PREMIER

Naissance, famille et éducation de Bouhours. Il entre chez les jésuites. — Régence d'humanités au Collège-de-Clermont, à Paris. Maladie. — Études de théologie à Bourges. — Régence de rhétorique aux Jésuites de Tours. — Résidence à Rouen et profession. Rapports de Bouhours avec la maison de Longueville. Il est précepteur des deux fils du duc; affection particulière pour le cadet. — Bouhours missionnaire à Dunkerque. — Retour définitif à Paris. Éducation du marquis de Seignelay.. 11

CHAPITRE II

Bouhours, compagnon du P. Rapin : il se répand dans le monde. — Son portrait. Esprit et urbanité. — Le *lundi* de Lamoignon. — Le *samedi* de Sapho. — Intimité avec la marquise de Sablé. Autres relations : le cercle de Mme de Sévigné, etc. — Le groupe des poètes classiques. — L'épitaphe de Molière.. 27

CHAPITRE III

Début littéraire de Bouhours : la *Lettre à un Seigneur de la Cour*. Polémique avec Port-Royal, ses origines, ses suites. — Les *Entretiens d'Ariste et d'Eugène* ; réussite du livre. — Barbier d'Aucour et les *Sentiments de Cléante*. — Les *Doutes* et les *Remarques sur la Langue française*. Continuation de la guerre avec Port-Royal ; brouille avec Ménage. — Bouhours historien et biographe ; valeur de ses essais en ce genre. — Renommée de Bouhours : témoignages des contemporains. — Ses rapports avec les gens de lettres : services rendus ; échange d'éloges ; vanité d'auteur. — Quelle situation Bouhours occupe dans sa Compagnie ; son autorité littéraire acceptée de la plupart, contestée par quelques-uns. Invectives du P. Maimbourg. — « Vie douce et glorieuse » de Bouhours. Esquisse du religieux mondain. — Invitations, promenades et villégiatures : Bouhours et ses hôtes à Auteuil, à Chantilly, etc. — Bouhours chez les Lamoignon. Bâville et *Polycrène*... 43

CHAPITRE IV

Rencontre de Bouhours avec Bussy-Rabutin. — Bussy et les jésuites. — Caractère et train de vie de Bussy vieilli et disgracié. — Louise de Rabutin, sa fille de prédilection. — Occupations littéraires et correspondance. — Etroite liaison de Bussy et de Bouhours. Commerce épistolaire et influence mutuelle. — Les *rabutinades* de Bouhours. — Comment il sert Bussy de sa plume. Il édite sa correspondance... 80

CHAPITRE V

Apogée littéraire de Bouhours : *la Manière de bien penser*. Succès du livre, « les fils d'or et de soie ». — Les *Pensées ingénieuses*. — Années de vieillesse. Une mésaventure de direction : Bouhours diffamé et justifié. — « Vous êtes ma Chine et mon Japon. » — Considération définitive dont il jouit dans son ordre. — Bouhours et les jeunes jésuites. — Comment il intervient dans les querelles de la Compagnie avec des écrivains amis de Port-Royal. — Charles Perrault et les cent Portraits des *Hommes illustres*. — Racine et le régent de Louis-le-Grand. — Boileau et l'Epître sur l'amour de Dieu. — Familiarité constante de Boileau et de Bouhours. —

Dernières productions de Bouhours. — Il traduit le Nouveau Testament. — Entraves apportées à cette publication par l'archevêque de Noailles; critiques et chansons......... 100

CHAPITRE VI

Tristesses des derniers jours. — Aggravation de souffrance, et résignation chrétienne. Comparaison avec Pascal souffrant. — Dernières attaques jansénistes. — Mort de Bouhours : quelques témoignages nécrologiques. — Etendue et durée de sa réputation. — Elle se répand à l'étranger : Allemagne, Italie, Angleterre. — Elle se prolonge en France pendant le XVIIIe siècle. — Ce qu'il en reste aujourd'hui............ ... 117

DEUXIÈME PARTIE

LE POLÉMISTE — LE GRAMMAIRIEN — LE CRITIQUE

CHAPITRE PREMIER

BOUHOURS POLÉMISTE.

Que Bouhours a sa place dans l'histoire de la controverse au XVIIe siècle. — Insuffisance polémique des écrivains de la Compagnie dans l'intervalle de la *Fréquente Communion* aux *Provinciales*. Le P. Petau ; le P. Caussin. — Brisacier et « les hydres de Corcyre ». — La lignée de Garasse. — Annat et Le Moyne. — Bouhours entre en lice avec la *Lettre à un Seigneur de la Cour* et la *Lettre à Messieurs de Port Royal*. Portée de ces écrits et plan général. — Port-Royal sectaire. Quelques points de rencontre avec Joseph de Maistre. — Port-Royal rebelle : examen du libelle janséniste *Lettre sur la Constance*, etc. — Portrait plaisant de la secte. — Parallèle adroit entre la *Requête* d'Arnauld et la *Préface* de l'*Institution* de Calvin. — Finesse comique et ironie continue ; apparition du persiflage. — Importance attribuée par les jésuites à la *Lettre à un Seigneur de la Cour*............... 133

CHAPITRE II

(SUITE DU PRÉCÉDENT.)

Affaire du Péché philosophique. Origine et sujet de la controverse ; *Dénonciation* d'Arnauld. — Bouhours et Le Tellier interviennent. Part de chacun dans les Lettres intitulées : *Sentiment des Jésuites sur le Péché philosophique.* — Analyse de la 1re et de la 3e lettre. Tactique défensive et offensive. — Prosopopée des sauvages évangélisés. — Résultat final de la controverse. — Les satellites de Bouhours : Le Tellier et Daniel. — Les *journalistes de Trévoux*. — Valeur intrinsèque de la polémique de Bouhours. S'il est à regretter pour les jésuites qu'on ne l'ait pas opposé à Pascal. — Bouhours comparé à Nicole. — Que les disputes de grammaire sont mieux proportionnées à son talent............. 164

CHAPITRE III

BOUHOURS GRAMMAIRIEN.

La grammaire expérimentale au XVIIe siècle ; Vaugelas et son école. — Bouhours disciple et continuateur de Vaugelas : ce qu'il y ajoute. — Principes généraux de Bouhours : souveraineté de l'usage, fondé 1° sur la conversation des honnêtes gens, 2° sur le style des bons auteurs. — La société polie, et particulièrement la cour, toute-puissante en matière de langage. — Quel est l'idéal du parler français sous le règne de Louis XIV : contraste avec les préférences des modernes. — Réception d'un mot au XVIIe siècle. — Bouhours, interprète scrupuleux du goût régnant ; côté étroit et arbitraire de sa critique. — Le choix des mots. Les mots nouveaux. — Les vieux mots. — Les mots populaires. — Les mots érudits. — Restrictions multiples apportées à l'emploi de certains vocables. — Plusieurs mots embellis et agrandis par le renouvellement de leur sens. — Les nuances de l'expression fixées, les synonymes définis.................. 177

CHAPITRE IV

(SUITE DU PRÉCÉDENT.)

Perfection de la syntaxe moderne réalisée dans Bouhours. — Ses vues touchant la pureté des phrases ; — la régularité de la construction ; — la netteté et l'exactitude du discours.

— Un joli mot sur Bouhours grammairien. — Il est puriste, et en quelle manière. — Sa traduction du Nouveau Testament prise comme un spécimen de purisme. — Bouhours et Rivarol. Théorie générale de la langue française, comparée à l'espagnole et à l'italienne. — Ses caractères essentiels : naïveté, clarté, simplicité. — Histoire abrégée de la langue depuis les origines jusqu'au xviie siècle. — Vues justes et hypothèses erronées. — Stabilité relative de la langue moderne, affirmée par Bouhours.................................. 199

CHAPITRE V

BOUHOURS CRITIQUE.

En quel sens il l'est : sa critique purement dogmatique, et non descriptive. — Place de Bouhours entre Boileau et Fénelon. — Campagne contre le faux goût italien : l'*Entretien sur le Bel Esprit*. — Que le bel esprit a pour fond le bon sens. Qu'il est simple, sobre et net. Que la modestie lui sied. — *La Manière de bien penser*. Les pensées « vraies ». Les pensées « claires ». — Nécessité de l'ornement : les pensées « sublimes », ou « agréables », ou « délicates ». — Définition de la délicatesse. — Les pensées « naturelles ». Bouhours définit le naturel dans les mêmes termes que Fénelon. — En quoi il est inférieur à Fénelon. Recherche de l'agrément ; le « vrai orné ». — Sa critique manque d'ampleur. — Indulgence pour les beaux esprits médiocres. — Estime pour la littérature futile. L'art des « devises ». — Bouhours éclectique prudent, mitoyen entre les précieux et les classiques.. 220

CHAPITRE VI

(SUITE DU PRÉCÉDENT.)

Attitude de Bouhours dans la querelle des Anciens et des Modernes. — Conception originale des « grands siècles » littéraires. — La théorie des « milieux » en germe dans Bouhours. Climat et tempérament. — Caractère à la fois ingénieux et superficiel des aperçus de Bouhours. — Ses réflexions sur le *Je ne sais quoi*......................... 252

Conclusion. Bouhours parfait artisan de style : son groupe littéraire... 264

APPENDICE

I.	Correspondance de Bouhours....................	274
	A. Lettres adressées a Bouhours................	274
	B. Lettres écrites par Bouhours................	284
II.	Lettre du P. Verjus, jésuite........................	291
III.	Pièces satiriques contre Bouhours................	294
	I. 3 Épigrammes sur les *Pensées ingénieuses des Anciens et des Modernes*......................	294
	II. Dialogue sur le Péché philosophique...........	296
	III. Epître sur la mort d'Arnauld..................	297
	IV. Couplets sur la Traduction du Nouveau Testament par le Père Bouhours......................	298
IV.	Epitaphe de Bouhours............................	303
V.	Bibliographie de Bouhours........................	304
	A. Ouvrages originaux..........................	304
	B. Traductions.................................	311
	C. Ouvrages faussement attribués à Bouhours.....	313
	D. Ecrits divers concernant Bouhours............	315
VI.	Iconographie de Bouhours........................	317
	A. Tableau....................................	317
	B. Estampes...................................	318
	C. Gravures relatives aux Œuvres de Bouhours....	321

FIN DE LA TABLE.

Paris. — Imprimerie F. Levé, rue Cassette, 17.

ERRATA

Page 16, ligne 19. *Au lieu de :* il arrivait qu'on leur assignât, *lisez :* on avait accoutumé de leur assigner.

P. 32, note 1, l. 2. *Après :* d'Aubignac, *ajoutez :* l'académie de Habert de Montmor.

P. 34, l. 16. *Au lieu de :* satellites, *lisez :* clients.

P. 34, n. 1, l. 2. *Au lieu de :* Précieuses, *lisez :* précieuses.

P. 39, l. 24. *Au lieu de :* chanoinnesse, *lisez :* chanoinesse.

P. 51, n. 1, l. 7. *Au lieu de :* Mallebranche, *lisez :* Malebranche.

P. 62, l. 5. *Au lieu de :* scrupule, *lisez :* soin scrupuleux.

P. 84, l. 14. *Au lieu de :* hasardeux, *lisez :* incertains.

P. 87, l. 13. *Après :* visites, *ajoutez :* reçues.

P. 91, l. 18. *Au lieu de :* des bons, *lisez :* de bons.

P. 103, n. 2, l. 2. *Après :* pièces, *supprimez :* contradictoires.

P. 153, l. 21. *Au lieu de :* à fond, *lisez :* au long.

P. 154, l. 7. *Après :* confesseurs, *mettez une virgule.*

P. 164, Sommaire, l. 10. *Au lieu de :* comparable, *lisez :* comparé.

P. 183, l. 29. *Au lieu de :* né, *lisez :* bien né.

P. 190, l. 13. *Après :* actuel, *ajoutez :* hormis Bossuet, dont le souverain génie ne subissait pas toujours les entraves de l'usage *courtisanesque*.

P. 192, l. 16. *Au lieu de :* disqualifier, *lisez :* diffamer.

P. 218, l. 22. *Au lieu de :* créer ou parfaire, *lisez :* parfaire et fixer.

P. 223, l. 13. *Avant :* car, *ouvrez une parenthèse.*

P. 241, l. 9. *Après :* subtilement, *mettez une virgule.*

P. 253, l. 16. *Au lieu de :* sur à compte, *lisez :* sur son compte.

P. 264, l. 11. *Après :* plus, *supprimez la virgule.*

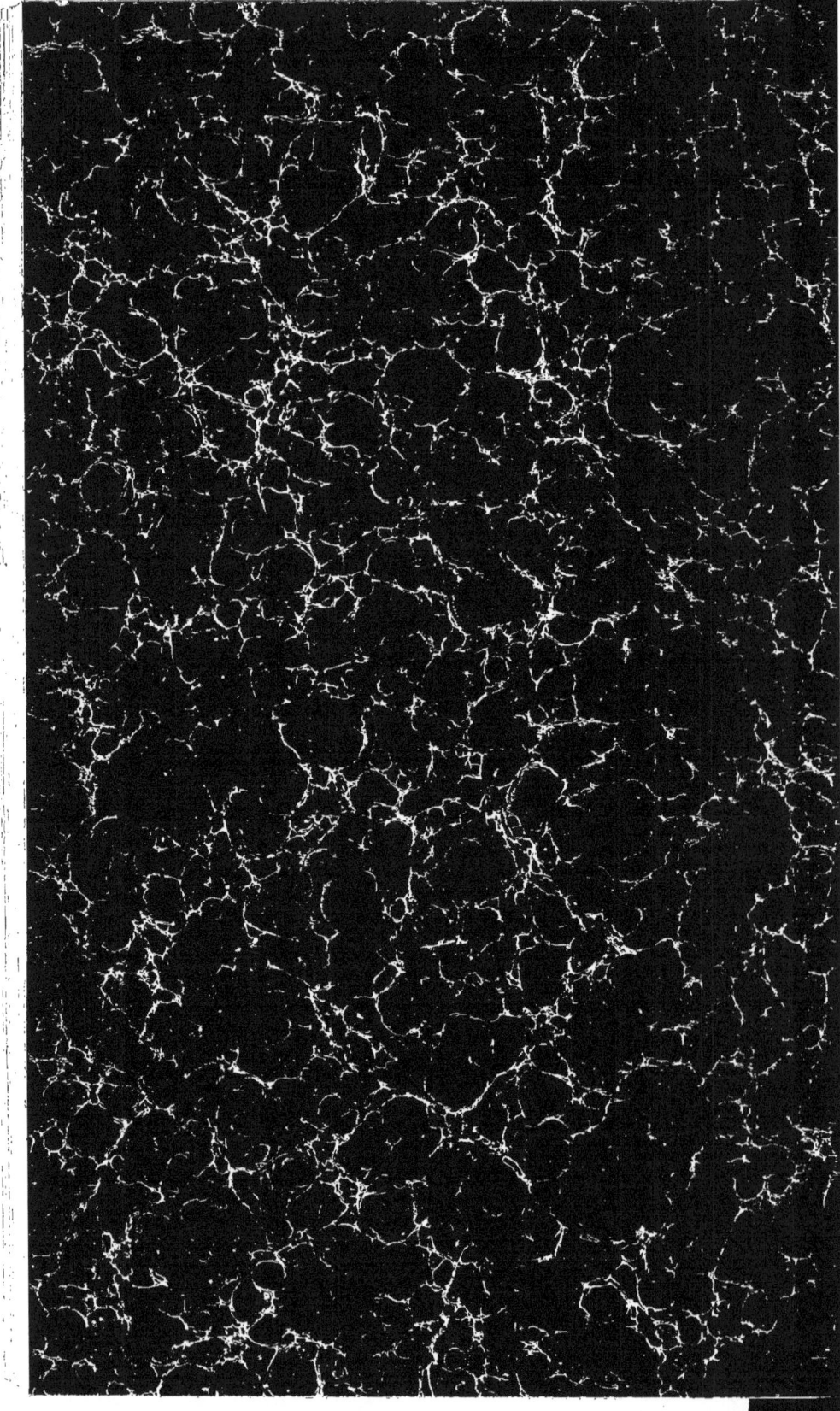

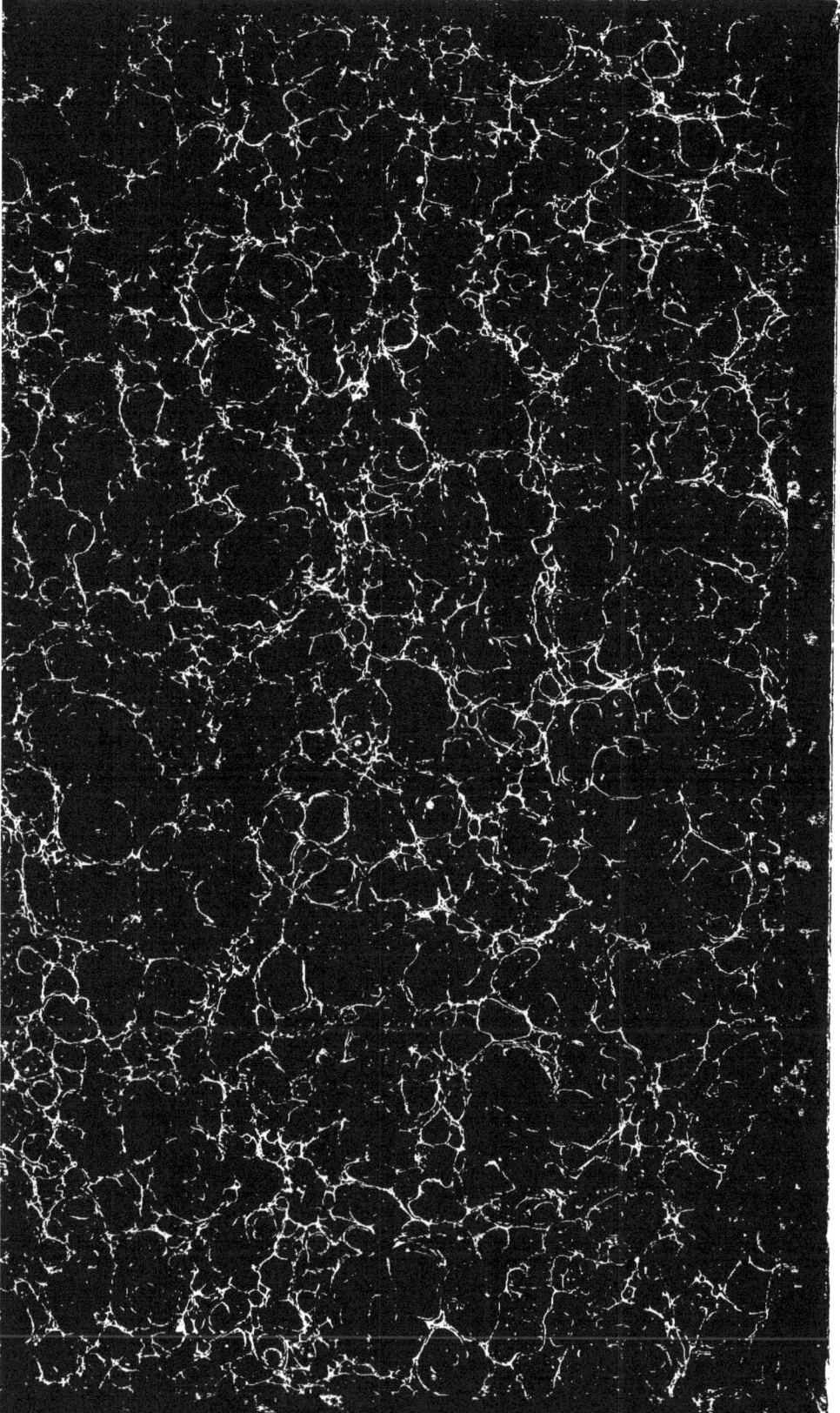

www.ingramcontent.com/pod-product-compliance
Lightning Source LLC
Chambersburg PA
CBHW060322170426
43202CB00014B/2635